제임스 패커
기독교 기본 진리

제임스 패커

기독교 기본진리

제임스 패커 지음 · 김진웅 옮김

아바서원

차례

내가 이 책을 쓰게 된 동기는 성경공부 모임에, 또는 그런 모임에 참여할 수 없어서 혼자 공부하는 사람들에게 필요한 자료를 제공하기 위해서다. 이런 견지에서 이 책은 숱한 성경공부 모임에 사용되고 있는 나의 책 「하나님을 아는 지식」(IVP)과 짝을 이룬다. 이 책은 기독교의 가르침 가운데 항상 중심이 되는 세 가지 신조인 사도신경, 주기도문, 십계명, 그리고 세례에 대한 내용으로 구성되었다. 각 부분은 마음만 먹으면 단숨에 소화해낼 수 있을 만큼 짧고 간략한 여러 소제목으로 이루어져 있고, 좀 더 심도 있는 학습을 위해 각 장마다 '스터디 가이드'를 실었다.

사도신경, 주기도문, 십계명, 이 세 가지 신조는 각각 기독교 신앙의 내용, 하나님과의 교제(기도), 행동의 규범을 다룬다. 세례는 하나님의 언약, 그리스도인의 회심과 약속, 교회생활에 대한 것으로, 논리적 전개 순서에 따라 2부에서 다루었다. 세례 때 받아들이는 신앙의 내용을 먼저 다루고 뒤이어 세례와 제자의 삶을 보여주는 기도(주기도문), 순종(십계명)에 대한 고찰이 이어져야 논리적일 것 같아서다.

나는 이 책이 역사적 신앙을 견지하는 모든 교회에서 사용되길 바란다. 이런 바람에서 나는 C. S. 루이스가 (리처드 백스터에게서 빌려온 개념인) '순전한 기독교'(Mere Christianity)라고 부른 것에 국한하여 다루었다. 따라서 나는 로마 가톨릭교회가 사도신경과 복음을 역사적으로 오해한 대목(현대의 많은 로마 가톨릭 신학자들이 이를 극복하려고 애쓰고 있다)을 꼭 지적해야 할 경우를 제외하고는 믿음의 본질에 초점을 맞추려고 노력했다.

압축적이면서 암시적인 방법으로 쓴 각 과의 제목은 당신의 의견과 생각을 유도하는 것에 지나지 않는다. 그러므로 각 주제를 완벽히 소화하려면 '더 읽을 말씀'과 '복습과 적용'에서 제시한 질문과 성경본문을 더욱 심도 있게 연구하기 바란다.

오늘날에는 '교리문답'이라는 용어를 들으면 마음이 편치 않은 그리스도인들이 많은데 그럴 필요는 없다. '교리문답'(catechism)이라는 단어는 "들려주어 가르치다"라는 뜻의 헬라어 '카테케오'(katecheo)에서 유래한 말일 뿐이다. 영어 'catechism'(문답식 가르침, 교리문답), 'catechumen'(가르침 받는 사람, 또는 세례지원자), 'catechumenate'(체계화된 가르침), 'catechize'(오늘날에는 문답식 교수법만을 가리키지만, 원래는 "가르치다"라는 뜻의 동사)라는 단어가 모두 이 헬라어에서 유래했다. 사도행전 8장에 보면 빌립이 에티오피아 내시를 가르치는 장면이 나오는데, 그 과정이 바로 문답이다.

기독교는 누구에게든 본능적 신앙이 아니고, 아무 노력 없이 우연히 선택할 수 있는 신앙도 아니다. 기독교는 배워야 하기에 가르침이 필요하다. 그러므로 교회생활 가운데 '체계적 가르침'이 반드시 필요하다.

초대 교회 시대에는 기독교에 대해 질문하는 사람들과 회심하는 이들이 끊이지 않았다. 그리고 그들의 수준에 맞춰 문답을 하는 것이 교육의 한 방식이었다. 종교개혁자들은 기독교에 무지한 기독교 국가를 부흥시키기 위해 어린이를 위한 체계적인 가르침에 집중했다. 1529년 루터가 '어린이 교리문답'을 발표한 이래 한 세기 반 동안, 문자 그대로 수백 개의 교리문답이 쏟아져 나왔다. 대체로 청소년들을 위한 것이었고 그 가운데 일부는 교회의 공식적인 문건이며, 일부는 목회자 개인이 사적으로 쓴 것이었다. 특히 영국 국교회(성공회) 기도서 교리문답, 하이델베르크 교리문답, 웨스트민스터 소요리문답이 가장 유명하다.

오늘날 대부분의 개신교 신자들은 교리문답과 문답식 교육을 오직 자녀양육과 관련해서만 생각하고, 성인을 대상으로 쓴 C. S. 루이스의 「순전한 기독교」(홍성사), 빌리 그래함의 「하나님과의 평화」(생명의 말씀사), 존 스토트의 「기독교의 기본 진리」(생명의말씀사),

G. K. 체스터턴의 「정통」(아바서원)과 같은 책들은 교리문답서가 아니라고 생각한다. 그러나 이 책들은 교회 밖 사람들에게는 기독교의 가르침을 소개하고, 교회 안 사람들에게는 신앙의 기초를 확립해준다는 면에서 교리문답서라는 표현이 가장 어울린다.

오늘날은 성인들에게 체계적인 기독교교육(문답식 교육)을 부활시키는 일이 절실히 필요하다. 그러나 꼭 교리문답이라 부를 필요가 없고, 미리 짜 맞춘 형식의 글을 엄격하게 반복 학습하는 형태를 취할 필요도 없다. 오랫동안 개신교도는 자녀에게 교리문답을 가르쳤다. 그런데 어떻게 된 일인지 기독교의 본질을 잘 모르는 사람들이 교회 안팎에 너무나 많다. 그러므로 교회는 이런 사람들에게 기독교의 본질을 탐구할 기회를 주어야 한다. 설교가 그들에게 도움이 되면 좋겠지만 그렇지 않은 경우도 종종 있다. 일반적으로 설교는 설교하는 사람과 듣는 사람 모두 신앙의 기본진리를 확신한다는 전제하에 이루어진다. 이런 확신이 없는 사람은 설교를 자신과 동떨어진 것이나 심지어 거슬리는 것으로 느낀다. 그러므로 기독교의 지적 기초를 조사하고 질문하며 검토하기에 가장 좋은 통로는 강단이 아니라 교리문답을 통한 체계적인 교육이다. 적어도 기독교 역사가 이 점을 시사한다.

현대의 교육 이론은 개인의 탐구, 발견, 집단 토론을 중시한다. 교회의 성인교육이라고 해서 이런 방법을 취하면 안 될 이유는 전혀 없다. 이는 참으로 좋은 방법이다. 기독교는 일정한 내용과 불변의 진리를 갖고 있는 것이지 토론에 의해 계속 재창출되는 무한변수 X가 아니라는 사실을 기억한다면 말이다.

찰스 스펄전이 들려준 이야기 가운데 이런 일화가 있다. 한 아일랜드 사람이 분리파 교회의 집회에서 무엇을 배웠는가 하는 질문을 받았다. 이때, "아, 무척 좋았습니다. 우리 가운데 뭐라도 아는 사람이 아무도 없었습니다. 그저 우리 모두 서로에게 배운 셈이지요"라고 말했다. 이 대답은 우리에게 시사하는 바가 많다. 자칭 기독교 모임에서 공공연히 기독교의 기본진리를 공부하고 있다지만, 이 이야기에 나타난 바와 같이 겉모양만 기독교일 뿐 내용이 부실한 경우를 종종 볼 수 있다.

그러나 기독교의 기본진리를 소개하는 모임에서는(이런 모임을 해마다 쉬지 않고 운영하는 교회들도 있다) 반드시 필요한 교리교육, 즉 기독교의 본질을 체계적으로 정리한 내용을 가르치고 있다. 이런 모임을 도입해서 유익을 얻지 못할 교회는 없으리라고 생각한다.

이 책이 기독교 신앙의 기본진리를 더욱 깊이 이해하는데, 우리 주님과 구주가 되시는 예수 그리스도 안에서 성장하는 데 작은 도움이나마 된다면 더 바랄 것이 없겠다.

제임스 패커

제1부

사도신경

사도신경

나는 전능하신 아버지 하나님, 천지의 창조주를 믿습니다.
나는 그의 유일하신 아들, 우리 주 예수 그리스도를 믿습니다.
그는 성령으로 잉태되어 동정녀 마리아에게서 나시고,
본디오 빌라도에게 고난을 받아 십자가에 못 박혀 죽으시고,
장사된 지 사흘 만에 죽은 자 가운데서 다시 살아나셨으며,
하늘에 오르시어 전능하신 아버지 하나님 우편에 앉아 계시다가,
거기로부터 살아 있는 자와 죽은 자를 심판하러 오십니다.
나는 성령을 믿으며, 거룩한 공교회와 성도의 교제와
죄를 용서받는 것과 몸의 부활과 영생을 믿습니다. 아멘.

들어가는 말

도보로 대륙횡단 여행을 하려면 지도가 필요하다. 요즘은 다양한 종류의 지도가 나와 있다. 그중에는 도로, 습지, 바위산 등을 상세히 표시한 대축척 입체 모형 지도가 있다. 여행자는 방향과 길을 선택할 때 충분한 정보가 필요하므로 이런 지도를 반드시 소지해야만 한다. 그러나 여행자가 여러 갈림길에서 하나의 길을 선택해야 할 때는 상황이 다르다. 이때는 상세한 지리 사항을 생략하고, 그 장소에서 다른 장소로 이동하는 최단거리 길만 알려주는 소축척 지도가 더 요긴하다. 만반의 준비를 갖춘 여행자라면 두 종류의 지도를 모두 가지고 있어야 한다.

삶을 여행으로 본다면, 수백만 단어로 된 성경은 그 안에 온갖 정보를 담은 대축척 지도이고, 백여 단어로 된 사도신경(사도들이 썼다는 전설도 있으나 그 때문에 '사도신경'이라 부르는 것은 아니다. 사도적 교리를 담고 있기 때문에 그렇게 부른다)은 기독교 신앙의 핵심을 한눈에 보여주기 위해 많은 것을 생략한 간단명료한 지도이다. '신경' 또는 '신조'라는 말은 '신앙'을 뜻한다. 이전 시대의 많은 그리스도인들은 이 신경을 '신앙'이라고 불렀다.

사도신경이 생겨난 2세기에는 '신앙의 규범'이라고 불렸는데, 그 '신앙의 규범'(the Rule of Faith)은 현재 우리가 알고 있는 사도신경과 거의 같다. 어떤 사람이 기독교에 대해 물을 때, 질문을 받은 그리스도인은 그 사람이 성경을 공부해 가능한 한 빨리, 살아 계신 그리스도를 믿도록 인도하고 싶어진다. 이 두 가지 목적을 동시에 성취하는 수단으로서, 즉 성경의 내용을 미리 소개하고, 그리스도를 믿는 믿음의 기초를 사전에 설명하기 위해 사도신경을 가르치는 것이 도움이 된다.

이 믿음의 기초는 삼위일체와 관련되어 있다. 사도신경은 우리에게 성부, 성자, 성령에 대해 말해주는데, 그 목적은 우리가 삼위일체 하나님에 대해 알되 경험적으로 알 수 있도록 하기 위해서다. 우리가 사도신경을 연구하면 무엇을 배우게 될까? 그 대답은 영국 국교회 기도서 교리문답에 다음과 같이 멋지게 요약되어 있다.

"첫째, 온 세계와 나를 지으신 성부 하나님을 믿는다는 것을 배운다.

둘째, 온 인류와 나를 구원하신 성자 하나님을 믿는다는 것을 배운다.

셋째, 하나님의 선택받은 모든 백성과 나를 성화시키시는 성령 하나님을 믿는다는 것을 배운다."

이 진리를 배우게 된 사람은 하나님 나라에서 멀지 않다.

지식의 목적은 그 지식을 삶에 적용하는 데 있다. 이 원칙은 기독교에 가장 확실히 적용된다. 참 지식(참 하나님을 아는 지식)은 바로 하나님에 관한 지식이기 때문이다. 이 사도신경 연구에서 제시하는 것도 삶에 적용하기 위한, 하나님에 관한 지식이다.

1

나는 하나님을
믿습니다

사람들에게 무엇을 믿느냐고 물으면 제각기 다른 대답을 할 뿐 아
니라 전혀 다른 종류의 대답을 하기도 한다. "나는 UFO를 믿어"
라고 말하는 사람이 있는가 하면, "나는 민주주의를 믿어"라고 말
하는 사람도 있다. 앞사람의 말은 UFO의 실체를 인정한다는 뜻일
테고, 뒷사람의 말은 민주주의 원칙이 정의롭고 이롭다는 것을 의
심치 않는다는 자신의 생각을 표현한 것이다. 하지만 그리스도인
들이 예배당에 서서 "나는 하나님을 믿어"라고 말할 때, 그 말은
무슨 뜻일까? UFO를 한 번도 보지 않고, 투표를 한 번도 해보지
않았더라도 UFO나 민주주의를 믿을 수 있다. 이 경우, 믿음은 단
지 지성의 문제다. 그러나 사도신경의 처음에 나오는 "나는 하나님
을 믿습니다"라는 말은 신약 저자들이 헬라어를 번역한 것으로, 문
자 그대로 "나는 하나님을 믿고 있습니다"라는 뜻이다. 다시 말해,

하나님에 관한 어떤 진리들을 믿을 뿐만 아니라 하나님께 헌신하는 관계 속에서 하나님을 믿고 하나님과 연합된 삶을 살고 있다는 뜻이다. "나는 하나님을 믿습니다"라고 말하는 것은 하나님이 나를 이 헌신으로 초대했다는 것이고 확신을 고백하는 것이며, 또 내가 그 초대를 받아들였다고 선언하는 것이다.

| 믿음

'신앙'에 해당하는 영어 단어 'faith'는 헬라어 'pistis'에서 온 말로, 'pistis'는 "믿다"는 뜻의 동사 'pisteuo'(영어로는 'believe into')에서 파생된 명사이다. 그런데 헬라어에 어원을 둔 이 'faith'라는 단어는 동의어인 'belief'보다 믿고 의지하며 헌신한다는 의미를 더 많이 내포하고 있다.

'belief'가 견해만을 표현하는 데 비해, 'faith'는 그 대상이 약(藥)이든 의사든 배우자든, 또는 자동차 등의 소유물이든 이를 신뢰할 만한 존재로 여겨 당신 자신을 의탁하는 것을 의미한다. 그 의미를 크게 확대한다면 하나님을 향한 믿음도 여기에 속한다.

신앙적 헌신이 무엇을 내포하는지는 믿음의 대상이 제공하고 요구하는 것에 따라 달라진다. 우리는 어떤 장소로 이동할 때 자동차에 몸을 맡김으로써 자동차에 대한 믿음(faith)을 나타낸다. 또 의사의 지시에 따름으로써 의사에 대한 믿음(faith)을 드러낸다. 한편 나를 다스리시는 하나님께 꿇어 엎드리고, 그분의 아들인 예수 그리스도를 나의 주님과 구원자로 맞아들이는 일, 언제 어디서나 내게 복을 주시겠다고 하신 그분의 약속을 의지하는 일은 모두 하나님을 향한 믿음(faith)을 드러낸 것이다. 이것이 사도신경의 하나님이 제공하고 요구하시는 바에 응답하는 믿음의 뜻이다.

때로 믿음은 '어떤 초월적 존재'(또는 사물의 근원)를 인식하는 것이기도 하다. 무딘 마음이 자연, 양심, 위대한 예술이나 사랑 등에 자극을 받아 초월적인 존재를 깨닫는 것이 믿음이라는 것이다. 그러나 그리스도인의 믿음은 그리스도와 성경 안에 나타난 하나님의 자기계시를 주목할 때에만, 그리고 "어디든지 사람에게 다 명하사 회개하라" 하시고, "곧 그 아들 예수 그리스도의 이름을 믿으라"고 명령하시는 창조주 하나님을 만날 때에만 시작된다(행 17:30; 요일 3:23; 참조. 요 6:28 이하). 믿음은 하나님의 말씀을 듣고 주목하고 행하는 것을 의미한다.

▌의심

나는 성경에 나타난 하나님의 계시가 자명한 진리와 권위를 지녔다고 생각하고 이 글을 쓴다. 궁극적으로 그렇다고 생각한다. 그러나 비판되지 않은 선입견과 편견이 우리에게 문제를 일으킨다는 것과 많은 사람이 성경 메시지의 여러 요소들에 의심과 당혹감을 품고 있다는 사실도 잘 알고 있다. 그렇다면 이런 의심은 믿음과 어떤 관계가 있을까?

의심이란 무엇인가? 그것은 마음이 분리된 상태이다. 야고보서 저자의 말을 빌리면 "두 마음을 품어 모든 일에 정함이 없는"(약 1:6-8) 상태이며, 이는 신앙 안에서와 밖에서 모두 볼 수 있다. 전자의 경우에는 병들고 아프고 활력이 없는 믿음이며, 후자의 경우에는 신앙에 접근하거나 하나님을 멀리하고픈 일종의 몸부림에 속한다. C. S. 루이스의 영적 자서전인 「예기치 못한 기쁨」(홍성사)에는 이런 의심을 품게 되는 동기가 자세히 나온다. 우리는 의심하면서도 자신이 정직하며, 적어도 정직하려고 노력한다고 생각한다. 하지만 이 세상에서 우리가 완전히 정직해질 수는 없다. 한 개인이 신앙의 이런저런 항목에 대해 의심을 품을 때, 그 의심 저변에는 알게 모르게 하나님의 말씀을 거부하는 마음이 깔려 있다. 이런 마음은 소위 학문에 대한 존중, 종교에 깊이 심취하거나 다른 사람들에게 조롱받는 것에 대한 두려움 또는 그 밖의 다른 동기에서 기인한다. 그 당시에는 깨닫지 못할 수도 있다. 그러나 돌이켜보면 이런 사실을 분명히 알 수 있다. 그러면 의심하는 사람을 도울 수 있는 방법은 무엇일까?

첫째, 문제가 되는 부분을 설명해주는 것이다. (의심은 종종 제대로 이해하지 못한 데서 비롯되기 때문이다.) 둘째, 문제가 되는 부분에 해당하는 기독교 신앙의 논거를 제시하고, 그것을 받아들일 수 있는 근거를 제시한다. (기독교 신앙은 이성을 뛰어넘지만 이성과 반대되는 것은 아니다.) 셋째, 의심을 일으키는 것이 무엇인지 조사한다. (의심은 합리적으로 설득력이 없기 때문이다. 기독교 신앙을 갖지 못하고 주저하는 이유도 좋거나 싫은 감정, 마음의 상처, 사회적·지적·문화적인 오만함 때문일 경우가 많다.)

| 개인적인 고백

예배시간에 교인들은 모두 한 목소리로 사도신경을 고백한다. 그러나 사도신경 첫 부분은 '우리'가 아니라 '나는 믿습니다'로 되어 있다. 그래서 예배자마다 제각기 그렇게 암송한다. 이렇게 해서 각 예배자는 자신의 인생관을 선언하는 동시에 자신의 행복감을 표명한다. 왜냐하면 예배자는 하나님의 품 안에 있게 되었고, 그곳이 하나님을 품은 행복한 곳이기 때문이다. "나는 믿습니다"라고 고백하는 것은 찬양과 감사의 행위이다. 진정 사도신경을 고백할 수 있다는 것은 대단한 일이다.

• 행함이 있는 믿음

로마서 4, 히브리서 11, 마가복음 5:25-34

복습과 적용

1. 헬라어 'pistis'에 해당하는 '믿음'의 본질적 의미는 무엇인가?
2. 사도신경 첫머리에 나오는 '나는'이라는 말은 왜 중요한가?
3. (당신을 포함해) 사람들은 흔히 기독교에 대해 어떤 의심을 품고 있는가?
4. 그런 의심과 문제들을 어떻게 다룰 수 있겠는가?

2

내가 믿는 하나님

우리가 예배시간에 일어서서 "나는 하나님을 믿습니다"라고 말할 때, 이 고백은 무슨 뜻인가? 유대교, 이슬람교, 힌두교 등의 신자들과 마찬가지로 무신론에 반대하며 어떤 신(神)의 존재를 믿는다고 선언하는 것일까? 그렇지 않다. 그보다 훨씬 많은 뜻이 있다. 곧 사도신경의 하나님, 기독교의 하나님, 성경의 하나님을 믿는다고 공언하는 것이다. 이 하나님은 주권적인 창조주이며, 이분의 '기독교식 이름'(칼 바르트의 표현)은 성부, 성자, 성령이다. 우리가 믿는 하나님이 이런 분이 아니라면 굳이 사도신경을 고백할 필요가 없다.

| 우상

여기에서 분명히 할 사항이 있다. 오늘날의 사람들을 어떤 의미로든 "나는 하나님을 믿습니다"라고 말하는 이들과 어떤 의미로든 그렇게 말할 수 없는 이들로 양분할 수 있다고 생각한다. 흔히들 무신론은 적대시하고 이교(異敎)는 대적이 아닌 것처럼 생각하며 전자와 후자 간의 차이를 매우 부차적인 것으로 간주한다. 성경은 기독교의 하나님을 믿는 자들과 우상을 섬기는 자들로 양분한다. 그 형상이 금속이나 정신으로 만들어진 "신들"은 창조주의 자기계시와 일치할 수 없다. 우리가 주일마다 교회에서 "나는 하나님을 믿습니다"라고 암송해도 실제로는 "나는 하나님을 믿지 않습니다. 어쨌든 이런 하나님은 믿지 않겠습니다!"라는 뜻으로 말하는 사람들도 있다.

하나님의 이름

성경은 하나님이 자기 '이름'을 말해주심으로써 자기를 나타내고 자기 정체를 밝히셨다고 말한다. 하나님의 '이름'은 다음 세 가지 맥락에서 나타난다.

첫째, 하나님은 떨기나무 불꽃 가운데서 모세에게 자신의 '고유명사'인 '여호와'(또는 현대 신학자들이 선호하는 '야훼')라는 이름을 알려주셨다(출 3:13 이하, 6:3). 이 이름은 "스스로 있는 자"(I am who I am, 또는 I will be what I will be)라는 뜻이다. 이는 하나님의 전능하심을 선언하는데, 현재의 정체성을 지니는데 또 원하는 일을 하시는 데 아무런 제약도 받지 않는 분임을 의미한다. 영어성경에서 이 이름을 'the LORD'라고 번역한 것은 합당하다. 그래서 사도신경에서는 "전능하신 아버지 하나님"이라고 표현한다.

둘째, 하나님은 모세에게 자신의 도덕적 성품을 설명하시면서 "주(The Lord)라는 이름을 선포했다." "주, 나 주는 자비롭고 은혜로우며, 노하기를 더디하고, 한결같은 사랑과 진실이 풍성한 하나님이다. 수천 대에 이르기까지, 한결같은 사랑을 베풀며, 악과 허물과 죄를 용서하는 하나님이다. 그러나 나는 죄를 벌하지 않은 채 그냥 넘기지는 아니한다"(출 34:6-7, 새번역).

이 '이름'은 하나님의 본성과 역할을 모두 드러내므로 계시된 이름이라고 해도 좋을 것이다. 이 이름은 성경 곳곳(출 20:5 이하; 민 14:18; 대하 30:9; 느 1:5, 9:17, 32; 시 86:5, 15, 103:8-18, 111:4-9, 112:4, 116:5, 145:8 이하, 17, 20; 욜 2:13; 욘 4:2; 롬 2:2-6)에서 계속 나타난다.

성경에 기록된 하나님의 모든 행동이 이런 하나님의 본성을 잘 드러내고 확증한다. 사도 요한이 하나님을 '빛'과 '사랑'(요일 1:5, 4:8)으로 묘사하며 하나님의 두 가지 특성에 초점을 맞춘 것은 주목할 만하다. 그는 하나님에 대한 예수의 가르침을 이 두 진술로 요약했다. 이는 하나님은 의(義)와 순결함이 결여된 사랑도 아니고, 친절함과 연민이 결여된 올곧음도 아니다. 거룩한 사랑인 동시에 사랑을 베푸는 거룩함이며, 각각 최고의 경지에 도달한 성품이다.

▌하나 안의 셋

셋째, 하나님의 아들은 "아버지와 아들과 성령의 이름으로" 세례를 주라고 제자들에게 당부했다(마 28:19). '이름들'이 아니라 '이름'이라고 한 것에 주의하라. 삼위(三位)가 한 하나님을 이룬다. 여기에서 우리는 가장 심오하고 가늠하기 어려운 삼위일체의 진리와 마주하게 된다. 사도신경은 이 삼위일체의 진리를 세 단락에서("…아버지 하나님을…그의 유일하신 아들, 우리 주 예수 그리스도를…성령을…") 증언한다.

우리는 이 삼위일체의 진리를 어떻게 이해해야 할까? 본래 하나님의 삼위일체성은 우리가 이해하기 어려운 초월적인 사실이다. (하나님의 영원함과 무한함, 전지전능함, 우리의 개별 행동까지 통제하시는 섭리 등도 마찬가지이다. 실로 하나님과 관련한 모든 진리는 정도의 차이는 있어도 우리의 이해를 초월한다.) 영원한 한 하나님이 어떻게 영원히 단수이자 복수일 수 있는지, 성부와 성자와 성령이 어떻게 본질은 동일한지(그래서 하나가 아닌 세 신을 믿는 삼신론과, 셋이 아닌 한 신을 믿는 유니테리언파의 주장은 모두 틀렸다)를 우리가 어떻게 완전히 이해할 수 있겠는가? 성경에 근거해 고백하지 않고 추론으로 그 신비를 벗겨보려는 시도, 즉 그것을 '설명하려는' 시도는 모두 실패할 수밖에 없다. 하나님의 다른 면모와 같이 여기서도 피조물의 작은 두뇌로는 도저히 이해할 수 없을 만큼 우리 하나님은 광대하다.

그러나 기독교 신앙의 역사적 근거가 되는 사실들, 즉 원래 하나님이신 한 분이 자기 아버지께 기도하시고 자신의 사역을 지속할 '또 다른 보혜사'를 보내겠다고 약속하신 사실, 그리고 기독교 신앙에서 보편적으로 경험하는 사실, 즉 우리 속에 계신 성령 하나님을 통해 위에 계신 성부 하나님께 예배드리고, 곁에 계신 성자 하나님과의 교제를 아는 것은 필연적으로 하나님의 본질인 하나 안의 셋 됨을 가리킨다. 아울러 우리를 구원하기 위한 삼위의 협동 사역—구속을 성부가 계획하시고, 성자가 획득하시고, 성령이 적용하시는 것—역시 하나 안의 셋인 하나님의 본질을 가리킨다.

성경은 여러 곳에서 이를 증언한다. 그 예로는 로마서 8:1-17, 고린도후서 13:14, 에베소서 1:3-14, 데살로니가후서 2:13, 14, 베드로전서 1:2 등이 있다. 그리스도의 복음을 분석해보면 삼위일체의 진리가 복음의 근본이자 틀임이 증명된다.

한 분 하나님을 복수로 볼 수 있었던 것은 오직 성육신에 중심을 둔 은혜의 사역을 통해서만 가능했다. 은혜의 사역을 믿지 않는 사람은 당연히 삼위일체의 진리도 의심한다.

그러나 사도신경의 하나님은 삼위일체 하나님이다. 지금 우리는 이런 하나님을 섬기는가? 아니면, 우리 역시 우상을 숭배하는 자로 전락했는가?

더 읽을 말씀

• 계시된 하나님

요한복음 1:1-18

복습과 적용

1. "성경은 사람들을 기독교의 하나님을 믿는 자들과 우상을 섬기는 자들로 양분한다"고 말하는데, 이는 무슨 뜻인가? 당신은 이에 동의하는가, 아니면 동의하지 않는가? 그 이유는 무엇인가?

2. 하나님의 이름 '여호와'의 기본적인 의미는 무엇인가? 그 이름은 하나님에 관해 무엇을 말해주는가?

3. 왜 그리스도는 제자들에게 "아버지와 아들과 성령의 이름(단수형)으로" 세례를 주라고 당부하셨는가?

3

전능하신 아버지

사도신경 암송이 예배의 일부인 교회에서는 이전에 대체로 ("성부 성자 성령께 찬송과 영광 돌려보내세"라는) 찬송가를 불러 하나님의 아버지 되심을 찬양한다. 이 주제는 찬송가 작가라면 항상 강조하는 것이다. 우리는 이것을 어떻게 이해해야 할까?

▎창조

사도신경이 "전능하신 아버지 하나님, 천지의 창조주"를 거론할 때는 우리와 만물의 생존이 매 순간 창조주 하나님께 달려 있다는 사실을 염두에 두고 있다. 여기에서 창조주를 아버지로 부르는 것은 비성경적이지 않다. 구약에 나오는 말라기 2:10—"우리는 한 아버지를 가지지 아니하였느냐? 한 하나님께서 지으신 바가 아니냐?"—과, 바울이 아덴에서 설교할 때 인용하는 그리스 시인의 글—"우리가 그의 소생이라"(행 17:28)—을 모두 반영한다. 그러나 이 두 구절의 배경은 하나님의 심판을 언급하는 대목이다. 바울이 아덴에서 행한 전도 설교는 소생의 관계가 하나님을 찾고 예배하고 순종할 의무를 내포하고, 심판 날에 하나님이 책임을 물으시는 관계임을 의미하지만. 죄를 회개하지 않고 그리스도를 믿지 않는다면 하나님의 은혜와 용납이 없음을 분명히 밝힌다(행 17:22-31에 나오는 바울의 설교를 참조하라).

하나님의 보편적인 부성(父性)을 강조하는 어떤 사람들은 그 부성 때문에 모든 사람이 지금도, 앞으로도 항상 구원의 상태에 있을 것이라고 생각하는데, 이런 보편구원론 혹은 만인구원론은 성경적인 견해가 아니다. 바울은 "십자가의 도를 미련한 것"으로 여기는 사람들을 "멸망하는 자들"이라고 말하며(고전 1:18), '완고한 자들'에게 그들이 하나님의 소생일지라도 "진노의 날 곧 하나님의 의로우신 심판이 나타나는 그날에 임할 진노를 [스스로] 쌓는다"(롬 2:5)라고 경고한다.

▌아버지와 아들

신약은 하나님의 아버지 되심을 말할 때 창조와 관련시키지 않고 다른 두 맥락에서 말한다.

첫 번째 맥락은 '하나님의 내적인 삶'이다. 영원한 성삼위 안에는 아버지와 아들의 가족관계가 있다. 아들은 이 땅에 계실 때 그가 섬기는 분을 '나의 아버지'라고 불렀고 그분을 '아바'(존경하는 '아빠'라는 뜻의 아람어)라고 부르며 기도했다.

예수께서 이 관계의 의미에 대해 직접 말씀해주셨다. 아들은 아버지를 사랑하고(요 14:31), 언제나 아버지가 기뻐하시는 일을 한다(요 8:29). 아들은 매 순간 아버지의 인도에 의존하기 때문에 아무것도 스스로 하지 않으며(요 5:19, 20, 30) 그분이 일러주신 뜻을 절대로 버리지 않는다. "내 아버지여…그러나 나의 원대로 마시옵고…아버지의 원대로 되기를 원하나이다"(마 26:39, 42). "아버지께서 주신 잔을 내가 마시지 아니하겠느냐"(요 18:11).

한편, 아버지도 아들을 사랑하시고(요 3:35, 5:20), 그에게 영광과 위대한 일을 주셔서 아들을 존귀한 존재로 만드신다(요 5:20-30, 10:17-18, 17:23-26). 생명을 주시는 일과 심판하시는 일은 전적으로 아들에게 맡겨졌다. "이는 모든 사람으로…아들을 공경하게 하려 하심이라"(요 5:23).

하나님과 아들의 사랑 넘치는 영원한 부자관계는 은혜로 구원받은 백성과 하나님의 관계의 원형이며, 하나님이 인간의 가족 안에 만드신 부모와 자녀 관계의 전형이다. 바울은 "하나님, 곧 우리 주 예수 그리스도의 아버지"를 "하늘과 땅에 있는 각 족속(family, 공동번역에는 가족-옮긴이)에게 이름을 주신 아버지"라고 말했다(엡 1:3, 3:14-15). 인간의 가족은 성격상 하늘에 계신 아버지와 아들의 관계를 반영한다. 따라서 부모와 자녀의 관계는 하늘에 계신 아버지와 아들 상호간의 사랑에 부합하는 사랑을 나타내야 한다.

▎양자 삼음

두 번째 맥락은 믿는 죄인들을 하나님의 가족에 양자로 맞아들이는 것과 관련이 있다. 이것은 예수 그리스도를 구주요 주님으로 믿는 믿음에 따라 하나님이 값없이 주시는 칭의와 중생과 연결된 초자연적인 은혜의 선물이다. "[예수님을] 영접하는 자 곧 그 이름을 믿는 자들에게는 하나님의 자녀가 되는 권세를 주셨으니 이는…하나님께로부터 난 자들이니라"(요 1:12-13).

예수께서 죽었다가 살아나셨을 때 제자들에게 보낸 메시지는 "내가 내 아버지 곧 너희 아버지, 내 하나님 곧 너희 하나님께로 올라간다"(요 20:17)는 말씀이었다. 이 말씀에 따르면 제자들은 하나님의 가족에 속한다. 바로 이 구절에서 예수님은 그들을 '내 형제들'이라고 부르셨다. 예수께서 구원하신 모든 사람은 그분의 형제들이다.

사도신경의 첫 절을 암송할 때, 그리스도인은 이런 내용을 모두 묶어 그의 창조주를 그의 구원자의 아버지인 동시에 (그리스도를 통해) 그 자신의 아버지로, 즉 독생자를 사랑하시는 것 못지않게 자신도 사랑하시는 아버지로 고백하는 것이다. 이것은 우리가 할 수 있는 최상의 고백이다.

┃ 전능하신

그리고 하나님 아버지는 "전능하시다." 이 말은 하나님이 작정하신 일이면 무엇이든 할 수 있고 하실 것이란 뜻이다. 하나님이 그분의 자녀들을 위해 작정하신 일은 무엇인가? 정답은 지금 그들의 맏형(그리스도)이 즐기는 모든 것에 동참하도록 하는 일이다. 믿는 자들은 "하나님의 상속자요 그리스도와 함께한 상속자니 우리가 그와 함께 영광을 받기 위하여 고난도 함께 받아야 할 것"이다(롬 8:17). 우리가 고난을 받겠지만 영광을 잃지 않을 것이다. 전능하신 아버지가 그렇게 하실 것이다. 그분의 이름을 찬양하라.

더 읽을 말씀

• 그리스도 안에서 양자됨

에베소서 1:3-14, 갈라디아서 4:1-7

복습과 적용

1. "우리가 그의 소생"이라는 진술은 하나님의 아버지 되심에 관해 무엇을 말해주는가?
2. 하나님의 아버지 되심은 삼위일체에서 어떻게 나타나는가?
3. 예수께서 모든 그리스도인을 자기 '형제들'이라고 부를 수 있는 이유는 무엇인가?

4

전능하신

사도신경은 "전능하신" 하나님 아버지에 대한 믿음을 선포한다. '전능하신'이라는 형용사는 중요한가? 그렇다. 대단히 중요하다. 이 형용사는 성경의 기본진리, 즉 하나님은 자신의 세계를 다스리시는 주님이요, 왕이며, 무엇이든 할 수 있는 분임을 가리킨다. 시편 93, 96, 97, 99:1-5, 103 등 하나님의 통치를 선포하고 찬양하는 구절에서 볼 수 있는 황홀한 기쁨을 주목해보라. 사람들은 하나님의 주권을 논쟁거리로 삼지만 성경에서는 그것이 예배할 사항이다.

우리가 하나님의 주권에 비춰 보지 않으면 하나님의 방식을 온전히 이해할 수 없다. 사도신경이 처음에 하나님의 주권을 선포하는 것도 바로 이런 이유 때문이다. 그러나 신자의 마음이 하나님의 주권에 끌리더라도 그 진리를 이해하기가 쉽지 않고 여러 의문이 생긴다.

▌하나님이 하실 수 없는 일

첫째, '전능'이라는 단어가 하나님은 문자 그대로 무엇이나 하실 수 있다는 것을 의미할까? 그렇지 않다. 하나님도 하실 수 없는 일이 있다. '네모난 원'과 같은 난센스나 자기모순에 해당하는 일은 하실 수 없다. 그리고 (이것은 중요한 사항인데) 하나님은 자신의 성품에서 벗어난 일은 할 수 없다. 하나님의 성품은 완전히 도덕적이다. 그 성품을 부정하는 요소는 그분 안에 없다. 그분은 변덕스럽거나 부정하거나 부당하거나 멋대로 행동하거나 일관성을 잃을 수 없다. 속죄제물 없이 죄를 용서하실 수 없는 것도 그것이 옳지 않기 때문이고, 믿음으로 고백한 죄를 용서하는 점에서 "신실하고 정의롭지" 않을 수 없는 것도 그것이 옳기 때문이다. 도덕적 불안정, 우유부단함, 신빙성의 결여는 나약함의 표시이다. 반면에 그런 불완전함에 빠질 수 없는 극도의 강함이 바로 하나님의 전능이다.

앞서 설명한 내용을 긍정적으로 표현하면 이렇다. 거룩하고 합리적인 하나님은 원하실 수 없는 일이 있다 해도 원하시는 모든 일은 실제로 이루신다. "주님은…뜻하시는 것이면 무엇이든, 다 하시는 분이다"(시 135:6, 새번역). 하나님이 세계를 만들기로 계획하셨을 때, "말씀하시매 이루신"(시 33:9; 참조. 창 1) 것처럼, 하나님이 뜻하시는 것은 모두 이루어진다. 사람은 작든 크든 실패하는 일이 많지만 하나님은 그렇지 않다.

▎인간의 자유의지

둘째, 자신의 목적을 이루시는 하나님의 능력이 인간의 자유의지에 의해 제한되지 않는가? 아니다. 책임이 뒤따르는 자발적 선택이 가능한 인간의 능력은 하나의 피조물이고, 창조된 인간 본성이 지닌 신비의 한 측면이다. 자신의 뜻을 이루시는 하나님의 능력은 그분이 만든 그 어떤 피조물에도 제한받지 않는다. 하나님은 물리적 질서의 작용으로 그의 뜻을 이루시는 것처럼, 우리 마음의 작용을 통해서도 그의 뜻을 이루신다. 어떤 경우에도 피조물의 온전함은 그대로 유지된다. (하나님이 초자연적으로 개입하신 기적을 제외하면) 실제로 발생한 일을 하나님의 통치를 언급하지 않은 채 "설명하는" 일이 가능하다. 그러나 세상만사는 하나님의 명령에 따라 이뤄지는 법이다.

그러므로 하나님은 피조물의 본성을 침해하지 않고, 즉 인간의 행동을 로봇 수준으로 떨어뜨리지 않고서도, "모든 일을 그의 뜻의 결정대로"(엡 1:11) 이루신다. 그렇다면 자유의지란 가상적이고 실재하지 않는 것이 아닌가? 그것은 우리가 생각하기에 달렸다. 우리의 의지가 하나님과 별도로 작용할 때만 자유롭다고 생각한다면, 자유의지는 분명 가상의 것이다. 그러나 자유의지를 자발적으로 결정하고 선택하는 능력(신학자들은 이를 '자유로운 작인'이라고 한다)으로 생각한다면 자유의지는 실재한다. 창조된 것은 모두 하나님 안에 존재하듯, 창조된 인간의 자유의지 또한 하나님 안에 존재한다. 하나님이 인간의 자유의지를 침해하지 않으면서도 어떻게 그것을 유지하며 통치하시는지는 그분의 비밀이다. 그러나 그렇게 행하신다는 것을 다음 두 가지 이유에서 확실히 알 수 있다.

첫째, 우리는 우리 자신의 자유의지로 결정하고 행동한다는 것을 경험으로 알고 있다.

둘째, 우리의 행동은 도덕적 의미에서 우리 자신의 것이며 그 행동에 대해 하나님 앞에 책임져야 한다고 성경이 엄중하게 주장하기 때문이다.

▎ 악은 정복되었다

셋째, 악(도덕적 악함, 무고한 고통, 선의 결핍)의 존재는 결국 하나님 아버지가 전능하지 못하다는 것을 시사하지 않는가? 그분이 전능하시다면 이런 것들을 제거하시지 않겠는가? 물론 하나님은 악을 제거하실 것이고 지금도 그렇게 하고 계신다. 당신과 나처럼 나쁜 사람들이 그리스도를 통하여 이미 선하게 변화되고 있다. 고통과 질병이 없는 새로운 몸들, 그리고 그런 육체를 지닌 사람들이 몸담을 재건된 세계가 도래하고 있다. 바울은 이렇게 말한다. "현재의 고난은 장차 우리에게 나타날 영광과 비교할 수 없도다"(롬 8:18, 참조. 19-23).

세상에서 악을 제거하고 새로운 질서가 확립되도록 하는 일이 우리의 바람보다 더디게 진행되는 이유는 세상의 악에 희생된 사람들을 더 많이 건져내기 위함이며, 이를 위해 하나님은 그분의 은혜로운 뜻을 널리 펼치고 계신다(벧후 3:3-10, 특히 8절 이하 참조).

❙ 좋은 소식

하나님이 창조, 섭리, 은혜의 영역에서 전능하시다는 진리는 우리가 하나님 안에서 누리는 믿음, 평화, 기쁨의 근거이자 응답받은 기도, 현재의 보호, 최후의 구원과 같은 우리의 모든 소망을 보장하는 안전장치이다. 이 세상을 지배하는 것은 운명도, 별들도, 우연도 아니다. 인간의 어리석음이나 사탄의 악의도 아니다. 세상을 운행하는 주체는 도덕적으로 완전한 하나님이다. 그분을 보좌에서 끌어내리거나 그분의 뜻과 사랑을 방해할 수 있는 존재는 없다. 그리고 내가 그리스도께 속한 자라면 말이다.

나는 지극히 높은 보호자를 두었네.
눈에 보이지는 않지만,
영원히 곁에 계시고, 변함없이 구원에 충실하시며,
다스리고 명령하시는 전능하신 보호자를….
주님이 나의 방패요 나의 태양이라면,
내게는 밤도 어둡지 않으니.

인생이 빠르게 지나는 만큼,

나는 주님께 더 가까이 갈 것이네.

지금껏 들은 소식 가운데 가장 좋은 소식이다.

더 읽을 말씀

• 만사를 통치하시는 하나님

창세기 50:15-26, 시편 93, 사도행전 4:23-31

복습과 적용

1. '전능하사'라는 말은 무슨 뜻인가? 하나님이 전능하다고 믿는 것이 중요한 이유는 무엇인가?

2. 전능하신 분조차 할 수 없는 일이 있다는 말은 어떤 의미에서 옳은가?

3. 하나님의 능력은 인간의 자유의지에 의해 제한되는가? 그 이유는 무엇인가?

5

천지의
창조주

성경은 "태초에 하나님이 천지를 창조하시니라"는 말로 시작한다. (성경에서 '천지'란 '존재하는 모든 것'을 가리킨다.) 창세기 1장과 2장이 우리에게 창조의 방법에 관해 얼마나 많이 (또는 얼마나 적게) 일러주는지, 예를 들어 유기체가 수많은 세월이 흐르는 동안 진화한다는 생각을 배제하는지 여부에 대해서는 의견이 분분하다. 그러나 창세기 이야기의 목적이 세계가 창조된 방법을 일러주는 것이 아니라 세계를 누가 창조했는지 일러주는 것임이 분명하다.

▎창조의 예술가

도로시 세이어즈의 탐정소설 가운데 결말 부분에 "방법을 알면 누가 했는지 안다"는 소제목이 달린 책이 있다. 그러나 창세기 1, 2장은 **방법**에 대해 많은 답을 주지 않고도 **누구**인지를 말하고 있다.

일부 현대인은 이것을 결점으로 생각할지 모르겠다. 그러나 기나긴 역사적 시각에서 본다면, '누구'보다는 '어떻게'에 집중하는 현대의 '과학적' 선입견이 오히려 더 이상해 보인다. 따라서 우리의 세속적 관심을 만족시키지 못한다는 이유로 창세기 1, 2장을 비판하지 말라. 가장 중요한 문제, 즉 자연의 창조주가 누군지에 대해선 관심이 없고 자연을 알려고 하는 우리의 뒤틀린 열정이 오히려 비판받아 마땅하다.

창세기 1, 2장이 전하는 메시지가 바로 이것이다.

당신은 "바다를 보았는가? 하늘은? 해와 달과 별은? 새와 물고기를 바라보았는가? 광활한 대지, 초목, 동물, 곤충 등 크고 작은 모든 것을 보았는가? 인간이 지닌 수많은 능력과 기술, 매혹과 매력의 느낌, 남녀 상호간의 애정 등 인간의 놀라운 면모에 경탄을 금할 수 없는가? 이는 환상적이지 않은가? 자, 이제 그 모든 것 뒤에 계신 분을 만나보기 바란다!"

이것은 마치 "당신이 이런 예술작품을 즐겼으니 이제 그 화가와 악수를 나눠보라. 당신이 그 음악에 전율을 느꼈으니 그 작곡가를 소개해주겠다"고 말하는 듯하다.

창세기 1, 2장의 기록은 창조를 노래하는 시편 104, 욥기 38-41과 더불어 창조세계보다는 창조주를 보여주고, 자연과학보다는 하나님에 대한 지식을 가르쳐준다.

창조에 관한 한 하나님은 장인(匠人)이며 그 이상이다. 장인은 존재하는 물질로 모양을 만들기 때문에 그 물질에 제한을 받는다. 그러나 하나님이 "…이 있으라"라고 명하시기 전에는 어떤 물질도 존재하지 않았다. 이 점을 명확히 하기 위해 신학자들은 '무(無)로부터의 창조'를 언급한다. 이 말은 무(無)라는 게 어떤 것이었다는 뜻이 아니라 창조 때 하나님이 완전히 자유로웠고 아무런 제약이 없었다는 뜻이다. 그분이 어떤 것을 창조할 때 그분의 생각 이외에는 아무것도 그분의 결정에 영향을 미치지 않았다.

▎ 창조주와 피조물

창조주와 피조물을 구별하는 것은 섭리와 은혜의 주관자이신 하나님의 주권을 강조하는 성경의 기본 관점이며, 하나님과 인간에 대한 모든 진실한 사유의 기초이다. 이런 이유 때문에 이것이 사도신경에 들어 있다. 그 중요성은 적어도 세 가지나 된다.

첫째, **이는 하나님에 대한 오해를 방지한다.** 하나님이 우리를 그의 형상대로 창조하셨는데, 우리는 그분을 우리 형상으로 생각하려고 한다. ("인간은 자기 형상으로 하나님을 만들었다"는 볼테르의 말은 허풍에 지나지 않는다.) 그러나 창조주와 피조물의 구별은 우리가 하나님께 의존하듯 하나님이 우리에게 의존하시지 않는다고 일러준다. 더 나아가, 하나님은 우리의 뜻에 따라, 우리의 기쁨을 위해 존재하는 분이 아니며, 그분의 삶을 우리의 삶과 동일하게 여길 수도 없다고 강조한다. 우리는 피조물이므로 한계가 있다. 우리는 모든 것을 알 수 없으며 모든 곳에 있을 수도 없다. 하고 싶은 일을 모두 할 수 있는 것도 아니고, 세월이 흐르면 변하지 않을 수 없다.

그러나 창조주에게는 이런 한계가 없다. 그러므로 우리는 그분을 이해할 수 없다. 전혀 이해할 수 없다는 것이 아니라 우리의 이해를 초월하는 분이란 뜻이다. 우리가 그분을 가늠할 수 없는 것은 개와 고양이가 인간을 가늠할 수 없는 것과 마찬가지다. 루터는 하나님에 대한 에라스무스의 생각이 지나칠 정도로 인간적이라고 말했다. 이 말은 교회에 만연한 모든 합리주의적 종교의 뿌리를 제거하는 계기가 된 너무나 옳은 지적이다! 우리는 하나님에 대한 우리의 생각을 스스로 비판하는 법을 배워야 한다.

둘째, 이 구별은 세계에 대한 오해를 방지한다. 세계는 그것을 만드신 분의 뜻과 능력에 의해 현재의 안정된 상태를 유지하고 있다. 세계는 만드신 분의 것이지 우리 것이 아니다. 따라서 멋대로 세계를 다루면 안 되고 청지기로서 하나님께 책임지는 자세로 그 자원을 다뤄야 한다. 세계는 그분의 것이기 때문에 우리가 그 가치를 낮게 평가해서도 안 된다. 많은 종교는 물질과 그 물질을 경험하는 육체가 모두 악하기 때문에 가능한 한 물질을 거부하고 무시해야 한다고 생각한다. 그 신봉자들을 비인간화시키는 이런 견해가 때로는 기독교의 딱지를 달고 있는데, 이는 지극히 비기독교적이다.

하나님이 만드신 물질은 보시기에 좋았고, 지금도 좋은 것이며

(창 1:31), 우리가 보기에도 좋은 것이기 때문이다(딤전 4:4).

우리는 이 세상의 것을 감사히 쓰고 즐길 줄 알아야 한다. 그것의 진정한 가치와 그것을 우리에게 주신 하나님의 관대함을 의식하는 가운데 잘 사용하는 것이 그분을 섬기는 길이다. 창조주의 어떤 피조물이라도 그 가치를 떨어뜨림으로써 그분을 섬기려는 시도는 불경건하고 비인간적인 초(超)영성에 불과하다.

셋째, **이 구별은 우리 자신에 대한 오해를 방지한다.** 인간은 스스로를 만든 존재가 아니다. 그러므로 자신을 주인으로 생각해서는 안 된다. "나를 지으신 이는 하나님이다. 하나님이 나를 만드신 목적은 여기서 내가 그분을 섬기도록 하기 위해서다." 우리는 무엇보다 먼저 하나님이 우리의 주인이심을 알아야 하고, 우리가 피조물이라는 건강한 자의식이 필요하다.

• **창조주 하나님**

창세기 1-2, 이사야 45:9-25

복습과 적용

1. "…이 있으라"는 하나님의 말씀은 어떤 중요한 의미를 담고 있는가?
2. '창조주와 피조물의 구별'은 하나님이 자기 형상으로 사람을 만드셨다는 것과 어떤 관련이 있는가?
3. 우리가 물질은 악한 것이 아니라고 자신 있게 말할 수 있는 이유는 무엇인가?

6

우리 주
예수 그리스도

사도신경은 "나는…아버지 하나님, 천지의 창조주를 믿습니다. 나는 그의 유일하신 아들 예수 그리스도를 믿습니다"라고 선포한다. 사도신경에서 하나님을 "천지의 창조주"로 부를 때, 기독교는 힌두교를 포함한 동양 종교들과 헤어졌고, 이제 예수 그리스도를 하나님의 유일한 아들로 부름으로써 유대교와 이슬람교와 갈라져 홀로 서게 된다. 예수에 관한 이 주장은 기독교의 시금석이자 기독교를 유일무이한 종교로 만드는 요소이다. 신약 전체는 이 주장을 정당화하기 위해 기록되었다. 그러므로 사도신경이 다른 어떤 내용보다 예수에 대해 자세히 진술한 것은 결코 놀라운 일이 아니다.

▌ 그리스도, 사도신경의 중심

성부와 성령에 대한 짧은 진술 사이에 예수 그리스도에 대한 긴 진술이 나오므로 이 주장이 중심에 배치된 셈이다. 예수 그리스도를 떠나서는 삼위일체나 구원, 부활이나 영생에 대해 알 수 없으므로 예수 그리스도에 대한 고백은 사도신경의 중심에 있다. 하나님의 백성을 구속하고 기독교의 모든 진리를 드러낸 분이 바로 예수 그리스도이다.

사도신경이 그분을 어떻게 진술하는지 보라.

'예수'("하나님은 구원자이다"라는 뜻의 '여호수아'에 해당하는 헬라어)가 그의 고유한 이름이다. 그 이름은 역사상의 인물, 즉 갈릴리 나사렛 출신의 마리아의 아들이며, 시골 랍비로 삼 년간 일하다가 주후 30년경 로마 당국에 의해 처형된 전직 유대인 목수를 가리킨다. 사복음서는 그의 사역을 상세히 묘사한다.

'그리스도'(문자적 의미는 "기름부음을 받은 자")는 일반적 의미의 성(姓)이 아니다. 본인의 직업에 따라 붙였던 스미스(Smith, 대장장이)나 테일러(Taylor, 재단사), 패커(Packer, 짐 꾸리는 사람), 클라크(Clark, 사무원) 같은 의미의 성으로 생각할 수는 있다. 장로교인들은 '그리스도'를 일종의 '직함'으로 불러서 예수님을 유대인들이 오랫동안 기다려온, 하나님이 임명하신 구주이자 왕으로 믿는다. '그리스도'는 하나님의 통치를 확립하고 온 세계를 지배하는 주님으로 환영받을 것으로 기대된 만큼 손꼽아 기다리던 존재였다.

예수님을 그리스도라고 부른다는 것은 그분을 역사의 결정적인 자리에, 그리고 세상 모든 사람이 인정해야 할 우주의 지배자

자리에 앉히는 것이다. 초대 그리스도인들은 이 점을 분명히 인식했는데, 사도행전의 기록에 이런 모습이 잘 나타나 있다(행 2:22-36, 3:12-26, 5:29-32, 10:34-43, 13:26-41 등). "이를 위하여 그리스도께서 죽었다가 다시 살아나셨으니 곧 죽은 자와 산 자의 주(主)가 되려 하심이라"(롬 14:9). "모든 무릎을 예수님의 이름에 꿇게 하시고"(빌 2:10).

또한 '그리스도'라는 호칭은 구약시대에 기름부음을 받은 '선지자'(하나님의 대언자)와 '제사장'(제사를 드려 하나님과 우리를 중재하는 사람)과 '왕'의 세 직분을 예수께서 모두 성취했다는 주장을 표현한다.

선지자와 제사장과 왕, 이 세 가지 역할의 결합은 우리의 실질적 필요에 비춰보면 그 영광이 명확히 드러난다. 우리 죄인들이 하나님과 올바르고 선한 관계를 맺기 위해 필요한 것은 무엇인가?

첫째, 우리는 하나님을 모르기 때문에 가르침이 필요하다(선지자의 역할). 잘 모르거나 아예 모르는 사람과 만족스런 관계를 맺는 일은 불가능하기 때문이다.

둘째, 우리는 하나님과 멀어졌기 때문에 화해가 필요하다(제사장의 역할). 화해가 없으면 용서와 용납이 있을 수 없으며 축복도 받지 못한다. 화해하지 않는다면 하나님 아버지의 사랑을 끝내 모르는 사람으로, 하나님이 그 자녀를 위해 예비하신 복을 받지 못하는 사람으로 인생을 끝내고 말 것이다.

셋째, 우리는 하나님을 위해 사는 일에 약하고 눈멀고 어리석기 때문에 우리를 인도하고, 보호하고, 강하게 해줄 누군가가 필요하다. 구약시대의 이스라엘에서는 왕이 그 역할을 해야 했다. 이제 한 사람, 예수 그리스도의 인격과 사역 안에서 이 세 가지 필요가 완전하게 충족된다. 할렐루야!

하나님의 위대한 선지자여!
나의 혀가 당신의 이름을 찬양합니다.
우리 구원의 기쁜 소식이
당신에게서 왔습니다.
죄를 용서받고 지옥이 정복당한,
천국 평화의 기쁜 소식이 왔습니다.

예수, 나의 위대한 대제사장께서
피 흘려 죽으셨습니다.
죄 많은 내 양심은
그 피 외에 어떤 희생도
구하지 않습니다.
권세 있는 그 피가 죄를 대속했고,
지금도 보좌 앞에서 간구합니다.

내가 사랑하는 전능하신 주님

나의 정복자, 나의 왕이여

당신의 홀(笏), 당신의 칼을,

다스리는 당신의 은혜를 찬양합니다.

권세가 당신의 것입니다. 보십시오, 나는

당신에게 기꺼이 묶여 당신 발 앞에 앉습니다.

▎주님

(사도신경에 따르면) 그리스도이신 예수님은 하나님의 외아들이다. 이것은 마리아의 아들을 영원한 성삼위의 두 번째 위격으로, 세계를 창조할 때 하나님의 대리자였고 지금까지 세계를 올바르게 보존하는 그 능력의 말씀으로 밝히는 것이다(요 1:1-4; 골 1:13-20; 히 1:1-3). 얼마나 놀라운가? 바로 이 동일시가 기독교의 핵심이다. "말씀이 육신이 되어 우리 가운데 거하시매"(요 1:14).

"우리 주"(our Lord)가 곧이어 나온다. 예수께서 성자 하나님이며, 우리의 공동 창조자이며, 그리스도, 즉 기름부음 받은 구주-왕으로서 죽은 자 가운데서 다시 살아나서 (사도신경이 말하듯, 권위와 능력의 자리인 "전능하신 아버지 하나님 우편"에 앉아) 지금도 통치하시는 분이라면, 그분은 우리를 다스릴 권리가 있으며, 우리는 그분의 권한을 거부할 권리가 없다. 약 이천 년 전 팔레스타인에서 시간과 공간으로 진입하셨듯이, 오늘 우리 각자의 시간과 공간으로 진입하신다. 처음 이 땅에 오셨을 때와 똑같이 사랑의 목적을 가지고 진입하시는 것이다. 그리고 그때 하셨던 말씀을 지금도 하고 계신다. "와서, 나를 따르라."

그분이 당신의 주님인가? 사도신경을 암송하는 사람은 모두 이 질문을 피할 수 없다. 먼저 마음속에서 '나의 주'라고 고백하지 못한다면 어떻게 교회에서 '우리 주'라고 말할 수 있겠는가?

더 읽을 말씀

• **하나님이자 사람인 예수**

히브리서 1:1-3:6

복습과 적용

1. '예수'라는 이름이 역사적으로, 그리고 오늘날 우리에게 갖는 중요한 의미는 무엇인가?

2. '그리스도'라는 호칭은 그분을 기다리던 유대인들에게 어떤 의미를 지녔겠는가? 우리에게는 어떤 의미를 지녀야 하는가?

3. 그리스도께서 당신의 삶을 다스릴 권위를 주장할 수 있는 이유는 무엇인가?

7

유일하신
아들

어떤 젊은이를 소개받는 자리에서 그가 '외아들'이라는 말을 듣게
되면, 그는 그의 아버지에게 무엇과도 바꿀 수 없는 존재란 생각
이 든다. 그 말에는 애정이 듬뿍 담겨 있다. 사도신경에서 예수님
을 하나님의 '유일하신 아들'(외아들, 요 1:18과 3:16, 18에서는 '독생자')
이라고 말할 때에도 마찬가지다. 하나님의 외아들 예수님은 아버지
의 극진한 사랑을 누린다. 하나님도 친히 그렇게 말씀하셨다. 예수
께서 세례를 받으실 때, 그리고 변화산에서 그 모습이 변형되셨을
때, 하나님은 이렇게 말씀하셨다. "이는 내 사랑하는 아들이요 내
기뻐하는 자라"(마 3:17, 17:5).

| 완전히 하나님이신 예수

또 사도신경에 나오는 외아들이라는 말은 유니테리언파와 여러 사교들에서 발견되는 예수님의 신성의 폄하나 부정을 막는 방어막이다. 예수님은 단지 하나님의 영감을 받은 선한 사람이 아니다. 천사장도 아니며, 모든 피조물 가운데 가장 훌륭하고 첫째가는 존재도 아니다. 다른 인간들에 비해 엄청나게 뛰어나서 의례적으로 '신'(神)으로 불리는 사람도 아니다. (4세기 아리우스파와 현대의 여호와의 증인이 그렇게 주장한다.) 예수님은 하나님의 외아들로 그 아버지와 똑같이 완전한 하나님이셨고 지금도 그런 분이다. 하나님의 뜻은 "모든 사람으로 아버지를 공경하는 것같이 아들을 공경하게"(요 5:23) 하는 것이라고 예수께서 말씀하셨다. 이 말씀으로 유니테리언파가 녹아웃 되었다.

그런데 신성 내에서의 아버지와 아들의 관계를 거론하는 것은 단순한 신화에 불과한 것이 아닐까? 아니다. 예수 자신이 이렇게 말씀하셨기 때문이다. 예수님은 하나님을 '나의 아버지'로, 그 자신을 '아들'('한 아들'이 아니라 '유일한 아들')로 부르셨다. 그분은 유일하고 영원한 부자관계에 대해 이렇게 말씀하셨다. "…아버지 외에는 아들을 아는 자가 없고 아들과 또 아들의 소원대로 계시를 받는 자 외에는 아버지를 아는 자가 없느니라"(마 11:27).

예수께서 사람들을 바로 이 같은 아버지와 아들의 관계 속으로 인도하기 위해 오셨다.

┃ '나셨다'

니케아신조에는 "만물이 있기 전에 하나님께로서 나셨으니…만들어진 것이 아니고 나셨다"고 나온다. 이 조항은 4세기에 논쟁거리가 되었다. 이 조항의 요점은, 아들이 그 본성에 따라 아버지께 의존하여 살지만("나는 아버지로 말미암아 산다," 요 6:57) 아들 역시 본래부터 영원한 신인즉 창조된 존재가 아니라는 것이다. '나셨다'(begotten)는 말은 아들이 아버지보다 나중에 생겼다거나 본질적으로 아버지보다 열등하다는 뜻이 아니다.

요한복음에 나오는 '독생하신'(only begotten)이란 형용사 속의 '나셨다'는 말은 예수님이 존재하지 않았던 과거의 한 시점에 일어난 사건을 의미하는 것이 아니다. 피조물들만 일시적인 사건이 발생하는 시간 속에 살기 때문이다. 우리가 아는 시간 역시 창조의 일부이다. 그러므로 시간의 창조자는 공간의 제약을 받지 않듯이 시간의 제약 역시 받지 않는다. 우리에게는 삶이 순간의 연속이며, 과거나 미래의 사건들을 되돌리거나 앞당길 수 없다. 그러나 하나님께는 모든 사건이 영원한 현재 안에 존재한다. (상상하기 쉽지는 않지만 그렇게 생각해야 한다.)

따라서 창조 이전에 아들을 '낳으셨다'(사도행전 13:33과 히브리서 1:5, 5:5는 시편 2:7의 "낳았도다"를 그리스도게 적용했지만 이는 은유적 표현으로서 보좌로 이끌었음을 뜻한다. 그러므로 시편 2:7과는 다른 의미다)는 말은 한 분이신 하나님이 복수가 된 어떤 사건을 의미하는 것이 아니다. 제1위격의 하나님은 아들에게 항상 아버지이고, 제2위격의 하나님은 아버지에게 항상 아들이신 영원한 관계를 가리키는 것이다. 3세기의 오리겐은 이 개념을 아들의 '영원한 출생'(eternal generation)이라는 말로 적절히 표현했다. 이것은 성삼위 하나님만이 향유하는 영광의 일부이다.

┃신비

성육신을 언급한 신조(칼케돈공의회의 "한 위격 안의 두 본성, 완전한 하나님인 동시에 완전한 사람," 또는 칼 바르트의 "인간을 위한 하나님인 동시에 하나님을 위한 인간")는 간단하다. 그러나 성육신 자체는 심오하다. 예수께서 인간의 육체만 빌리고 영혼은 취하지 않았다거나 한 육체 안에 두 인격이 공존했다는 고대의 이단들, 그리고 예수께서 '육체를 입은 것'은 성령이 머물렀던 특별한 경우일 뿐이며, 따라서 예수님은 하나님이 아니라 단지 하나님이 머무셨던 인간일 뿐이라는 현대의 이단을 제압하는 것은 어렵지 않다.

그러나 긍정적 견지에서 성육신이 무엇인지를 파악하는 것은 거의 불가능하다. 그렇지만 걱정하지 말라. 하나님이 어떻게 인간이 되셨는지 모른다고 해서 그리스도를 모르는 것은 아니지 않은가! 성육신을 이해하든 못하든, "말씀이 육신이 되셨다"(요 1:14)는 사실은 변함이 없다. 그것은 우리를 압도하는 최고의 기적이며 사랑에서 비롯된 일이다. 우리의 몫은 그 신비를 벗겨내는 것이 아니

라 "어제나 오늘이나 영원토록 동일하신"(히 13:8) 예수 그리스도를
경이롭게 생각하고 받들고 사랑하고 찬양하는 것이다.

주님의 자비로운 계획에 응답하여라.

나의 하나님이 나를 위해 육신이 되셨도다.

내 영혼은 찬란한 성소가 되도다.

나의 빛, 완전한 구원이 이르러

나를 미지의 사망의 그늘을 지나

주님의 눈부신 보좌로 인도하시네.

더 읽을 말씀

• 하나님의 성육신한 아들

골로새서 1:13-23

복습과 적용

1. 예수님을 하나님의 영감을 받은 자, 천사장, 또는 한 신이라고 부르는 것으로 왜 충분하지 않은가?

2. 아들(예수)은 창조된 존재가 아니라는 사실은 왜 중요한가?

3. 기독교를 접한다는 것은 곧 예수 그리스도를 직면한다는 뜻이다. 왜 그런가?

8

동정녀 마리아에게서 나시고

성경은 하나님의 아들이 초자연적인 능력의 행위로 이 세상에 오셨고 또 떠나셨다고 말한다. 그분의 오심은 동정녀에게 나신 것을 가리키며 그분의 떠나심은 부활하고 승천하신 것을 이른다. 둘 다 구약의 예언이 성취된 것이다(동정녀 탄생은 이사야 7:14, 부활과 승천은 이사야 53:10-12을 보라).

오신 기적과 떠나신 기적은 동일한 메시지를 전해준다. 첫째, 두 기적은 예수님이 인간보다 못한 존재가 아니라 인간 이상이었음을 확증한다. 예수님의 지상 생활은 완전한 인간의 삶이자 완전한 하나님의 삶이기도 했다. 공동 창조자였던 예수께서 그분의 소유인 이 세상에 방문객으로 오셨다. 그분은 하나님에게서 오셨고 하나님께로 돌아가셨다.

교부(敎父)들은, 예수께서 인간과 구별되는 신적 존재였다는 증거가 아니라 인간처럼 보이는 유령이나 천사가 아닌 진정한 인간이었다는 증거로서 동정녀 탄생에 호소했다. 동정녀 탄생이 사도신경에 포함된 것도 아마 (예수님은 단순히 유령이나 천사 같은 존재였다고 본) 가현설(Docetism)에 대항하기 위해서였을 것이다. 그러나 거꾸로 그리스도 인간설(예수님은 단지 훌륭한 인간이었다는 견해)에 반대하는 증거도 되었다.

둘째, 이 두 기적은 예수님이 죄로부터 자유롭다는 것을 가리킨다. 동정녀에게서 나셨기 때문에 원죄라고 불리는 죄성을 물려받지 않으셨고, 그리하여 그분의 인성(人性)은 오염되지 않았다. 그 결과 그분의 행동과 태도, 동기와 욕구에 전혀 흠이 없었다. 신약은 그분의 죄 없음을 강조한다(참조. 요 8:29, 46; 롬 5:18-19; 고후 5:21; 히 4:15, 7:26; 벧전 2:22-24 등). 예수님은 죄가 없으셨기 때문에 그의 몸을 희생제물로 드린 후에 사망에 묶여 있을 수 없었다.

▌두 이야기

신약성경은 동정녀 탄생에 관해 상호보완적인 두 가지 이야기를 제공한다. 이 둘은 분명히 독립적인 이야기이지만 놀랍게도 조화를 이루고 있다. 바로 마태복음 1장의 요셉 이야기와 누가복음 1, 2장의 마리아 이야기이다. 둘 다 진실한 역사의 표징을 갖고 있다. 고대 역사가들은 자신을 예술가와 도덕가로 보았기 때문에 보통 출처에 대한 언급을 생략했다. 그런데 누가는 마리아 이야기를 직접 수집했다는 암시를 남긴다(1:1-3과 2:51을 참조하라).

마태와 누가가 두 가지 예수의 족보(마 1:2-17; 눅 3:23-38)를 제공하는 바람에 어리둥절해 하는 사람들도 있지만, 서로 조화를 이루게 하는 방법은 적어도 두 가지 있다. 먼저 누가의 족보는 마리아의 계보를 따른 것이지만 남자의 혈통을 따르는 것이 관습이었기에 예수님의 추정상의 아버지인 요셉(23절)으로부터 시작하는 것으로 볼 수 있다. 또는 누가는 요셉의 생물학적 혈통을 따라 거슬러 올라가는 바람에 마태가 따르는 왕의 계보와는 다르다고 할 수 있다. (상세한 것은 F. F. 브루스가 쓴 "Genealogy of Jesus Christ," *The New Bible Dictionary*를 참조하라.)

▎회의적인 시각

19세기와 20세기 중반까지 예수님의 동정녀 탄생과 육체의 부활을 회의적으로 보는 시각이 지나치게 강했다. 그것은 기적이 없는 기독교를 추구하는 합리주의적 탐구의 일부로 시작되었으나 이제 그 유행은 지나갔다. 그러나 재떨이를 치운 뒤에도 방에 여전히 담배 냄새가 배어 있는 것처럼, 아직도 회의적인 시각이 그리스도인들의 마음에서 완전히 가시지는 않았다. 물론 기적적인 출생과 부활은 믿지 않으면서도 선재하던 영원한 성자의 성육신을 믿는 일은 (비록 쉽거나 자연스럽지는 않지만) 가능하다. 우리가 다른 근거로도 성자의 성육신을 인정할 수 있는 만큼, 동정녀 탄생과 육체의 부활을 성육한 삶이란 더 큰 기적의 요소들로 본다면 이 두 기적을 믿는데 큰 어려움이 없다고 주장할 수 있다. 이렇게 주장하는 것이 훨씬 더 논리적이며 유일하게 이성에 부합하는 입장이다.

만일 우리가 동정녀 탄생을 기적이란 이유로 부인한다면, 예수님의 육체의 부활도 부인해야 논리적으로 합당하다. 그러나 이 기적들은 동등한 것이라 어느 하나를 부인하고 다른 것을 인정하는 것은 오히려 불합리하다.

마리아는 예수님을 낳은 뒤에도 처녀였지만 영원히 처녀였다는 후대의 생각은 단순한 공상이다. 복음서들은 예수께 동생들이 있었음을 보여준다(막 3:31, 6:3).

"성령으로 잉태되어 동정녀 마리아에게서 나시고"는 예수님의 어머니를 찬양한 것이 아니라 성육신의 사실을 증언하는 것이다. 그러나 불행하게도 로마 가톨릭교회는 신학자들의 마리아론과 일반 신자들의 마리아 숭배를 지지했다. 마리아를 공동 구속자로 보는 마리아론은 마리아가 예수처럼 원죄 없이 태어났고(순결한 잉태) 죽은 후 곧바로 부활의 영광에 들어갔다(성모 몽소승천)는 비성경적 가르침에 의존한다.

그러나 실제의 마리아, 성경의 마리아는 자신을 그저 구원받은 죄인으로 여겼다. "내 마음이 하나님 내 구주를 기뻐하였음은"(눅 1:47). 마리아는 우리에게 훌륭한 모범이 된다. 즉, 세상에 복 주시는 하나님의 계획에 협력하는 특권(과 대가)뿐 아니라(눅 1:38, 참조.

2:35) 하나님의 은혜에 겸손히 반응하는 면에서도 그렇다. 부모들은 자녀에게서 어떤 사실을 끌어내는데 느리다. 슬프게도 예수님도 언젠가 "선지자가…자기 집 외에서는 존경을 받지 않음이 없느니라"(마 13:57)라고 말씀하신 적이 있다. 그러나 마리아와 그 가족은 처음의 불신앙(마 13:57; 막 3:20, 21, 31-35; 참조. 요 7:3-5)을 버리고 결국 예수님을 믿게 되었다(행 1:14). 우리도 그들의 본보기로부터 배운 것이 있는가?

• **동정녀 탄생**

마태복음 1:1-25, 누가복음 1:26-56

복습과 적용

1. 그리스도의 오심과 떠나심에 관련된 기적들은 그리스도에 관하여 우리에게 무엇을 보여주는가?

2. 예수님의 동정녀 탄생에 대한 태도와 부활에 대한 태도가 같아야 한다는 주장에 당신은 동의하는가?

3. 성경이 마리아에 대해 묘사한 것과 로마 가톨릭 교회의 전통적 견해 사이에는 어떤 차이가 있는가?

9

본디오
빌라도에게
고난을 받아

과학자나 철학자의 학파나 정당원들이 그 창설자가 법과 질서에 위협이 된다는 죄목으로 정부 당국자에게 처형당했다고 끊임없이 주장하고 있다고 상상해보라. 그리스도인들이 하는 일이 바로 그것이다. 예수님의 십자가가 사도신경의 중심이다. "본디오 빌라도에게 고난을 받아 십자가에 [못 박혀] 죽으시고." 이 말을 역순으로 살펴보자.

"십자가에 죽으시고." 십자가는 로마제국에서 죄인을 처형하던 표준적인 방법이었다. "예수께서 십자가에 죽었다"라고 말하는 것은 교수형에 처해졌다거나 전기의자에서 사형집행이 되었다고 말하는 것과 같다.

빌라도

"본디오 빌라도에게." 히틀러는 가스실에서 수많은 유대인을 죽인 사람으로 기억될 것이다. 어쩌면 기억되지 않았을 로마의 총독 빌라도는 예수를 죽인 인물로 역사에 기록되었다. 예수께서 자신이 하나님이 약속하신 구주이자 왕, 곧 그리스도임을 밝혔기(유대 당국은 이를 신성모독으로 여겼다) 때문에 유대 당국에게 사형선고를 받았고, 그들은 사형을 집행하기 위해 예수를 로마 총독에게 데리고 갔다. 로마 점령기의 유대 당국은 사형을 집행할 권한이 없었기 때문이다.

빌라도는 유대 백성을 기쁘게 하기 위해 사형을 허락하고 죄 없는 예수를 죽이라고 지시한다. 자신은 이 문제와 상관없음을 나타내기 위해 상징적으로 손을 씻지만, 그것은 역사상 가장 어리석은 몸짓이었다. 빌라도는 그것을 영리한 통치행위로 여겼으니 비웃음을 살 만하다.

▎수난

"고난을 받아." 이 말은 고통을 겪는다는 일상적인 뜻뿐 아니라 다른 사람의 행동에 영향을 받는 대상이 된다는 더 오래되고 더 넓은 의미도 갖고 있다. 인간은 물론 하나님도 예수 수난의 작인이었다. "그[그리스도]가 하나님께서 정하신 뜻과 미리 아신 대로 내준 바 되었거늘 너희가 법 없는 자들의 손을 빌려 못 박아 죽였으나"(행 2:23, 베드로의 첫 번째 설교에서). 하나님이 십자가를 의도했다는 것은 예수님을 십자가에 못 박은 자들의 죄책만큼이나 분명한 사실이다.

하나님의 목적은 무엇이었는가? 죄인들에게 자비를 베푸시기 위해 죄를 심판하시는 것이었다. 인간의 정의가 실패한 사건이 하나님의 정의가 실현된 사건이 되었다. 예수님은 십자가상에서 인간이 가할 수 있는 모든 육체적 고통과 정신적 고통을 겪으셨고, 나의 죄가 마땅히 받아야 할 하나님의 분노와 배척까지 대신 당하셨다. "우리는 다 양 같아서 그릇 행하여 각기 제 길로 갔거늘 여호와께서는 우리 모두의 죄악을 그에게 담당시키셨도다"(사 53:6).

죄 없으신 구주께서 죽으셔서
죄 많은 내 영혼 자유를 얻었네.
의로우신 하나님이 만족하셔서
구주를 바라보니 나를 용서하시네.

▌화목

이제 우리는 기독교의 핵심에 이르렀다. 성육신이 기독교의 성소라면, 속죄는 분명히 기독교의 지성소이다. 성육신이 최고의 기적일지언정 하늘의 기쁨과 지복에서 갈보리의 고통과 수치로 내려가는 연속적인 행보 가운데 첫걸음에 불과했다(빌 2:5-8). 하나님의 아들이 사람이 된 이유는(영국국교회 기도서의 내용처럼) "온 세상의 죄에 대해 충분하고 완전한 희생제물과 봉헌과 속죄제물로서" 그의 피를 흘리기 위함이었다. 하나님은 "자기 아들을 아끼지 아니하시고 우리 모든 사람을 위하여 내주셨다"(롬 8:32). 그 정도로 하나님은 우리를 사랑하신 것이다(참조. 5:5-8).

요한이 "하나님은 사랑이시다"라는 말의 뜻을 설명한 것도 바로 이와 동일한 견지, 즉 모든 것을 참는 관대한 자비심이 아닌 특별하고 값진 선물의 견지에서다. 그는 이렇게 설명한다. "사랑은 여기 있으니 우리가 하나님을 사랑한 것이 아니요 하나님이 우리를 사랑하사 우리 죄를 속하기 위하여 화목 제물로 그 아들을 보내셨음이라"(요일 4:10).

그리스도의 십자가는 여러 의미가 있다. 그 십자가는 우리 죄에 대한 희생이었기 때문에 **화목제물**이었다(롬 3:25; 요일 2:2, 4:10; 참조. 히 2:17). 다시 말해, 하나님의 안목에서 우리 죄를 지워버림으로써 우리를 향한 하나님의 분노를 가라앉히는 수단이었다. 그 십자가는 우리를 위한 화목제물로서 **화해의 수단**이기도 했다. 즉, 상처를 받고 멀어지고 분노하는 창조주와 우리를 화해시킨다(롬 5:9-11). 우리는 죄인들을 향한 하나님의 노여움을 가볍게 여겨서는 안된다. 우리가 할 일은 하나님의 노여움을 누그러뜨리고 화평을 이루신 우리 구주의 업적을 찬양하는 것이다.

그리고 우리의 화해 수단인 십자가는 죄의 대가를 지불함으로써 속박과 불행에서 우리를 건져주는 **구속**이다(엡 1:7; 롬 3:24; 계 5:9; 막 10:45). 그러므로 십자가는, 우리를 죄 안에 가둬놓았고 지금도 하나님의 은혜 밖에 머물게 하려는 모든 대적의 권세에 대한 승리의 선언이었다(골 2:13-15). 우리가 온전한 진리를 이해하려면 이 모든 각도를 잘 탐구해야 한다.

"하나님의 아들이…나를 사랑하사 나를 위하여 자기 몸을 버리셨다." 그러므로 "내게는 우리 주 예수 그리스도의 십자가 외에 결코 자랑할 것이 없다"(갈 2:20, 6:14). 바울의 말이다. 나는 바울의 말에 공감할 수 있어서 하나님께 감사드린다. 당신도 그런가?

더 읽을 말씀

• 십자가의 의미

이사야 53, 로마서 3:19-26, 히브리서 10:1-25

복습과 적용

1. "고난을 받아"라는 말에 담긴 온전한 의미는 무엇인가?

2. "인간은 물론 하나님도 예수 수난의 작인이었다"는 말을 설명해보라.

3. 그리스도의 죽음은 당신의 죄와 어떤 연관이 있는가?

10

십자가에
못 박혀 죽으시고

죽음은 예절 바른 사람이 공적인 자리에서 입에 담지 않을 "새로운 외설"로 불려왔다. 그러나 누구든지 죽음을 피할 수 없다. 인생의 확실한 사실 하나는, 경고가 있든 없든, 편안하든 고통스럽든, 삶은 언젠가 끝난다는 것이다. 내 차례가 되었을 때, 나는 과연 어떻게 죽음을 맞이할 것인가?

┃ 기독교의 승리

그리스도인들은 성경의 예수님이 살아 계시다고 주장한다. 그리고 그분을 구원자로, 주님으로, 친구로 맞아들인 사람은 그분을 아는 지식에서 삶의 모든 문제, 심지어 죽음까지도 헤쳐 나갈 수 있는 길을 발견한다. "그리스도는 이미 사망의 음침한 길을 통과하셨기에 우리도 그 길을 통과하도록 인도하신다."

주님은 이미 몸소 죽음을 맛보셨기 때문에 우리가 죽음을 맛볼 때 우리를 도우실 수 있다. 그리고 그분이 직접 통과하신 죽음 너머에 있는 생명을 주시기 위해 큰 변화를 통과하도록 우리를 이끌어 가신다. 그리스도 없는 죽음은 '공포의 왕'이지만 그리스도와 함께하는 죽음은 "침", 곧 상처를 주는 능력을 잃어버린다.

청교도였던 존 프레스톤은 이 점을 잘 알았다. 사람들은 죽어 가는 그에게 임박한 죽음이 두려운지 물었다. "아니요"라고 프레스톤은 나지막한 목소리로 말했다. "장소가 바뀔 뿐이지 동반자는 바뀌지 않소." 이런 말과 같았다. "나는 친구들 곁을 떠나지만 나의 친구이신 그분을 떠나는 것은 아니오. 그분은 결코 나를 떠나지 않기 때문이오."

이것이 죽음에 대한 승리, 죽음이 불러오는 두려움에 대한 승리이다. 사도신경이 예수님의 부활을 선포하기 전에 "음부에 내려가셨다"(he descended into hell)라고 말하는 것은 이 승리의 길을 가리키기 위해서다. 이 어구가 4세기까지 사도신경에 포함되지 않았기 때문에 일부 교회는 채택하지 않았지만(한국 교회도 채택하지 않았다―옮긴이), 그 내용은 지금 우리가 살펴볼 바와 같이 대단히 중요하다.

게헨나가 아닌 하데스

영문(英文) 사도신경이 확정된 후 'hell'의 의미가 변했기 때문에

"음부(hell)에 내려가셨다"라는 표현에 오해의 소지가 있을 수 있다. 원래 'hell'은 헬라어 '하데스'(hades), 히브리어 '스올'(sheol)에 해당하는 단어로 죽은 사람들의 장소를 의미했다. 여기서는 바로 이런 뜻이다. 베드로는 예수께서 다시 사셨을 때 시편 16:10 - "내 영혼을 스올에 버리지 아니하시며" - 에 나오는 예언이 성취되었다고 말했다(참조. 행 2:27-31). 그런데 17세기 이후 'hell'은 하나님을 믿지 않는 자들이 받을 최후 심판의 상태(지옥)만을 의미하게 되었다. 신약의 이름은 '게헨나'(gehenna)이다.

그러나 사도신경의 뜻은 예수께서 하데스에 갔다는 것이지 게헨나(지옥)에 처해졌다는 것이 아니다. 즉, 예수께서 참으로 죽으셨고, 위장이 아닌 '진짜 죽음'에서 다시 사셨다는 말이다.

뻔한 말처럼 들릴지 모르지만, "다시 살아나셨다"(rose)라는 표현이 탄광의 갱도를 거쳐 지상으로 올라왔음을 의미하지 않듯이, "내려가셨다"(descended)는 단어 역시 팔레스타인에서 하데스로 가는 것이 땅을 뚫고 내려간다는 뜻이 아니라고 말해야 할 것 같다. "내려가셨다"는 표현을 쓴 이유는 다른 데 있다. 하데스는 육체가 이탈한 자들의 장소인 만큼 육체와 영혼이 함께한다는 의미에서 온전한 인간이 존재하는 지상의 삶보다 그 가치와 존엄성이 떨어지기 때문이다.

▎하데스의 예수

"육체로는 죽임을 당하시고 영으로는 살리심을 받으신"(벧전 3:18) 예수께서 하데스로 내려가셨다. 성경은 예수께서 그곳에서 하신 일을 간략히 말해준다.

첫째, 예수께서 하데스에 내려가서 참회한 강도(참조. 눅 23:43)와 그분의 지상 사역 동안 그분을 믿다가 죽은 모든 사람을 위해 하데스를 낙원(기쁨이 있는 곳)으로 만드셨다. 지금도 세상을 떠난 성도들을 위하여 이렇게 일하신다(빌 1:21-23; 고후 5:6-8).

둘째, 예수께서 구약시대에 믿은 자들의 영혼을 온전하게 했고(참조. 히 12:23, 11:40), 그때까지 깊고 어두운 웅덩이였던 스올에서 그들을 건지셨고(참조. 시 88:3-6, 10-12), 똑같은 낙원을 경험하게 하셨다. 이것이 바로 '음부의 정복'(예수께서 음부에 빠진 영혼을 구하신 일)이란 중세의 어구에 담긴 진리의 핵심이다.

셋째, 베드로전서 3:19는 대홍수 이전에 반역했던 옥에 있는 '영들'(창세기 6:1-4의 "하나님의 아들들"인 베드로후서 2:4, 5의 "범죄한 천사들"을 가리키는 것 같다)에게 예수께서 (아마도 주님의 나라와 세상의 심판자로 임명받은 것에 대해) "선포하셨다"고 말한다. 어떤 이들은 이 본문을 근거로 복음을 듣지 않았던 사람들이나 복음을 들었으나 거부한 사람들 모두 내세의 삶에서 그들에게 전해지는 복음을 받아들여 구원을 받으리라고 생각하는데, 베드로는 그런 추론을 뒷받침할 만한 근거를 조금도 제공하지 않는다.

예수께서 음부에 내려가신 것이 우리에게 중요한 이유는 우리에게 죽음이 찾아왔을 때 혼자가 아니라는 사실을 알면서 죽음을 맞을 수 있기 때문이다. 그분은 우리보다 먼저 그곳에 가신 적이 있어서 우리를 끝까지 지켜보실 것이다.

더 읽을 말씀

- **죽음에 대한 그리스도인의 태도**

  빌립보서 1:19-26, 고린도후서 5:1-10, 디모데후서 4:6-18

복습과 적용

1. 성경에 나오는 하데스, 스올, 게헨나를 각각 정의하고 그 차이점을 말해보라.

2. 그리스도께서 진짜 죽음을 경험했다는 것을 어떻게 알 수 있는가? 이 사실이 중요한 까닭은 무엇인가?

3. 그리스도와 함께 죽음을 맞는 것과 그리스도 없이 죽음을 맞는 것은 어떤 차이가 있는가?

11

장사된 지
사흘 만에

십자가에서 죽은 예수님이 계속 죽은 상태로 있었다고 상상해보라. 예수님이 소크라테스나 공자처럼 지금 아름다운 추억의 인물에 지나지 않는다고 상상해보라. 그렇다면 예수님을 기억하는 일이 여전히 중요할까? 우리는 여전히 예수님의 본보기와 가르침을 보존하겠지만 그것만으로 충분할까?

예수님의 부활이 핵심이다

무엇을 위해 충분할까? 기독교에는 충분하지 않다. 예수께서 부활하지 않고 죽은 상태로 있었다면 기독교를 받쳐주는 기반이 무너져버릴 것이다. 그렇다면 다음 네 가지 사항이 사실이 되기 때문이다.

첫째, 고린도전서 15:17에서 바울은 말했다. "그리스도께서 다시 사신 일이 없으면 너희의 믿음도 헛되고 너희가 여전히 죄 가운데 있을 것이요."

둘째, 우리가 다시 살 소망이 없다. 우리도 계속 죽은 상태로 있을 수밖에 없을 것이다.

셋째, 예수 그리스도께서 부활하지 않았다면, 그분은 지금 통치하지 못하고, 다시 오지도 못하며, 사도신경에서 "고난을 받아 장사된" 이후에 나오는 모든 신조를 삭제해야 할 것이다.

넷째, 기독교는 초대 그리스도인들이 생각했던 모습, 즉 복음서의 예수와 동일한 살아 계신 주님과 나누는 교제가 될 수 없다. 그렇다면 복음서의 예수님은 당신의 영웅은 될 수 있어도 당신의 구원자는 될 수 없다.

| 역사적 사실

사도신경에서는 예수님의 부활이 역사적 사실임을 보여주려고 "사흘 만에"라고 날짜를 제시하고 있다. 주후 30년경 예수께서 "본디오 빌라도에게 고난을 받아 십자가에 못 박혀 죽으신" 그날로부터 "사흘 만에"(고대의 계산방식으로 죽은 날을 포함하여 사흘 만에) 다시 살아나셨다고 밝힌다. 정확히 그날, 예수께서 팔레스타인의 수도 예루살렘에서 다시 살아나셔서 바위무덤을 비우셨고 영원히 죽음을 이기셨다.

우리는 이 일이 일어났다고 확신할 수 있는가? 확고한 증거가 있다. 무덤은 비어 있었고, 그분의 시신을 내놓을 수 있는 사람이 아무도 없었다. 제자들은 한 달 넘게 살아 계신 예수님을 계속 만났다. 항상 예기치 않은 만남이었고 대개는 그룹으로(2명에서 500명)로 만났다. 그런데 환각은 이런 식으로 일어나지 않는다!

제자들은 다시 사신 그리스도가 환상이 아니라고 확신했으며 조롱, 박해, 심지어 죽음 앞에서도 당당히 그분의 부활을 알렸다. 이것은 예수님의 시신을 제자들이 훔쳐갔다는 악의적인 소문을 잠재우는 가장 효과적인 방법이었다(참조. 마 28:11-15).

교회가 지난 이천 년에 걸쳐 공동으로 경험한 것 역시 예수께서 부활하셨다는 믿음과 일치한다. 부활한 주님이 인생의 좁은 길을 따라 실제로 나와 함께 걸으며 대화를 나누고 계시며, 그분과의 교제가 그리스도인의 현실관의 기본요소이기 때문이다.

이러한 증거로 미루어 판단할 때, 예수께서 실제로 다시 사셨다는 것은 분명한 사실이다. 모울 교수가 다음과 같은 문제를 제기한 것은 당연하다. "신약이 명백히 증언하고 있는 현상인 나사렛파의 존재가 역사 속에 큰 구멍, 곧 부활의 크기와 모양만한 구멍을 뚫는다면, 세속 역사가는 무엇으로 그 큰 구멍을 막을 것인가?"

객관적인 역사적 원인이 된 예수님의 부활이 없었다면 부활이 미친 역사적 영향력은 도무지 상상할 수 없는 것이다.

❙ 증거 직시하기

공개 논쟁에 참여한 한 그리스도인이 회의적인 상대방에게 그 자신보다 믿음이 좋다고 나무랐다. "증거가 있기 때문에 나는 예수께서 부활하지 않았다는 것을 믿을 수 없는데 당신은 믿을 수 있으니 말이오!" 사실 부활을 믿지 않는 것이 부활을 인정하는 것보다 더 어렵다. 이런 생각을 해본 적이 있는가? 예수 그리스도를 하나님의 아들, 살아 계신 구주로 믿는 것, 그리고 이전에는 의심했지만 "나의 주시며 나의 하나님입니다"라고 고백한 도마의 말을 되풀이하는 것은 확실히 이성의 발휘를 넘어서지만 증거를 볼 때 유일하게 이성에 부합하는 것이라고.

▌예수님의 부활이 의미하는 것

예수님의 부활의 의미는 무엇인가? 간단히 말해, 예수께서 하나님의 아들임을 뚜렷이 나타내고(롬 1:4), 예수님의 의로움을 입증하고(요 16:10), 사망에 대한 승리를 보여주고(행 2:24), 믿는 자의 죄 사함과 칭의(고전 15:17; 롬 4:25)와 장래의 부활(고전 15:18)을 보증하는 것이며, 지금도 믿는 자를 부활 생명으로 인도하는 것이다(롬 6:4). 놀랍지 않은가! 예수님의 부활은 역대 어떤 사건보다 더 소망을 가득 안겨주는 사건이라도 말해도 좋다.

더 읽을 말씀

• **예수님의 부활**

요한복음 20:1-18, 고린도전서 15:1-28

복습과 적용

1. 그리스도께서 다시 살아나시지 않았다면, 기독교는 어떻게 달라졌을까?

2. 예수님의 부활에 대한 증거로는 어떤 것이 있는가?

3. 이 책의 저자는 왜 그리스도의 부활을 믿는 것이 '유일하게 이성에 부합하는 것'이라고 말하는가? 당신은 이 말에 동의하는가?

12

하늘에
오르시어

"하늘에"라는 말은 승천하실 때 천사들이 한 말 "너희 가운데서 하늘로 올려지신"(행 1:11)을 떠올리게 한다. "오르시어"는 "내가 올라간다"(비교. 요 20:17, 6:62)는 예수님의 말씀을 연상시킨다. 그런데 여기서 '하늘'이란 무엇일까? 그냥 푸른 하늘이나 우주를 가리키는 것일까? 이 말은 예수께서 첫 번째 우주 비행사였다는 뜻인가? 아니다. 사도신경과 성경이 말하는 바는 그와 다르다.

▮ '하늘'의 의미

성경에서 하늘(heaven)은 세 가지를 의미한다.

첫째, 영원히 스스로 영위하시는 하나님의 삶이다. 이런 의미에서 하나님은 지구가 없었을 때에도 항상 "하늘에" 사셨다.

둘째, 하나님의 삶을 공유하는 천사들이나 사람들의 상태를 말한다. 지금 미리 맛보든 내세에서 완전히 맛보든 간에 하나님의 삶을 누리는 상태를 가리킨다. 이런 의미에서 그리스도인의 상급, 보물, 유산은 모두 "하늘에" 있으며, 하늘은 그리스도인이 품은 최후의 소망을 모두 함축한 단어이다.

셋째, 무지개가 하나님의 영원한 언약에 대한 상징이듯이(창 9:8-17을 보라) 우리 위에 펼쳐진 하늘은 우리가 아는 그 어떤 것보다 무한함에 가깝고 하나님의 영원한 삶의 시공간적인 상징이다.

성경과 사도신경은 예수께서 부활하신 지 40일 만에 승천하시어 두 번째 의미의 하늘로 들어가셨다고 선포한다. 그 이후 "전능하신 아버지 하나님 우편에 앉아" 자기 백성의 장기적 유익을 위해 아버지의 이름과 아버지의 전능한 능력으로 만물을 다스리신다. "하나님 우편"은 호화로운 자리를 의미하는 것이 아니라 왕의 직무를 수행하는 자리를 의미한다(행 2:33-35; 롬 8:34; 엡 1:20, 21; 히 1:3, 13, 10:12, 13, 12:2). "예수께서는 만물을 충만케 하려"(왕이신 자신의 능력을 어디에서나 발휘하시려고) "모든 하늘 위에 오르셨다"(창조된 어떤 것에도 제한받지 않는 성육신 이전의 삶으로 다시 들어가셨다. 엡 4:10). '오르셨다'(ascended)는 말은 물론 최고의 존귀함과 능력을 누리는 상태로 올려졌음을 뜻하는 그림 단어이다.

▌승천

승천 때에 일어난 일은 예수께서 우주인이 된 게 아니라 변화산상에서처럼 제자들이 징표를 보게 된 것이다. C. S. 루이스의 표현에 따르면, "제자들은 처음에 짧은 수직 이동을, 그다음에는 희미한 광채(이것이 '구름'의 뜻인 듯하다)를 보았고, 이어서 아무것도 보이지 않았다." 달리 말해, 예수님은 심판하러 다시 오실 때까지 이 세상을 통치하시기 위해 인간의 눈에서 사라지셨고, 제자들의 눈에 예수께서 세 번째 의미의 하늘로 올라가신 것처럼 보였던 것이다. 우리는 이 말에 어리둥절할 필요가 없다. 예수님은 올라가든 내려가든 비켜가든 나타나지 않든 갑자기 사라지든 어떤 일이 일어나야 했다. 그렇다면 어떤 것이 이제부터 예수께서 영광 중에 다스리실 것임을 가장 분명하게 보여 주겠는가? 대답은 자명하다. 올라가는 것이다.

예수님의 승천에 담긴 메시지는 "구주 예수께서 통치하신다!"라는 것이다.

▎ 하늘에 있는 우리의 마음

신중한 철학자들마저 인간의 최상의 선택은 자살이라고 권하던 곤고한 시대에, 초기 그리스도인들이 보여준 흔들리지 않는 낙관주의는 당시 사람들에게 큰 인상을 심어주었다. 초기 그리스도인들은 세상이 그들을 억압하는 것 같은 상황에서도 오히려 그들이 세상 꼭대기에 있다고 생각했다. (현대의 그리스도인들도 그럴 수 있을 만큼 그리스도인답다면 지금도 그런 영향을 미칠 것이다.) 그 비결은 세 가지 확신 때문이었고 지금도 여전히 그렇다.

첫 번째 확신은 하나님의 **세계**와 관련이 있다. 그리스도는 실제로 세상을 통치하신다. 세상을 지배했던 어둠의 세력들을 그리스도가 결정적으로 이기셨다. 이 사실이 밝히 드러나는 것은 시간문제일 뿐이다. 하나님과 사탄의 전쟁은 결과가 확실한데도 지고 있는 쪽이 아직까지 포기하지 않은 체스 게임, 또는 패배자의 반격이 아무리 맹렬하고 빈번해도 결코 성공할 수 없고 결국에는 승자의 소탕작전에 금세 정리되고 말 전쟁의 막바지와 같은 것이다. 'A.D.' (Anno Domini, 우리 주님의 해에)는 예수님의 탄생을 기점으로 하는 연도 계산인데(실제 탄생보다 몇 년 늦게 시작한 것 같지만), 오히려 십자가와 부활과 승천의 해로부터 계산했으면 하고 바라는 마음이 있다. 예수님의 주되심이 지금처럼 우주적 사실이 된 것이 바로 그때였기 때문이다.

두 번째 확신은 **그리스도**와 관련이 있다. 통치하시는 주님은 우리를 위해 "중보하신다"(롬 8:34; 히 7:25). 우리가 "때를 따라 돕는 은혜"(히 4:16)를 얻고 그래서 끝까지 하나님의 사랑 안에 거할 수 있도록(선한 목자의 맹세, 참조. 요 10:27-29), 우리 주님이 우리의 '대변자'로 "하나님 앞에"(히 9:24; 요일 2:1) 서신다는 뜻이다. "중보하신다"는 말은 탄원자가 자비를 구한다는 뜻이 아니라 주권과 권세를 가진 분이 개입해서 다른 이의 유익을 위해 요청하고 행동한다는 뜻이다. 우리 주님이 보좌에 앉은 제사장이자 왕으로서 하늘에 계시는 것 자체가 그의 중보이다. 주님이 그곳에 계시는 것이 우리에게 주어질 모든 은혜와 영광을 보장하신다.

18세기의 어느 시는 이런 확신을 흥겨운 글귀로 표현했다.

사랑이 충만하여 죽으셨네.

나는 이 사실을 믿네.

내 구주께서 나를 사랑하셨네.

나는 그 이유를 알 수 없네.

하지만 이것만은 알 수 있네.

주님과 나는 하나이며

영광 중에 계시면서 나를 버려두지 않으실 것을….

세 번째 확신은 하나님의 **백성**과 관련이 있다. 이는 하나님이 가르쳐주시는 지식의 문제이자 하나님이 베풀어주시는 경험의 문제이다. 그것은 감추어진 삶, 곧 그리스도인들이 성부, 성자와 교제하는 삶을 지금 여기에서 누린다는 확신이다. 그것은 이미 시작된 다가올 세계의 삶, 즉 이곳에서 미리 맛보는 하늘나라의 삶이기 때문에, 아무것도, 심지어 죽음까지도 건드릴 수 없다. 이 경험에 대해 하나님의 모든 백성이 어느 정도 알고 있는데, 믿는 자들이 죽음(육체의 사건이 아니라 인격과 마음의 사건)을 통과해 그 너머의 영원한 삶에 들어간 것이라고 설명할 수 있다. "이는 너희가 죽었고 너희 생명이 그리스도와 함께 하나님 안에 감추어졌음이니라"(골 3:3, 2:12; 참조. 롬 6:3-4). "하나님이⋯죽은 우리를 그리스도와 함께 살리셨고⋯또 함께 일으키사 그리스도 예수 안에서 함께 하늘에 앉히시니"(엡 2:4-6).

영국국교회 기도서에 나오는 기도문은 "우리가 믿는 바, 당신의 외아들 우리 주 예수 그리스도께서 하늘에 오르신 것처럼, 우리도 마음과 뜻이 그곳으로 올라가서 그분과 함께 영원히 살게" 해달라고 기도한다. 우리도 이 세 가지 확신을 품고 그 능력으로 그렇게 기도하게 되길 바란다.

더 읽을 말씀

• 승천의 중요한 의미

사도행전 1:1-11, 에베소서 1:15-2:10

복습과 적용

1. 예수님이 하늘로 올라가셨다는 말의 뜻은 무엇인가?

2. 예수님은 어떤 삶으로 되돌아가셨는가?

3. 그리스도는 지금 무엇을 하고 계신가? 그리스도의 하늘 사역이 우리에게 어떤 중요성이 있는가?

13

**심판하러
오십니다**

사도신경의 핵심은 예수 그리스도의 과거와 현재와 미래에 대한
증언이다. 즉, 과거에 일어난 예수 그리스도의 탄생, 죽음, 부활, 승
천, 그리고 현재의 통치, 미래에 행하실 심판에 대한 증언이다. 성
경은 그분의 재림과 더불어 사도신경에 언급된 우리 몸의 부활과
온전한 영생이 도래할 것이라고 한다. 그때 새로운 우주 질서도 시
작될 것이다. 그 위대한 날이 점점 다가오고 있다(마 25:14-46; 요
5:25-29; 롬 8:18-24; 벧후 3:10-13; 계 20:11-21:4).

┃ 그리스도인의 소망

사도신경이 바로 생명의 헌장임이 가장 명확히 드러나는 대목이다.
오늘날 사람들은 소망이 없기에 비관주의가 널리 퍼져 있다. 그들
은 핵폭발, 재정 파산, 쓸쓸한 노년 등 아무 가치가 없는 일들만 내

다본다. 공산주의자와 여호와의 증인은 각각 혁명과 아마겟돈 이후의 지상낙원이라는 희망을 제시하며 주의를 끈다. 그러나 그리스도인들은 이 둘을 무색케 하는 소망을 품고 있다. 바로 존 버니언의 「천로역정」에서 "장래 내 모습에 대한 생각으로 내 마음은 불길처럼 타오른다"고 말한 '불굴' 씨의 소망이다. 사도신경은 "그분이 오실 것이다"라고 선포하면서 이 소망을 부각시킨다.

어떤 의미에서 그리스도는 그리스도인이 죽을 때 그 사람에게 오신다. 그러나 사도신경은 그리스도께서 역사를 끝내고 모든 사람을 심판하러 공개적으로 다시 오실 날을 바라본다. 그때 그리스도인들에게는 그들이 신실하게 하나님을 섬긴 대로 "피로 사신 상급"이 기다리고 있고, 반역한 자들은 그들이 먼저 거부한 주님에게 거부당할 것이다. "의로운 재판장이신"(딤후 4:8; 비교. 롬 2:5-11) 예수님의 심판은 도덕적으로 아무런 문제가 없을 것이다.

▮ 확실하고 영광스러운

어떤 사람들은 재림이 일어나지 않을 것이라고 생각한다. 그러나 우리에게는 재림과 관련한 하나님의 말씀이 있다. 현대의 과학자들도 핵전쟁이나 생태계의 재앙 때문에 이 세상에 종말이 올 수 있다고 말한다. 그리스도의 재림은 상상하기 쉽지 않다. 인간의 상상력이 하나님의 능력을 측량할 수 없기 때문이다. 현재 수많은 사람에게 영적으로 동시에 임재하시는 예수님은 재림 때에도 다시 살아난 사람들에게 자신을 가시적으로 나타낼 수 있다. 우리는 그분이 언제 오실지 모른다. (따라서 항상 준비하고 있어야 한다.) 어떻게 오실지도 모른다. (핵폭발과 함께 오시는 것은 아닐까?) 그러나 "그[그리스도]가 나타나시면 우리가 그와 같을 줄을 아는 것은 그의 참 모습 그대로 볼 것이기"(요일 3:2) 때문이다. 이 정도 지식이면 충분하다! "아멘, 주 예수여, 오시옵소서"(계 22:20).

▌가려짐

그리스도의 재림에 대한 소망은 신약의 그리스도인들을 흥분시켰다. 재림에 대한 언급은 신약에서 평균 열세 절에 한 번 꼴로 300번 이상 나온다. 그러나 우리에게는 재림이 흥분보다는 당혹감을 안겨준다. 그다지 흥미로운 일이 아니다. 한때 성령에 적용되었던 '사도신경의 신데렐라'라는 어구가 지금은 그리스도의 재림에 더 잘 들어맞는다. 그리스도의 재림이 이토록 퇴색된 이유는 무엇일까? 네 가지 중요한 이유가 있다.

첫째, 오늘날은 한 세기 반에 걸친 집중적인 예언 연구의 경향, 즉 기도는 하지 않고 교회에 대해 비관하고 초연하게 세상의 멸망을 지켜보던 풍조에 반발하는 시대다. 그런 풍조와 그리스도 재림의 징표와 날짜에 대한 독단론 때문에(마가복음 13:32과 사도행전 1:7에도 불구하고) 그리스도의 재림은 나쁜 평판을 받게 되었다.

둘째, 오늘날은 그리스도께서 친히 몸으로 다시 살아나셔서 승천하셨는지 여부에 대해 회의하는 시대이다. 그 결과 그분을 다시 볼 수 있을지에 대해서도 의심의 눈초리를 보낸다.

셋째, 오늘날은 그리스도인들이 서구 세속주의와 마르크스주의에 대해 의문을 품고 있으면서도 사회정의와 경제정의에 관심이 없다는 비난을 면하기 위해 '이런 현세적인' 견해에 도전하길 망설이는 소심한 시대이다. 그래서 그리스도가 이 세상의 마지막에 오실 것이라는 사실이나 그리스도인의 소망은 이 세상 너머에 있다는 사실이 경시되는 실정이다.

넷째, 오늘날은 적어도 풍요로운 서구 그리스도인들 사이에서는 세속적인 마음이 팽배한 시대이다. 우리는 여기서 누리는 좋은 것들에 몰두하느라 그리스도께서 다시 오셔서 주실 더 좋은 것들에 대해 점점 덜 생각하게 된다. 아무도 다른 사람이 박해받거나 궁핍하게 되는 것을 바라지 않는다. 그럼에도 그것이 바로 지금 우리에게 이익을 줄 수 있음을 누가 부인할 수 있는가?

이 네 가지 태도는 모두 건강하지 못하며 무가치하다. 하나님은 이런 태도를 극복하도록 우리를 도우신다.

❙ 준비하라

주님은 제자들에게 "준비하고 있으라. 생각하지 않은 때에 인자가 오리라"(마 24:44)고 말씀하셨다. 어떻게 예비해야 할까? 하나님과 사람과의 관계를 잘 정리함으로써, 주님의 말씀대로 그날그날의 삶에 충실함으로써(마 6:34), "하루하루를 당신의 마지막 날처럼 살라"는 충고에 따라 삶으로써 재림에 대비해야 한다. 평균 수명을 염두에 두고 계획을 세우되 언제라도 삶을 정리하고 떠날 수 있도록 준비하라. 이것이 일상의 영적 훈련이 되어야 한다. 주께서 다시 오실 때, 우리는 신앙의 부흥을 위해 기도하며 세계복음화의 계획을 세우고 있어야 한다. 그럼에도 삶을 정리하고 떠날 준비가 되어 있어야 한다.

보이스카우트 대원들은 일어날 수 있는 모든 일에 "대비하라"는 좌우명에 따라 사는 법을 배울 수 있는데, 그리스도인들은 왜 그리스도의 재림이라는 중대한 사건과 관련해 동일한 교훈을 배우는 데 그리 더딜까?

더 읽을 말씀

- **그리스도의 재림에 대한 그리스도인의 태도**

  누가복음 12:35-48, 데살로니가전서 4:13-5:11, 베드로후서 3

복습과 적용

1. 그리스도의 재림은 어떤 면에서 소망을 품을 만한 사건인가?

2. 그리스도는 다시 오셔서 무엇을 하실 것인가? 이것을 아는 당신은 어떻게 반응할 것인가?

3. 성경이 그리스도의 재림에 대해 상세히 언급하지 않는 부분은 무엇인가? 하나님이 이것을 왜 알려주시지 않는다고 생각하는가?

14

나는 성령을
믿으며

사도신경의 세 번째 단락은 "나는 성령을 믿으며"로 시작한다. 성부 하나님의 창조사역과 성자 하나님의 구원사역을 지나 이제는 성령 하나님의 재창조 사역을 말한다. 그 사역으로 우리는 그리스도 안에서, 그리고 그리스도를 통해 실제로 새롭게 된다. 그래서 우리는 교회(새로운 공동체), 죄를 용서받는 것(새로운 관계), 몸이 다시 사는 것(새로운 존재), 영원히 사는 것(새로운 성취)에 대해 듣는다.

┃ 그리스도의 영

성령은 신적 존재이다('거룩한'이란 형용사가 이를 알려준다). 성령은 활동적인 위격으로서 행동하는 하나님이다. 그런데 무엇을 행하시고 무엇을 겨냥하시는가? 이에 대해서는 그릇된 믿음이 많다. 어떤 이들은 성령을 기독교나 이교도의 신비적인 상태와 예술적 영감과 연관시킨다. 또 어떤 이들은 성령을 특이한 체험, 즉 기분이 너무 좋은 상태, 환상을 보거나 계시를 받는 일, 방언을 말하거나 병을 낫게 하는 일 등과 관련시킨다. 그러나 이런 것들은 성령에서 유래한다고 해도 성령사역의 부차적인 요소에 지나지 않는다.

구약성경이 성령을 언급할 때는 하나님의 창조사역(창 1:2)과 인간의 창조행위(출 31:1-6), 하나님의 선지자에게 영감을 불어넣어 줄 때(사 61:1, 니케아신조는 성령이 "선지자를 통해 말씀했다"고 진술한다), 사사와 왕 등 하나님의 종들을 구비시키고 그들에게 능력을 공급할 때(삿 13:25, 14:19; 사 11:2; 슥 4:6), 개인과 공동체의 신앙심을 일깨울 때(시 51:11; 겔 36:26-27, 37:1-14; 슥 12:10) 등이다. 이 모든 사역이 신약성경에서는 더 심오한 의미를 갖는다. 성령은 성부, 성자와 구별되는 인격적 행위자로 나타나며 '그리스도의 영'으로 언급된다(롬 8:9; 벧전 1:11).

성령의 사역에 대한 신약의 관점을 이해하려면 먼저 성령의 목적이 성부의 목적과 동일함을 알아야 한다. 그 목적은 영광과 찬양이 성자에게 돌려지도록 하는 것이다.

첫째, 성령은 사도신경의 표현대로 성자가 "성령으로 잉태된"(마 1:20) 그 순간부터 지상사역 내내 성자를 섬기셨다. 성자께서 세례를 받았을 때 성령이 비둘기처럼 그 위에 내린 것은, 성자께서 성령을 주시는 분일 뿐 아니라 그분 자신이 성령으로 충만한 분임을 보여준다(참조. 눅 4:1, 14, 18). 성자께서 우리를 위해 자신을 희생 제물로 하나님께 바친 것은 '영원하신 성령을 통해서"였다(히 9:14).

둘째, 성령은 지금 예수의 대리자, 즉 '또 다른 보혜사'(돕고 지원하고 변호하고 격려하는 분)로 활동하신다. 그분은 복음을 통해 우리에게 예수님을 보여주시고 믿음으로 우리를 예수께 연합시키시고, 우리 안에 '성령의 열매'가 자라게 하셔서 우리를 '주님과 같은 모습으로' 변화시키기 위해 우리 안에 내주하신다(고후 3:18; 갈 5:22-23).

"그[성령]가 내[그리스도] 영광을 나타내리니 내 것을 가지고 너희에게 알리시겠음이라"(요 16:14). 예수님의 말씀은 자기를 내세우지 않는 성령의 특성을 가리킨다. 성령은 그리스도를 조명하는 역할을 하시기 때문에 우리는 성령이 아니라 그리스도를 보게 된다. 예수님은 복음의 메시지로 "내게 오라, 나를 따르라"고 말씀하시며 우리 앞에 계신다. 우리가 내적인 믿음의 귀로 복음을 들을 때, 성령은 우리 뒤에 서서 우리 어깨 너머로 예수님을 향해 빛을 비추며 "그분께 가라. 그분과 친교를 나누라"고 끊임없이 재촉하시는 분이다. 그래서 우리는 그렇게 한다. 따라서 우리가 그리스도인다운 삶을 살게 되는 것이다.

▌증언과 사역

성령은 증인이자 선생이다(요일 5:7, 2:27, 참조. 4:2-4). 첫째, 성령은 우리에게 복음서의 예수, 신약의 그리스도가 실제로 계시며, "우리를 위해, 우리의 구원을 위해" 존재하는 분임을 깨닫게 하신다. 둘째, 우리가 하나님의 자녀요, 그리스도와 더불어 하나님의 상속자임을 확신시켜준다(롬 8:16-17). 마지막으로, 우리에게 그리스도를 증언하여 그분을 알게 하시고, 우리도 그리스도에 대해 증언하게 하신다(참조. 요 15:26). 성령의 증언이 낳는 결과는 지금까지 감춰져 있던 것을 사적으로 계시하는 게 아니라 성경에 있지만 간과되었던 하나님의 공공연한 증언을 개인적으로 받아들이게 하는 것이다. 바울은 "너희 마음의 눈을 밝히사"(엡 1:18)라는 말로 성령의 증언 사역을 묘사한다.

셋째, 성령은 모든 그리스도인에게 하나 이상의 은사(하나님과 사람을 섬기는 가운데 그리스도를 나타내는 능력)를 주셔서 그리스도의 몸 된 교회 안에서 '모든 지체의 사역'이 실현되도록 하신다(고전 12:4-7; 엡 4:11-16). 이런 다양한 사역이 바로 우리를 그리스도의 손과 발과 입으로 삼아 그리스도께서 하늘로부터 계속 행하시는 그분의 사역이다. 성령이 우리에게 은사를 주시는 이유는 그리스도를 더욱 잘 섬기고 영화롭게 하기 위해서이며, 은사를 통해서 그리스도의 사역이 지속될 수 있다.

▌ 성령의 표징

그러면 자신을 내세우지 않는 성령이 일하고 계심을 보여주는 표징은 무엇인가? 신비한 황홀경이나 환상, 추정된 계시가 아니다. 심지어 치유나 방언, 명백한 기적도 아니다. 우리의 복잡한 몸과 마음, 우리의 타락한 본성을 이용하는 사탄도 이런 일들을 할 수 있다(참조. 살후 2:9-10; 골 2:18). 확실한 표징은 성경의 그리스도가 그의 은혜로 인해 인정과 신뢰와 사랑을 받는 것, 그의 영광을 위해 일하는 것, 신자들이 실제로 죄에서 돌이켜 거룩한 삶으로 그리스도의 형상을 드러내는 것이다(고전 12:3; 참조. 고후 3:17). 이것들을 판단기준으로 삼아, 이를테면, 현대의 '은사주의 부흥운동'과 크리스천 사이언스도 판단해야 한다.

그러므로 내가 그리스도인으로서 "성령을 믿으며"라고 고백할 때, 그 말의 의미는 첫째, 성령을 통해 알게 된, 살아 계신 신약의 그리스도와 시공을 뛰어넘어 나누는 인격적 교제를 믿는다는 것이다. 둘째, 지금 내 안에 내주하시며 그리스도인의 지식, 순종, 섬김으로 인도하시는 성령께 날마다 열려있다는 것이다. 셋째, 내가 하나님의 자녀이며 상속자임을 확신시켜준 성령을 찬미한다는 것이다. 성령을 믿는 것은 참으로 영광스러운 일이다!

• **성령의 사역**

요한복음 7:37-39, 14:15-26, 16:7-15; 로마서 8:1-17

복습과 적용

1. 성령의 사역은 성부의 사역, 성자의 사역과 어떻게 다른가?

2. 성령이 '예수의 대리자'로서 하시는 일은 무엇인가?

3. 어떤 그리스도인이 자기가 성령의 사역을 경험한 적이 있는지 모르겠다고 말한다면, 당신은 무슨 말을 해주겠는가?

15

거룩한 공교회와
성도의 교제

사도신경이 교회를 언급하기 전에 성령에 대한 믿음을 고백하고, 개인의 구원(죄를 용서받는 것과 몸의 부활과 영생)을 언급하기 전에 교회를 거론한 것("거룩한 공교회", 원래는 "거룩한 보편적 교회"이다—옮긴이)은 엄밀한 신학적 논리 때문이다. 성부와 성자가 교회를 사랑하셨고, 성자가 교회를 구속했지만, 믿음을 일으킴으로써 실제로 교회를 세우는 분은 성령이기 때문이다. 또한 대체로 개인이 구원을 받아 누리는 곳도 교회의 사역과 교제가 일어나는 교회에서다.

안타깝게도 의견이 갈라지는 곳이 바로 이 부분이다. 로마 가톨릭 신자나 개신교 신자 모두 사도신경을 암송한다. 하지만 그들은 따로 분리되었다. 이유가 무엇인가? 기본적으로 '거룩한 공교회'(니케아신조에 의하면, "한 거룩한 보편적인 사도적 교회")에 대한 이해가 다르기 때문이다.

▎가톨릭 vs 개신교

로마 가톨릭교회의 공식적인 가르침은 이렇다. 그리스도의 교회는 세례 받은 사람들로 구성된 '단 하나'(one)의 조직체로서, 세례 받은 사람들은 교황과 연결되어 있고 성직 계급의 가르침과 그들의 권위를 인정해야 한다. 가톨릭교회는 성도들을 배출하며 근본적인 죄로부터 보호받기 때문에 '거룩하다'(holy). 또한 전 세계에 확산되고 모든 사람을 위해 위탁된 온전한 신앙을 보유하고 있으므로 '보편적'(catholic)이다. 성직의 직제가 사도들로부터 유래되었고, 그 신앙(마리아 몽소승천, 마리아의 무염시태, 미사제사, 교황의 무오류설과 같은 성경 외적 조항들을 포함한) 또한 사도에 뿌리를 두고 건전하게 성장했으므로 '사도적'(apostolic)이다. 로마 가톨릭교회가 아니면, 아무리 교회처럼 보여도 엄격히 말해 교회의 일부가 아니다.

개신교는 성경에 근거해 이 견해에 도전한다. (개신교에 따르면) 성경에서 교회는 머리 되신 그리스도를 모시는 모든 신자들로 구성된 '단 하나'의 범세계적 공동체이다. 교회는 하나님께 성별되었기 때문에(그럼에도 불구하고 심각한 죄를 지을 수 있지만) '거룩하다.' 전 세계 모든 그리스도인을 포용하고 있으므로 '보편적'이다. 사도들의 교리를 순수하게 유지하려고 애쓰기 때문에 '사도적'이다.

교황, 성직서열제 등 성경 외적 교리는 비본질적일 뿐만 아니라 사실상 왜곡된 것이기도 하다. 만약 가톨릭교회가 교회라면(일부 종교개혁자들은 의구심을 품는다), 그것은 이런 비성경적인 교리로 인해 교회인 것이 아니라 그런 약점에도 불구하고 교회인 것이다. 특히 무오류성은 성경에서 말씀하시는 하나님께 속하는 것이지 교회나 성직자에게 속하는 것이 아니고, 교회가 가르치는 어떠한 가르침도 "기록된 하나님의 말씀"에 의해 수정될 수 있어야 한다(영국 국교회 신조 20조).

일부 개신교 교회는 "거룩한 공교회" 다음에 교회가 무엇인지 밝히는 "성도의 교제"라는 어구를 채택했다(한국 교회도 채택했다─옮긴이). 이 어구는 서로 사귐을 갖는 그리스도인들이 바로 교회임을 보여준다. 특정한 성직구조는 아무런 상관이 없다. 그러나 이 어구는 히브리서 12:22-24에 나타난 것처럼, "이 세상에서 전투 중인" 교회가 승리한 교회(낙원에 있는 성도들)와 그리스도 안에서 실제로 연합한 것을 확언해주는 말이다.

이 구절이 원래 의도한 바는, 거룩한 것들(말씀, 성례, 예배, 기도) 안에서의 사귐을 가리키고, 교회에서 공동으로 하나님의 삶에 참여하는 일이 있음을 별도로 주장하기 위해서인 것 같다. 그러나 교회를 하나의 제도나 기관으로 보기보다 '사귐'(fellowship)으로 보는 이 '영적인' 관점은 이 어구에 의존하지 않고도 성경에서 확인될 수 있다.

▌신약

개신교적 관점이 신약에 근거한다는 사실은 논쟁의 여지가 없다 (논쟁거리는 신약이 최종 권위를 지니는지 여부이다). 신약에서 교회는 성삼위 관계 ─ 성부 하나님의 가족, 성자 그리스도의 몸, 성령의 전 (殿, 거처) ─ 안에 나타나고, 교회가 성례를 시행하고 목회적 감독을 수행하는 한, 어떤 조직상의 규범도 강요받지 않는다.

교회는 그리스도의 초림을 돌아보며 감사하고 그분의 재림을 소망하는, 구원받고 세례 받은 하나님 백성의 초자연적인 사회(공동체)이다. "이는 너희가 죽었고 너희 생명이 그리스도와 함께 하나님 안에 감추어졌음이라. 우리 생명이신 그리스도께서 나타나실 그때에 너희도 그와 함께 영광 중에 나타나리라"(골 3:3-4). 이것이 교회의 현 상태이자 장래의 모습이다. 두 가지 성례는 이 소망을 가리키고 있는데, 세례는 마지막 부활을 예표하고 성찬은 "어린양의 혼인잔치"(계 19:9)를 예고한다.

그러나 현재의 모든 교회는(고린도 교회, 골로새 교회, 갈라디아 교회, 데살로니가 교회를 비롯한) 신앙과 도덕성 면에서 잘못되기 쉽다. 그러므로 모든 차원(지성, 신앙, 예전, 조직)에서 하나님의 말씀을 통해 성령에 의해 항상 교정되고 개혁될 필요가 있다.

17-18세기에 처음 등장한 복음주의적 부흥신학과 현대 '은사주의 부흥운동'의 출현은 로마 가톨릭과 개신교 논쟁자들이 교리의 진실성에 집중하느라 놓친 것, 즉 교회는 성령의 직접적인 주되심

에 항상 열려 있어야 하며 회중의 무질서한 활기가 정확하고 단정한 '죽은 교리'보다 한없이 낫다는 점을 상기시켜준다.

❘ 지역 교회

교회의 상태를 진단하는 진정한 척도는 지역 교회 안에서 일어나는 일들이다. 각 교회는 보편적 교회의 가시적 노출이며, 겸손하게 하나님과 사람들을 섬기도록, 그리고 영광을 바라보는 동안 굴욕을 당하도록 부름을 받았다. 자력 전도와 자립을 지향하는 각 지역 교회는 성령이 충만하여 예배하고 전도하고, 교인과 비교인을 모두 사랑하며 보살펴야 하고, 반역한 세상을 탈환하려는 하나님의 반격의 선봉에 서야 한다.

• 교회의 본질과 운명

베드로전서 2, 에베소서 2:11-4:16

복습과 적용

1. 로마 가톨릭교회의 신약 사용은 개신교와 어떻게 다른가? 이는 각각
   의 교회 개념에 어떤 영향을 미치는가?
2. 저자는 "성도의 교제"를 어떻게 정의하는가? 당신은 이 정의에 동의
   하는가? 그렇지 않다면 이유는 무엇인가?
3. 각 지역 교회는 보편적 교회와 관련하여 어떤 기능을 갖고 있는가?

16

죄를
용서받는 것

죄란 무엇인가? 웨스트민스터 소요리 문답은 이렇게 말한다. "죄는
하나님의 법을 어기거나 온전히 순종하지 못하는 것이다." 이 말은
요한일서 3:4—"죄는 곧 불법이라"—를 상기시킨다. 죄는 다른 측면
들도 있다. 죄는 율법을 주신 하나님 앞에서의 불법이며, 의로운 통
치자이신 하나님 앞에서의 반역이다. 또 우리의 설계자이신 하나
님 앞에서 그 목표물을 못 맞춘 것이고, 심판자이신 하나님 앞에
서 범죄한 것이며, 거룩하신 하나님 앞에서 불결한 것이다.

　죄는 우리 각자의 인생의 모든 면에 영향을 주는 부패성이다.
예수 그리스도를 제외하면 죄의 전염에서 자유로운 사람은 없다.
죄는 행실뿐만 아니라 욕망에도, 행동뿐만 아니라 동기에도 나타
난다. 영국국교회 기도서는 다음과 같이 가르친다. "우리는 우리
마음의 책략과 욕망을 너무 많이 따랐다…우리는 해야 할 일들을

하지 않은 채 내버려두었고, 하지 말았어야 할 일들을 해버렸다. 그래서 우리는 (영적으로) 건강하지 못하다."

죄는 하나님이 보시기에 모든 사람의 문제이다. 하나님은 "눈이 정결하시므로 악을 차마 보지 못하시며 패역을 차마 보지 못하시기"때문이다(합 1:13). 그러나 우리가 보기에 삶은 도덕의 지뢰밭이다. 하나님과 이웃을 마땅히 사랑해야 하는데, 우리가 죄를 짓지 않으려고 노력할수록 오히려 더 밟지 말아야 할 곳을 밟아서 부수고 만다는 사실을 뒤늦게 깨닫는 때가 얼마나 많은가? 결국 우리는 어떻게 되는가? "하나님의 진노가…사람들의 모든 경건하지 않음과 불의에 대하여 하늘로부터 나타나나니"(롬 1:18).

그러나 좋은 소식이 있다. 바로 죄를 용서받을 수 있다는 것이다. 복음의 핵심은 시편 130:4에 나오는 '그러나'라는 말에 있다. "여호와여 주께서 죄악을 지켜보실진대 주여 누가 서리이까? '그러나' 사유하심이 주께 있음은 주를 경외하게 하심이니이다." 달리 말하면, 주께서 용서하시기 때문에 우리가 온 마음으로 주님을 예배한다는 뜻이다.

▌중대하고 실제적인 문제

용서는 개인적인 차원에서 사면해주는 것이다. 당신을 반대하고, 당신을 해치고, 당신에게 잘못을 저지른 사람과 친구관계를 회복하는 일이다. 용서는 (가해자에게 뜻밖의 친절을 베푼다는 점에서) 연민을 베푸는 것이고, (손상된 관계를 회복한다는 면에서) 창조적인 것이며, 불가피하게 비싼 대가를 치르는 것이다. 하나님의 용서가 그 최고의 예다. 사랑의 하나님이 십자가의 대가를 치르고 관계를 회복하는 것이기 때문이다.

만일 우리의 죄를 용서받을 수 없다면, 우리는 어떻게 될까? 나쁜 양심은 가장 보편적인 경험이고 가장 비참한 상태이다. 그 어떤 외적인 변화도 그런 양심을 덜어주지 못하고, 당신이 깨어 있을 때는 언제나 죄책감을 떨쳐버릴 수 없다. 당신이 더 양심적일수록 하나님과 이웃을 실망시켰다는 생각 때문에 더욱 괴로울 것이다. 죄 용서, 곧 하나님의 죄 사함이 없다면 평안도 없을 것이다. 나쁜 양심이 그 강한 힘으로 하나님의 이름으로 당신을 갈기갈기 찢는다면, 그것은 현세나 내세에서 실로 지옥이 아닐 수 없다.

▮ 루터는 이 문제를 알았다

죄로 고민하던 어떤 사람이 루터에게 편지를 썼다. 역시 동일한 문제로 오래 고뇌했던 종교개혁자 루터는 이렇게 답장을 썼다. "그리스도와 십자가에 죽은 그분을 알려고 하십시오. 그분을 찬양하는 것을 배우고 '주 예수님, 주님은 나의 의(義)이시며, 나는 당신의 죄입니다. 당신은 나의 죄를 대신 지셨고, 내게 당신의 의를 입혀주셨습니다. 나를 죄 아닌 의가 되게 하시려고, 당신은 의가 아닌 죄가 되셨습니다'라고 말하십시오."

바울의 말과 비교해보라. "하나님이 죄를 알지도 못하신 이를 우리를 대신하여 죄로 삼으신 것은 우리로 하여금 그 안에서 하나님의 의가 되게 하려 하심이니라"(고후 5:21).

살아 계신 주 예수와 믿음으로 하나가 되라. 그러면 그 굉장한 교환이 이루어진다. 예수님의 대속의 죽음을 통해 하나님은 당신을 의로운 사람으로 받아주시고, 당신의 죄를 말소하신다. 이것이 의롭다 함(칭의)이며, 죄 사함이며, 평화이다.

로마서와 갈라디아서를 쓴 바울과 이후의 종교개혁자들은 죄 사함보다 칭의에 대해 말했다. 칭의가 죄 사함보다 포괄적인 개념이기 때문이다. 칭의는 과거를 씻어내는 것뿐만 아니라 장래를 위해 의인의 지위를 주는 것도 의미하기 때문이다. 또한 칭의는 하나님이 우리의 과거를 다시는 기억하지 않겠다는 최종적인 결정이다. 따라서 칭의는 확신의 토대가 된다. 반면에 현재의 용서는 한시적인 참음 이상을 의미한다고 주장할 수 없다. 그러므로 하나님의 심판 자리에서 공식적으로 무죄를 선언하고 원상태로 복귀시켜주는 칭의는 실제로 더 풍성한 개념이다.

┃ 오직 믿음으로

과거에는(오늘날은 그리 분명하지 않지만) 로마 가톨릭교회가 현재의 칭의의 결정적 중요성을 파악하지 못했다. 그리고 그리스도의 의가 칭의의 근거가 된다는 것도 이해하지 못했고(토플레디는 찬송가에서

"구속 못할 죄인을 예수 홀로 속하네"라고 표현했다), 우리가 공로로 칭의를 얻으려 하지 말고 다만 하나님이 값없이 주시는 은혜의 선물로 받아야 한다는 것도 깨닫지 못했다. 그래서 로마 가톨릭교회는 성례, '선행', 그리고 이후 연옥의 고통이 반드시 필요하다고 주장했다. 그런 것들을 하나님의 용납을 받는 근거로 생각했기 때문이다. 그러나 종교개혁자들은 바울이 그랬던 것처럼, 지금 이곳(현세)에서 죄 사함의 결정적 행위를 통해 완전히 최종적으로 용납을 받는다고 설파했다. 그리고 그것은 오직 믿음으로 이뤄진다고 설교했다.

왜 오직 믿음인가? 오직 그리스도의 의(義)만이 용서와 평화의 근거이며, 그리스도와 그분의 선물은 오로지 이 믿음의 포용으로만 받을 수 있기 때문이다. 믿음은 하나님의 진리를 믿을 뿐만 아니라 그리스도를 신뢰하고, 그분이 주시는 것을 취하며, 이어서 현재 당신의 소유가 된 것을 알고 승리의 찬가를 부르는 것이다.

하나님이 주시는 용서의 선물이 믿음으로 당신의 것이 되었는가? 이는 쉽게 놓칠 수 있다. 바울은 유대인들이 그것을 놓쳤다고 말했다. 그들은 하나님을 섬기는 데 열심이 있었다. 그러나 로마서 10:2 이하에서는 그들이 자기 의를 세우려고 힘쓰면서(곧, 행위로 하나님의 용납을 받으려고 하면서), 하나님의 의(오직 그리스도를 믿는 믿음으로만 죄 사함과 칭의에 이르는 길)에 복종하지 않은 것이 비극이었다고 지적한다. 슬프게도, 우리 죄인들도 그 중심이 독선적이고, 끊임없이 우리 자신을 정당화하고, 더 나아가 자신에게 심각한 잘못이 있다는 것과 하나님이나 다른 사람이 우리를 비난할 것이 있다는 사실을 인정하길 싫어한다. 우리가 믿음을 가지려면 먼저 이런 왜곡된 본능에 폭행을 가하지 않으면 안 된다. 하나님이 우리가 유대인의 비극을 반복하지 않도록 지켜주시길 바란다.

• 공로와 상관없이 믿음으로 그리스도를 통해 의롭게 됨

로마서 5, 10:1-13, 갈라디아서 2:15-3:29, 빌립보서 3:4-16

복습과 적용

1. 죄 사함이란 무엇인가? 이는 개인적인 차원에서 용서받은 사람을 위해 무슨 일을 하는가?

2. "나를 죄가 아닌 의가 되게 하시려고, 당신은 의가 아닌 죄가 되셨습니다"라는 루터의 말은 무슨 뜻인가?

3. 왜 죄 사함은 오직 믿음을 통해서만 받을 수 있는가?

몸의 부활

성경은 인생에 필연적으로 찾아오는 죽음을 친구가 아닌 파괴자로
본다. 나의 영혼이 몸과 분리될 때, 나는 이전 모습의 그림자가 될
뿐이다. 나의 몸은 나의 일부이자 나를 표현하는 기관이다. 몸이
없다면 어떤 것을 만들거나 어떤 일을 하거나 동료와 관계 맺는 나
의 모든 능력이 사라져버린다. 자신의 능력을 십분 발휘하는 사람
을 떠올려보라. 그리고 그 사람을 몸이 마비된 사람과 비교해보라.
이제 그 마비된 사람을 몸이 소멸된 사람을 비교해보라. 내가 무슨
말을 하려는지 알 것이다. 마비된 사람은 홀로 할 수 있는 일이 별
로 없지만 소멸된 사람은 그보다 더 적다. 비록 죽음이 우리 존재
의 끝은 아니라도 존재를 무효화하며 존재를 파괴한다.

| 죽음에 대처함

죽음은 인간의 근본적인 문제이다. 죽음이 실제로 인생의 끝이라면, 자기탐닉을 제외한 그 어떤 것도 가치가 없을 것이다. "죽은 자가 다시 살지 못한다면 내일 죽을 터이니 먹고 마시자 하리라"(고전 15:32). 죽음을 다룰 수 없는 철학이나 종교는 우리에게 아무 쓸모가 없다.

여기에서 기독교는 단연 돋보인다. 세계의 많은 종교와 이념들 중에 유독 기독교만 죽음을 정복된 것으로 본다. 기독교 신앙은, 예수님이 몸으로 무덤에서 다시 살아나 지금 하늘에서 영원히 사신다는 사실에 기초해 소망을 품기 때문이다. 이 소망은 예수께서 다시 오시는 날, 역사가 멈추고 이 세계가 끝나는 때, 그분이 "우리의 낮은 몸을 자기 영광의 몸의 형체와 같이 변하게 하시리라"는 것이다(빌 3:21; 참조. 요일 3:2).

이 소망은 그리스도께서 다시 오실 때 살고 있을 그리스도인들뿐 아니라 그리스도 안에서 죽은 모든 사람을 다 포함한다. "무덤 속에 있는 자가 다 그[예수]의 음성을 들을 때가 오나니 선한 일을 행한 자는 생명의 부활로…나오리라"(요 5:28, 29).

그리고 몸이 다시 산다는 것은 전(全) 존재, 곧 나의 일부가 아닌 나의 전부가 하나님을 위해, 하나님과 함께 사는, 생동하고 창조적이며 죽지 않는 생명으로 회복되는 것을 의미한다.

▌새로운 몸

하나님은 믿는 자들을 다시 살리실 때 다시 끼어 맞춘 육체가 아니라 새 사람에 어울리는 새로운 몸을 선물로 주어 구속을 완성하신다. 하나님은 중생과 성화를 통해 이미 우리의 내면을 새롭게 하셨다. 이제 우리는 거기에 어울리는 몸을 받는다. 새로운 몸은 옛 육체와 연결되어 있지만, 식물이 그 씨앗과 다른 것처럼 후자와 다르다(고전 15:35-44을 보라). 나의 현재 몸은 낡은 자동차와 같아서 아무리 손을 써도 여전히 불안하고 온전해지지 않아 종종 나와 내 주인을 실망시키곤 한다. 그렇지만 나의 새 몸은 최고급 승용차처럼 잘 굴러가서 더 이상 낭패당할 일이 없다.

당신도 나처럼 자기 몸을 사랑하기에 몸이 지닌 제약 때문에 화가 날 때가 있을 것이다. 그렇다면 하나님이 우리에게 이등급 육체를 주신 것은 장차 우리에게 주실 더 훌륭한 몸을 잘 다루도록 준비시키려는 것임을 알면 좋겠다. C. S. 루이스는 이런 식으로 말한 적이 있다. 그들은 말 타는 법을 배우라고 당신에게 별로 인상적이지 않은 말을 준다. 그러나 당신이 준비되었을 때는 질주도 하고 점프도 잘하는 말을 허락한다고.

내가 알았던 한 난쟁이는 하나님이 부활의 날에 자신에게 주실 새 육체를 생각하면 기쁨의 눈물을 흘릴 것이다. 나는 기형이거나 극도로 쇠약한 사람, 불구자, 호르몬이 불균형한 사람 등 장애가 있는 그리스도인들을 생각하면, 그날이 동틀 때 그들과 당신과 나에게 주어질 그 온전한 몸 때문에 감격의 눈물을 흘릴 수 있다.

▎영혼과 육체

사도신경에 몸의 부활이 포함된 것은 (아마 주후 3세기경에 널리 퍼졌고 오늘날에도 없지 않은) 어떤 생각을 막기 위해서인 듯하다. 그 생각이란 인간의 희망은 영혼 불멸에 있으며 그 영혼은 육체가 없어야 더 잘된다는 것이었다. "육체는 무덤이다"라는 말이 이 관점을 잘 요약해준다. 그러나 이런 생각은 물질(하나님이 만드셨고, 좋아하시고, 좋다고 선언하시는)과 인간(인간은 자신이 저지른 수치스러운 일들을 자신의 천박한 물질적 껍데기 탓으로만 돌릴 수 있는 고상한 영혼이 아니라 그 도덕적 상태가 육체적 행위로 표현되는 정신과 육체의 결합체이다)에 대한 잘못된 견해를 보여준다. 죄가 초래하는 무질서는 나의 육체적 욕망이 작동하는 방식에 분명히 드러난다. 그렇지만 이러한 욕망들은 나의 일부이며, 나는 그 욕망이 표출되는 방식에 대해 도덕적 책임이 있음을 인정해야 한다. 심판에 대한 성경의 교리는 우리 각자가 "선악 간에 그 몸으로 행한 것을 따라"(고후 5:10) 심판을 받는다는 것이다.

▎그리스도와 같은

장차 우리의 몸도 그리스도의 "영광의 몸"(빌 3:20-21)과 같이 변화할 것이란 약속은 이런 질문을 제기한다. 우리는 그리스도처럼 변한다는 약속된 운명을 진심으로 환영하고 받아들이는가?(참조. 요일 3:2 이하) 이 질문을 직면하면 우리의 진면목이 드러난다. 어떤 사람들은 (성적 흥분, 잠, 음식, 운동, 폭력, 술이나 마약에 의존한 쾌락 등) 육체적 욕망을 채우는 데서 자신의 정체성을 찾는데, 그런 것을 박탈당하면 고통밖에 남지 않기 때문이다. 그들은 육체적 욕망에 좌우되지 않은 예수를 '창백한 갈릴리인'으로 여긴다. 스윈번(19세기 영국의 시인이자 평론가—옮긴이)은 예수의 차디찬 숨결을 통해 세상이 차가워졌다고 말했고, D. H. 로렌스는 이교도 여사제와 성생활을 하는 예수님을 상상하며 그분을 인간화(내가 이 단어를 엉뚱하게 쓰고 있지만 로렌스에게 공정하기 위해 쓴다)시키고 싶어 했다. 이런 시각은 예수와 같이 된다는 것을 살아있는 죽음의 선고를 받는 것처럼 들리게 한다. 당신의 내면에서는 어떻게 들리는가?

만일 그렇게 들린다면 해줄 수 있는 말은 이것뿐이다. 예수님의 삶과 영혼과 몸이야말로 역사상 유일하게 온전한 인생이었음을 보여 달라고 하나님께 기도하고, 당신이 그것을 볼 수 있을 때까지 사복음서에서 예수님을 만나고 그분을 계속 바라보라. 그러면 예수처럼 된다는 전망이 당신에게 얼마나 고결하고 멋진 운명인지 깨닫게 될 것이다. 그리고 그 점을 받아들인다면 당신은 그분의 참된 제자가 될 것이다. 그러나 당신이 그것을 볼 때까지 우선 나를 믿으라. 그렇지 않으면 당신에게 정말로 희망이 없다.

더 읽을 말씀

• 부활의 소망

마가복음 12:18-27, 고린도전서 15:35-58, 빌립보서 3:4-16

복습과 적용

1. 죽음을 다룰 수 없는 종교는 왜 우리에게 무가치한가?

2. 성경은 죽음이 정복되었음을 보여주기 위해 어떤 증거를 제시하는 가?

3. 우리는 부활할 자들의 상태에 대해 얼마나 알고 있는가?

18

영생을
믿습니다

프레드 호일(20세기 영국의 공상과학 소설가이자 천문학자 — 옮긴이)과 버트란트 러셀 같은 무신론자들은 장래의 한없는 삶을 생각하면 두려워진다고 말했다. 그 이유는 너무나 지루할 것 같기 때문이란다! 그들은 현세의 삶이 지루했던 모양이다. 그런즉 인간 존재가 어떻게 영원히 흥미롭게 될 수 있는지 상상할 수 없다. 가련한 친구들이다. 여기에서 우리는 하나님 없는 삶의 황폐함과 그것이 초래하는 암담한 비관주의를 보게 된다.

그러나 모든 현대인이 호일과 러셀 같은 것은 아니다. 어떤 사람들은 죽지 않고 살아남기를 갈망한다. 그래서 그들은 생존의 증거를 준다고 알려진 강신술에 관심을 쏟았다. 그러나 세 가지 사실에 주목해야 한다. 첫째, 죽은 자로부터 오는 '메시지'는 지극히 사소하고 자아도취적인 것들이다. 둘째, 그런 메시지는 현세에서 하나님과 동행하며 살았던 사람들로부터 오지 않는다. 셋째, 영매들과 그들의 '혼령들'은 예수님의 이름을 들으면 당황한다. 이 세 가지 사실은 강신술이 "영원한 삶에 대한 소망"을 조사하는 면에서 막다른 골목에 불과하다는 경고를 준다.

▌ 예수님의 현존이 천국을 만든다

사도신경이 "영생"에 대해 말할 때는 단지 한없는 존재만이 아니라(귀신들과 잃어버린 영혼들도 영원히 존재한다), 예수께서 이미 진입하셨고(히 12:2) 그의 제자들도 언젠가 누리리라고 약속하신 최후의 기쁨을 의미한다. "나 있는 곳에 나를 섬기는 자도 거기 있으리니 사람이 나를 섬기면 내 아버지께서 그를 귀히 여기시리라"(요 12:26). "아버지여 내게 주신 자도 나 있는 곳에 나와 함께 있어… 나의 영광을 그들로 보게 하시기를 원하옵나이다"(요 17:24).

  예수님과 함께 있는 것이 천국의 본질이다. 그것이 영원히 사는 삶의 가장 중요한 부분이다. 존 버니언의 「천로역정」에 나오는 '견고함' 씨는 "이전에 나는 소문과 믿음으로 살았지만, 이제는 보는 것에 의지해 살 곳으로 간다. 그곳에서 나는 함께 있으면 기쁜 그분과 함께 살 것이다"라고 말했다. 천국에서 우리는 무엇을 할까? 그저 어슬렁거릴까? 아니다! 예배하고, 일하고, 생각하고, 대화하고, 활동과 아름다움과 사람들을, 그리고 무엇보다 하나님을 즐거워하되 우리의 구주요 주님이요 친구이신 예수님을 보고 사랑할 것이다.

❘ 끝없는 기쁨

영원히 지속되는 이 삶은, 존 뉴턴의 찬송가 '나 같은 죄인 살리신'
에 덧붙인(4절) 무명씨가 가장 생생하게 묘사하고 있다.

거기서 우리 영원히 주님의 은혜로

해처럼 밝게 살면서 주 찬양하리라

나는 지금 들뜬 마음으로 이 글을 쓰고 있다. 이 영원한 삶이야
말로 내가 고대하던 것이기 때문이다. 왜 그런가? 현세의 삶이 싫
어서? 아니다. 오히려 그 반대다. 나의 삶은 네 가지 근원에서 나오
는 기쁨으로 가득 차 있다. 하나님을 아는 지식, 사람들, 하나님과
그의 백성이 창조한 선하고 즐거운 것들, 하나님이나 타인 또는 나
자신을 위해 가치 있는 일을 행하는 것 등이다. 그러나 내가 앞으
로 누릴 것은 지금 누리는 것을 능가한다.

하나님과 나의 관계, 사람들과 나의 관계는 내가 원하는 만큼
풍요롭지도 충만하지도 않다. 나는 위대한 음악, 위대한 시, 위대한
책, 위대한 삶, 변화무쌍한 자연 질서에서 과거 내가 생각했던 것보
다 항상 더 많은 것을 발견한다. 나는 나이를 먹을수록 하나님, 사
람들, 선하고 사랑스럽고 고귀한 것들의 진가를 점점 더 강렬하게

느끼고 있다. 그래서 이 즐거움이 영원히 지속되고 모종의 형태로 계속 커간다고 생각하면 기쁘기 그지없다. 물론 그 형태는 하나님만 아시고 나는 모른다. 나는 그것을 보고 싶어 하며 기다리는 것에 만족할 따름이다. 그리스도인은 요정 이야기가 그리는 환상적인 삶을 실제로 상속받는 사람들이다. 어리석지만 구원받은 죄인인 우리가 지금 행복하게 살고, 하나님의 한없는 자비 덕분에 앞으로도 영원히 행복하게 살 것이다.

우리는 천국의 삶을 그려볼 수 없다. 그리고 현명한 사람은 그런 시도를 하지 않는다. 그 대신 그는 천국의 교리를 곰곰이 생각할 것이다. 즉, 구속받은 사람이 마음의 모든 소원을 다 이루는 곳, 주님과 함께하는 기쁨, 주님의 백성과 함께하는 기쁨, 모든 좌절과 고통이 끝나고 모든 부족함이 채워지는 기쁨 등이다. "천국에서는 네가 사탕과 강아지를 원하면 곧바로 거기에 있을 거야." 흔히 아이들에게 하는 이런 말은 채워지지 않는 욕구나 갈망이 없다는 진리를 증언하고 있다. 그러나 우리가 무엇보다 "항상 주와 함께"(살전 4:17) 있고 싶을 것이란 점을 제외하면, 우리가 무엇을 원할지는 알기 어렵다.

종종 우리는 아주 기쁠 때 "이 순간이 멈추지 않았으면 좋겠어"라고 말한다. 하지만 그 순간은 멈추고 만다. 그러나 천국은 다르다. 천국의 기쁨이 당신의 것이 되고 나의 것이 되기를 바란다.

• **우리의 목적지**

요한계시록 21:1-22:5

복습과 적용

1. 저자는 왜 강신술에 의심의 눈초리를 보내는가?

2. 천국은 왜 기쁨이 가득한 곳인가? 당신은 개인적으로 천국을 고대하는가? 그 이유는 무엇인가?

3. 천국에 사는 주민들은 무엇을 할까?

제2부

세례와

회심

"그러므로 너희는 가서 모든 민족을 제자로 삼아, 아버지와 아들과 성령의 이름으로 세례를 베풀고"(마 28:19).

"베드로가 이르되 너희가 회개하여 각각 예수 그리스도의 이름으로 세례를 받고 죄 사함을 받으라 그리하면 성령의 선물을 받으리니"(행 2:38).

"그 눈을 뜨게 하여 어둠에서 빛으로, 사탄의 권세에서 하나님께로 돌아오게 하고 죄 사함과 나를 믿어 거룩하게 된 무리 가운데서 기업을 얻게 하리라"(행 26:18).

"예수께서 대답하시되 내가 너를 씻어 주지 아니하면 네가 나와 상관이 없느니라"(요 13:8).

"무릇 그리스도 예수와 합하여 세례를 받은 우리는 그의 죽으심과 합하여 세례를 받은 줄을 알지 못하느냐 그러므로 우리가 그의 죽으심과 합하여 세례를 받음으로 그와 함께 장사되었나니 이는 아버지의 영광으로 말미암아 그리스도를 죽은 자 가운데서 살리심과 같이 우리로 또한 새 생명 가운데서 행하게 하려 함이니라 만일 우리가 그의 죽으심과 같은 모양으로 연합한 자가 되었으면 또한 그의 부활과 같은 모양으로 연합한 자도 되리라"(롬 6:3-5).

자비로우신 하나님,
이 사람들 안에 있는 옛사람은 죽고, 새사람이 살게 하소서.
이들 안에서 육신의 정욕은 죽고,

성령께 속한 모든 것이 살고 자라게 하소서.
이들이 마귀와 세상과 육신을 이기고 승리할 힘과 권세를 주소서.
우리의 세례식과 세례식을 행하는 직무를 통해
당신께 바치는 이 사람들 모두에게
하늘의 좋은 것과 영원한 상급을 받게 하소서.
영원히 사시면서 세상 만물을 다스리시는 하나님,
찬양받으실 주 하나님, 당신의 자비를 베푸소서. 아멘.
―세례식사, 1662년 영국국교회 기도서

들어가는 말

복시(複視)란 사진으로 치면 이중 노출에 해당하는 것으로 그다지 반갑지 않은 현상이다. 사물이 겹쳐 보여서 선명히 볼 수 없기 때문이다. 복시 증상이 있는 사람은 아무것도 뚜렷하게 볼 수 없기 때문에 운전도 제대로 못한다. 사진 위에 다른 사진을 이중으로 인화하면 두 사진 모두 쓰지 못하는 것과 같다.

신앙생활의 출발에 관해 생각해보면 복시와 이중 노출과 같은 면이 많다. 우리의 정신이 분열된 듯이 보인다. 우리는 세례를 받아 교회에 입문한다는 뜻으로 기독교 입문이란 말을 쓰고, 회심을 통해 예수 그리스도를 주님과 구원자로 영접했음을 가리키는 말로 '그리스도인이 되는 것'(becoming a Christian)을 거론한다. 대체로 전자는 유아기에(유아세례로), 후자는 어느 정도 나이가 든 뒤에 경험한다. 그러나 우리가 두 주제를 연관시키려고 노력할 때는 이중으로 노출된 사진과 같아진다. 두 개의 사진을 볼 수 있지만 어느 하나만 끌어낼 수 없다. 서로 방해를 해서 어느 것도 분명하게 보이지 않는다.

이 분열된 정신은 어디에서 비롯되었을까? 그것은 2세기 동안의 경건주의와 그에 대한 반발이 만들어낸 유산이다. 경건주의는 회심에 집중했다. 그런 현상은 지금은 사라졌거나 거의 사라져버린 교파들에서 특히 심했는데 그 결과 세례가 텅 빈 형식이 되고 말았다. 반면 경건주의에 반대한 이들은, '회심제일주의'가 교회의 공동체적 삶 가운데 은혜의 객관성을 인정하지 않는 태도라며 도전했다. 유아세례를 지지한 사람들 중에는 회심의 중요성을 놓치지 않기 위해, 세례가 중재하는 중생은 회심한 사람이 진입한 중생과 다르다고 말하는 이들까지 있었다. 일부 침례교도들은 물세례(회심이란 '성령세례'와 상반되는)가 하나님의 은혜의 방편이기보다 하나님의 은혜에 대한 신자의 반응을 증언하는 것이라고 했다. 이런 식으로 사람들은 하나님이 붙여놓으신 것을 따로 갈라놓았다.

다음에 공부할 내용은 우리가 '그리스도인이 되는 것'이란 주제에 초점을 맞추지 않으면 기독교입문에 대해 성경적으로 생각할 수 없다는 견해를 보여준다. 물론 그 반대도 마찬가지다. 세례에 대해 다룰 때는 그리스도인의 회심과 헌신, 회심한 사람의 길과 그의 상급에 집중해야 한다.

세례와 회심은 물과 기름처럼 섞일 수 없는 관계가 아니라 음악에서 트레블과 베이스의 관계와 같다. 하나가 없다면 다른 하나를 완전히 파악할 수 없으며 적절한 화음을 내기 위해서는 반드시 둘 다 있어야 한다.

1

주님의 명령

세례는 예나 지금이나 항상 교회의 입문 의식이었다. 그런데 세례란 정확히 무엇인가? 그리고 왜 중요한가? 세례는 물과 말로 하는 행위이다. 물을 붓거나 뿌리거나 물에 잠김으로써 세례 받는 사람은 일시적으로 물 밑에 있다가 '물에서' 나온다. 세례에 해당하는 헬라어 '밥티조'(*baptizo*)는 문자 그대로 "적시다"라는 뜻이며, 그 행동은 씻음과 새로운 출발을 시사한다. 세례에 수반되는 말―"성부와 성자와 성령의 이름으로"―은 세례 받는 자가 삼위일체 하나님이 요구하시는 관계에, 또 하나님께 헌신하는 관계에 놓였다는 것을 공언한다.

왜 세례를 받는가?

이방 종교들에도 물로 씻는 의식이 있는데, 이를 사람의 내면 상태를 변화시키는 중요한 의식으로 생각한다. 그러나 기독교가 말하는 하나님 앞에서의 중요한 내적 변화란 단지 신앙, 즉 올바른 신념의 문제가 아니라 예수 그리스도를 통해 하나님께 마음으로 헌신하는 살아있는 믿음의 문제이다. 이런 내적 변화는 어떤 특정한 의식에 의해 생기지 않는다. 그런 의식에 의존하지 않기 때문이다. 위급한 때에는 의식이 불필요하고, 우리 마음이 하나님을 부인하거나 반항한다면 의식도 도움이 안 된다. 사도들은 믿는 자와 그 가족에게 세례를 베풀었지만, "주 예수님을 믿으라. 그리하면 너와 네 집이 구원을 받으리라"(행 16:14, 15, 참조. 29-33)는 말로 알 수 있듯이, 우리를 구원하는 것은 참된 믿음이라고 주장했다.

그런데 당신이 세례를 받지 않고도 믿고 구원을 받을 수 있다면, 교회는 왜 세례를 요구하는가? 왜 퀘이커교도와 구세군처럼 세례를 포기하지 않는가?

그 대답은 그리스도인들이 구주요 주님이요 하나님으로 예배하는 갈릴리 사람 예수에 관한 기본 사실들을 상기하면 알 수 있다.

▌예수 그리스도

예수님은 누구였는가? 사복음서를 읽고 그분을 알라! 공관복음서는 그분을, 약속된 다윗 혈통의 통치자, 하나님이었던 사람으로(마태복음), 선지서가 말한 고난 받는 종으로(마가복음), 천국 길을 여는 성령 충만한 복음전도자로(누가복음) 묘사한다. 한편, 요한복음은 그분을 하나님의 독생자, 영원하신 말씀으로, 자기를 믿는 자들에게 영생을 주시려고 신성을 잃지 않은 채 인간이 되신 분으로 제시한다. 다음으로 서신들을 읽으라. 바울은 하나님의 아들이심(골 1:13-20), 구속적인 죽음(롬 3:21-26, 5:6-11; 고후 5:14-21), 부활(고전 15:1-20), 현재의 통치(빌 2:5-11; 고전 15:24-28), 확실한 재림(살전 4:13-5:11) 등에 대해 다룬다. 그리고 히브리서의 저자는 하나님의 아들, 아브라함의 자손, 사도이자 대제사장, 우리의 죄를 씻기 위한 희생제물 등의 주제를 섞어놓는다. 이어서 사도행전이 구주로 표현하고, 요한계시록이 그분의 다가오는 승리를 기뻐하는 것을 살펴보라. 이 모든 것을 종합해보면, 예수께서 어떤 분이었는지 알게 될 것이다.

그러면 그분은 우리에게 누구인가? 우리에게 각각 자기 십자가를 지고 그분을 따름으로써 하나님을 섬기라고 요구하시는 우리의 주인이며, 현세에서 우리를 인도하고 붙드시다가 내세에 그 영광을 공유하게 하려고 우리를 데려가는 우리의 안내자이자 친구이다. 그리고 우리의 주님이요 우리를 사랑하는 분인 만큼 우리에게 최고의 충성을 요구하신다. 우리가 그분을 사랑한다면, 우리는 그분의 말씀처럼 그분의 계명을 지킬 것이다(요 14:15).

▎그분을 기쁘시게 하는 것

이제 우리는 질문에 대한 답을 얻었다! 세례는 예수님의 명령에 속하기 때문이다. 예수께서 사도들을 세상에 보내시며 모든 민족을 제자로 삼아 아버지와 아들과 성령의 이름으로 세례를 베풀라고 말씀하셨다(마 28:19). 따라서 세례를 요구하지 않는 교회와 세례를 요청하지 않아 세례를 못 받은 그리스도인은 일종의 어불성설이다. 세례를 시행하는 근본적인 이유는 우리 주님이신 예수 그리스도를 기쁘시게 하기 위함이다.

더 읽을 말씀

- 세례의 시행

  사도행전 8:26-39, 10:30-48

복습과 적용

1. 헬라어 '밥티조'(*baptizo*)는 세례의 의미에 대해 무엇을 알려주는가?
2. 세례 예식과 믿음은 어떤 관계인가?
3. 그리스도인으로서 나는 왜 세례를 받아야 하는가?

2

세례의 의미

'나는 언제 어디에서 태어났다…'로 시작하는 자서전이 있다. 나도 나의 세례에 대해 그런 식으로 말해야겠다. 왜냐하면 나는 유아 세례를 받았기 때문이다. 많은 독자들도 그럴 것이다. 4세기경부터 (정확한 시기에 대해서는 의견이 분분하다) 대부분의 그리스도인은 유아기에 세례를 받았기 때문에 자신의 세례에 대해서는 다른 사람의 말을 듣고 믿어야 했다. 만일 당신이 1세기의 회심자이거나 침례교 전통에 속한 사람이라서 청소년기 이후에 세례를 받았다면 자신의 세례를 생생하게 기억할 것이다. 하지만 그렇다고 달라질 것은 없다. 세례를 언제 받았든지 이제 그것은 과거의 일이다. 우리는 세례를 하나의 사건으로 기억하지 않고 '말하는 표징', 즉 '메시지를 나르는 상징'으로 이해함으로써 오늘의 삶에 부여하는 의미를 파악한다. 아우구스티누스는 세례를 하나님께서 주시는 '보이는 말씀'(visible word)으로 부른다.

▌세례에 담긴 메시지

이런 식의 세례 이해는 어디에서 올까? 그리스도인들에게 그들의 소명을 보여주기 위해 세례에 호소하는 바울로부터 왔다. 바울은 로마서 6:1-14에서 우리가 세례로 그리스도와 함께 장사되고 다시 살리심을 받았으니 계속 죄 가운데 있으면 안 된다고 말한다. 골로새서 2:8-3:17에서는, 우리가 세례로 그리스도와 함께 장사되고 다시 일으키심을 받았기 때문에 율법주의와 미신을 지닌 그리스도 없는, 세상적인 '자연' 종교에 빠지지 말고, 나쁜 습관을 없애고 그리스도를 닮은 성품을 개발하여 그리스도의 초자연적인 부활의 생명이 우리 안에 나타나게 해야 한다고 말했다.

바울은, 십자가를 통해 자신의 죄책이 완전히 말소된 다음 그 기초 위에 살아 계신 그리스도와 연합하여 사는 것이 참된 그리스도인이 된다는 것의 의미라고 보았다. 또 바울은 세례가 하나님의 새롭게 하심(예수와 함께 십자가에 죽고 예수와 함께 다시 살아나는 것)과 우리의 회개(새 생명을 표현하려고 새 사람이 되는 것)를 의미한다고 보았다.

어떤 사람들은 다음과 같이 생각하며 당혹스러워한다. 바울이 다른 곳에서는 우리가 그리스도를 믿는 믿음으로, 그것도 오직 그 믿음으로만 의롭게 되고 구원을 받는다고 주장하면서(롬 3:27-30;

갈 2:15-16; 엡 2:8-9; 빌 3:4-9) 여기에서는 세례 의식이 구원을 가져온다고 시사한다는 것이다. 이는 바울을 오해한 것이다. 다음 사항들이 그 점을 밝혀준다.

첫째, 바울은 1세대 회심자들에게 편지를 쓰고 있다. 그런데 그들은 신약의 관습에 따라 믿음을 고백한 직후에 세례를 받았다. 따라서 믿음과 세례는 그리스도인이 된다는 단일한 실체의 양면으로 이미 그들의 마음속에서 연계되어 있었다.

둘째, 바울은 이런 연계를 전제하고, 그들이 세례에서 일어난다고 생각한 것은 믿음이 없이 일어나는 게 아니라 믿음을 통해 일어난다고 그들에게 상기시킨다. "너희가 '세례로' 그리스도와 함께 장사되고…믿음으로 말미암아 그 안에서 함께 일으키심을 받았느니라"(골 2:12). 어떤 기독교 전통도―개신교든 가톨릭교회든 동방 정교회든―세례를 받은 사람이면 믿음이 없어도 구원을 받을 수 있다거나, 세례를 받지 못했다면 참으로 그리스도를 믿는다 할지라도 구원을 받을 수 없다고 가르치지 않는다.

셋째, 바울은 물론 모든 신약 저자들은 믿음과 세례의 연계를 왕위를 물려받는 일과 왕관을 받는 일의 연계와 같다고 생각했다. 즉, 이미 존재하는 왕권의 실체를 공적인 의식을 통해 선포하고, 확인하고, 경축하고, 공개적으로 인정하는 것이다. (태어나면서부터 부모와 함께 "주 안에" 있는 신자의 자녀는 세례식에서 "그리스도의 지체, 하나님의 자녀, 하늘나라의 상속인이 되었던" 것이다.)

넷째, 바울은 어떤 경우에도 세례가 구원의 증거라고 말하지 않는다. (세례만으로는 구원의 증거가 될 수 없다. 사도행전 8:13-24의 마술사 시몬을 생각해보라.) 바울이 생각한 세례는 믿음을 고백한 신자들에게 어떤 종류의 삶으로 부름을 받아 헌신하게 되었는지 가르쳐주는, 하나님이 주신 표징이었다. 하나님이 주신 표(sign), 즉 신자들이 생명으로 부름을 받았고, 그 생명을 약속받았으며, 그 생명의 특권을 지닌 존재로서, 그 생명을 누릴 수 있다는 것을 가르쳐주는 표다.

▮ 당신의 세례에 의거해 살라

마르틴 루터는 하나님의 사랑을 의심해서 절망에 빠지려는 유혹을 받을 때마다 "스스로에게 나는 세례를 받았다"고 말함으로써 자신을 진정시켰다고 한다. 그렇게 해서 루터는 정말로 하나님이 은혜로 자신을 부르셨고 자신이 정말로 그리스도 안에서 새 생명을 얻었고, 그러므로 자기의 믿음과 신실함이 흔들리지 말아야 한다는 확신을 회복했다. 한 마디로, 세례의 메시지를 포착했던 것이다! 우리도 그러한가?

더 읽을 말씀

• **구원을 보여주는 세례**

골로새서 2:8-3:4, 로마서 6:1-14

복습과 적용

1. 세례는 그리스도인에게 그 자신에 관해 무엇을 보여주는가?

2. 세례와 구원은 서로 어떤 관계가 있는가?

3. 왜 마르틴 루터는 자신이 세례를 받았다는 사실을 통해 다시 확신을
   얻었는가?

3

복음의 성례

긴 잠에서 깨어난 것 같다. 눈을 떴지만 온통 어두웠다. 내가 어디에 있는지 전혀 알 수 없다. 주위에는 아무도 없는 듯하고, 내 밑에 있는 것은 울퉁불퉁하면서도 미끄럽다. 아무것도 볼 수 없기 때문에 움직이면 위험할 것 같았다. 갈 곳이 없을지 몰라도 그렇다고 가만히 있을 수도 없는 노릇이 아닌가? 의미 있는 것은 아무것도 없다.

소망이 없다는 생각을 하면 병들고, 왜소하고, 약하고, 무섭다는 느낌이 든다. 그런데 멀리서 "이리로 오라, 여기에 빛이 있노라" 하는 소리가 들리는 듯하다. 아직 어디에서 그 목소리가 들리는지 정확히 알 수는 없다. 하지만 그곳을 향해 최선을 다해 더듬어가는 것만이 내가 할 수 있는 유일한 일이다.

▎어둠 속의 목소리

나는 우리 시대의 영적 현실을 앞의 글과 같이 묘사했다. 현대 그리스도인들은 이런 마음 상태에서 영적 순례를 시작했다. 성경적 기독교의 출발점은 바로 그 어둠 속에서 들려오는 목소리이다. 그 소리는 밤길에 접어든 나그네를 부르시는 하나님의 부르심이다. 자신이 영적인 어둠속에 있다는 것, 주위에 아무도 없으며 길을 잃어버렸다는 것을 알기 전에는 그 목소리가 들리지 않는다. 성령님은 이런 상태를 깨닫게 하셔서 우리가 하나님의 말씀을 들을 수 있도록 하신다.

'하나님의 말씀'이란 예수 그리스도와 성경을 모두 가리키는 표현이다. 둘 다 하나님의 마음을 드러내기 때문이다. 그러나 신약에서는 대체로 '복음', 즉 잃어버린 자들을 향한 하나님의 사랑에 관한 좋은 소식('복음'이란 이런 뜻이다)을 의미한다. 이것은 어두운 혼돈 상태에 빠진 우리의 의식을 향해 하나님이 직접 하시는 말씀이다.

▎어둠 밖으로

복음에서 하나님은 무슨 말씀을 하시는가? 온 시대를 통틀어 가장 놀랄 만한 선물, 값없는 선물을 발표하신다. 우리의 모든 죄의식과 비참함과 좌절의 근원이며, 성경이 죄라고 일컫는 하나님에 대한 반역에서 완전히 벗어날 길(구원)을 열어준다. 그분은 용서와 화평, 도덕적 능력, 즐거운 목적으로 채색된 기쁘고 영원한 삶을 약속하시되, 그것을 자기 공로로 얻으려 하지 않고 단순히 받아들이는 겸손한 사람들에게 약속하신다.

하나님은 어떻게 이런 제안을 하실 수 있는가? 바로 죄의 희생제물이 되신 그리스도의 죽음을 통해서다. 우리는 이 삶을 어떻게 받는가? 반역을 포기하고 다시 사신 구주를 우리의 주인으로 맞아들임으로써. 그 삶은 바로 이런 관계에서 찾을 수 있다. 그러면 어떤 일이 일어나는가? "나를 따르는 자는 어둠에 다니지 아니하고 생명의 빛을 얻으리라"(요 8:12)는 예수님의 말씀이 진리로 입증된다.

▎ 반사된 영광

오늘날 많은 사람은 세례를 교회의 한 의식, 단지 아이의 이름(세례명)을 짓는 데 의미가 있는 예식쯤으로 여긴다. 또 일부 그리스도인은 세례를 중생을 일으키는 마법으로 생각하는 것을 염려하여 고의로 세례를 깎아내리기도 한다. 그러나 교부들은 세례를 놀랍고 귀한 것으로 경축했다. 세례를 '생명의 문'으로 찬양한 교부들은, 올바로 시행되기만 하면 이 의식을 통해 초자연적 능력을 받을 수 있다는 이교도적인 생각을 전했던 것일까? 아니다. 종종 그들의 말이 이런 식으로 해석되긴 했지만 그렇지 않다. 그들은 세례의 장엄한 의미를 진심으로 기뻐했다. 그들은 세례가 복음이 말하는 장엄한 구원의 약속을 신자에게 보장한다고 생각했다. 그들에게(그리고 우리에게도) 세례의 영광은 복음의 반사된 영광이었다.

중대한 약속을 가시적이고 구체적인 표시─서명하고 봉인한 문서, 선물, 악수, 함께 하는 식사, 또는 음료수 마시는 행위─로 확증하는 것은 세상에서 매우 자연스러운 일이다. 또 약속된 내용이 신나는 것이라면 그 표시를 받아 간직하는 일이 굉장한 기쁨을 안겨줄 것이다. 행복한 결혼생활을 하는 여자에게 결혼반지를 보면 어떤 생각이 떠오르는지 물어보라! 세례도 결혼반지처럼 사랑하는 이(하나님)의 약속, 즉 영원한 행복을 보장하는 약속을 표현한다. 그런즉 세례를 받고 세례를 회상하는 일은 우리를 기쁘게 한다.

구원의 약속을 확증하기 위해 세례와 성찬이라는 두 개의 복음 성례를 제정한 분이 바로 구주이다. 동방교회는 이전에 감추어져 있던 것이 드러났다는 의미에서 이 두 성례를 '신비'[mysteries, 이 단어는 원래 사교(邪敎)에 입문하는 것을 가리켰다]라고 불렀다. 서방교회는 엄숙한 서약을 뜻하는 '성례'(sacraments, 이 단어는 원래 로마 군인의 충성서약을 가리켰다)이라고 불렀다. 현대의 침례교 신자들과 많은 복음주의자들은 '규례'(ordinances)라고 부르는데, 그리스도께서 교회에게 지키라고 명령하신 것이기 때문이다. 세례와 성찬 모두 이해를 돕는 시각 도우미이자 믿음을 유도하는 가시적인 유인이다. 세례와 성찬의 진정한 영광을 목격하려면 이와 같은 두 가지 각도에서 보아야만 한다. 자, 이제 그 영광이 보이는가?

더 읽을 말씀

• 자기 약속을 확증하시는 하나님

할례로 확증된 언약 ─ 창세기 17

맹세로 확증된 영광의 소망 ─ 히브리서 6:11-20

잔으로 확증된 죄 사함 ─ 마태복음 26:20-29

복습과 적용

1. 성경과 예수 그리스도를 모두 '하나님의 말씀'이라고 부르는 이유는 무엇인가?

2. "세례의 영광은 복음의 반사된 영광이다"라는 말의 의미는 무엇인가?

3. 동방교회의 '신비'(mysteries), 서방교회의 '성례'(sacraments)는 어떤 의미를 지니고 있으며, 두 단어가 세례에 대해 우리에게 일러주는 것은 무엇인가?

4

회심과 세례

회심이란 중요한 내적 변화를 가리키는 단어로서 우리가 돌이켜서, 아니 (하나님에 의해) 돌이켜져서 하나님과 함께, 그분 안에서, 그분을 통해, 그리고 그분을 위해 살아가게 되는 전환점이다.

▌회심이란 무엇인가?

누가는 사도행전에서 회심에 관해 이렇게 썼다. 그리스도는 바울을 이방인에게 보내셔서 "그 눈을 뜨게 하여…사탄의 권세에서 하나님께로 돌아오게[회심하게]하고 죄 사함과 나[그리스도]를 믿어 거룩하게 된[용납을 받게 된] 무리 가운데서 기업을 얻게" 하시려고 했다(행 26:18). 바울은 이방인들에게 "회개하고 하나님께로 돌아오라(회심하라)"고 권고한다(26:20). 하나님은 그들에게 "믿음의 문"(14:27)을 열어 돌아오게(회심하게, 15:3) 하신다. 우리가 회심의 실상을 보게 되는 곳은 광적인 신앙에도 불구하고 그리스도께서 찾을 때까지 하나님과 생생한 관계가 없었던 바울 자신의 이야기(9:1-30), 에티오피아 내시 이야기(8:27-39), 하나님을 경외하는 고넬료 이야기(10:22-48), 빌립보 간수 이야기(16:27-34), 그리고 누가복음에 나오는 무명의 창녀와 동족을 착취하던 세리장 삭개오 이야기(눅 7:36-50, 19:1-10) 등이다.

회심은 하나님의 자비에 응답하여 하나님께 헌신한다는 뜻이며 회개와 믿음으로 이루어진다. 성경에서 회개와 믿음은 서로 중복된다. 회개는 단지 유감스러운 후회가 아니라 생각, 목적, 행동 등 모든 면에서 완전히 돌아서서 제멋대로 사는 불순종의 길을 떠나 믿음과 신실함으로 하나님을 섬기는 것을 말한다. 믿음이란 그저 기독교의 진리를 믿는 것이 아니라 자신감과 인위적인 희망을 버리고 용서, 평안, 생명을 위해 그리스도와 그리스도의 십자가를 온전히 신뢰하는 것, 그래서 이후 자신이 사랑하는 하나님께 감사하고 참회하는 순종의 삶을 사는 것을 말한다.

하나님은 회심 이전에도 바울과 아우구스티누스처럼 하나님을 찾게 만들고, 그리고 '종의 믿음'(웨슬리의 말)을 유발하는 등 자명한 방법으로 일하실 수도 있지만, 사람은 오직 회심함으로써만 성경적 의미의 그리스도인이 되며 '자녀의 믿음'을 발휘한다. 영적으로 말하면, 회심하기 전에는 모든 것이 기껏해야 어스름한 황혼에 지나지 않는다.

때로 회심을 특이한 복음주의적 현상으로 치부하는 경향이 있으나 회심은 도처에서 주류 그리스도인이 체험하는 현상이다. 회심이 극적으로 일어나거나 감정적일 필요는 없다. 그리고 무슨 일이 일어났는지 반드시 충분히 인식하고 있을 필요도 없다. (물론 그런 회심은 흔히 축복이라는 것이 증명되었지만…) 결정적으로 중요한 것은 회심의 흔적이 우리 안에서 발견되어야 한다는 점이다. 믿음과 회개가 일상생활의 원칙이 되어야 한다.

그렇지 않다면 우리는 어떤 경험을 했다고 주장하든 그리스도인으로 간주될 수 없다. 그러므로 변화된 생활방식이 그 어떤 회심의 경험보다 더 중요하다.

▌세례와 회심의 관계

그러면 당신은 "좋다. 하지만 그것이 세례와 무슨 상관이 있는가?"라고 묻는다. 물론 당신이 세례에 대해 모른 채 회심할 수도 있다. 회심에 대해 모른 채 세례 받을 수 있는 것처럼 말이다. 그렇더라도 둘 사이에는 세 가지 관계가 있다.

첫째, 세례는 회심을 **요구한다**. 세례는 예수님의 죽음과 부활을 통해 우리 안에서 일하시는 하나님의 구원 사역을 의미할 뿐만 아니라, "하나님께 대한 회개와 우리 주 예수 그리스도께 대한 믿음"(행 20:21), 곧 회심을 통해 새로운 삶으로 들어가는 것을 의미한다. 신앙을 분명히 고백하는 성인은 세례 받을 자격이 주어진다. 그리고 유아세례는 자녀를 회심의 길로 위탁한다.

둘째, 세례는 회심을 **빚어낸다**. 세례의 상징성을 통해 우리는 그리스도인이 된다는 것이 무엇인지 알 수 있다. 그리스도인이 된다는 것은 그리스도와 함께 죽은 것(세상으로부터의 완전한 분리)을 받아들이고, 그리스도를 통해 씻음 받고(과거에 대한 완전한 용서), 그리스도의 부활 생명과 하나가 되는 것(미래를 위한 완전한 성별)을 의미한다. 진정한 회심은 이 세 가지 점에서 하나님께 실제로 응답하는 것이어야 한다.

셋째, 세례는 회심을 **테스트한다**. 종교에 대한 심리적 반동으로서의 회심은 기독교 밖에도 알려져 있다. 기독교적인 회심은 세례의 세 가지 요구에 대한 긍정적 반응에 있다.

당신의 세례는 당신이 고백하는 헌신이나 회심에 대해 무엇을 말해주는가? 이 점을 검토하는 것이 필요하다.

더 읽을 말씀

• **참된 회심**

데살로니가전서 1, 2:9-16

복습과 적용

1. 그리스도인의 회심은 누구의 사역인가? 그 사역은 어떤 것인가?

2. "사람은 오직 회심함으로써만 성경적 의미의 그리스도인이 된다." 왜 그런가?

3. 왜 변화된 생활방식이 회심의 경험보다 더 중요할까?

5

**예수님의
이름으로 받는
세례**

오순절에 베드로가 유대인들에게 설교하면서 그들이 죽인 사람이 다시 살아나서 통치하고 계신다고 말했을 때, 많은 사람이 깜짝 놀라며 어찌해야 할지 물었다. 베드로는 "회개하여 각각 예수 그리스도의 이름으로 세례를 받고 죄 사함을 받으라"(행 2:38)고 말했다.

그런데 우리는 이 말의 진의를 놓치기 쉽다. 베드로의 말은 예수님을 십자가에 못 박은 것을 형식적으로 후회하라는 것이 아니라 독자적인 생활방식을 완전히 포기하고 다시 사신 주님의 통치에 철저히 순복하라는 뜻이었다. 예수님의 이름은 예수님의 요구를 수반하기 때문에 사리를 분별할 수 있는 나이(보통 만 14세 이상)에 세례를 받는 것은 이 요구를 수용한다는 표시이다.

▌이름과 요구

바울은 이스라엘 민족이 출애굽할 때 "모두 구름과 바다 속에서 세례를 받아 모세에 속하게 되었다"(고전 10:1-2, 새번역)라고 말하면서 이 점을 보여준다. (이는 하나님이 보내신 지도자를 순순히 따라 갈라진 바다를 통과하고 구름이 인도하는 곳으로 갔다는 뜻이다.) 바울은 그의 회심자들에게 "바울의 이름으로 너희가 세례를 받았느냐?"(고전 1:13)고 반문함으로써 그들에게 바울에게 배타적 충성을 보여서도 안 되고 바울의 명예를 위해 싸우지도 말라고 상기시키면서 이 점을 더욱 명확히 보여준다. 바울에게 세례란 공적인 충성 서약으로서 영국국교회 기도서의 표현대로 평생 "그리스도의 충성스러운 군인이요 종"이 되는 입대 의식이다.

이 서약에는 무엇이 포함되는가? 그 뜻을 아주 명확히 밝혀주는 것이 요한복음 10장이다. 여기에서 예수님은 자신을 목자로, 그분을 따르는 자들을 양떼로 묘사했다. 선한 목자는 자기 양떼보다 앞서가고, 풀을 먹이며, 양을 보호한다(4, 9, 11절 이하). 양은 목자가 인도하는 대로 따르는 것이 그 본분이다(3절 이하).

신약에 반복되는 주제는 예수님이 우리를 위해 영광에 이르는 길을 개척하는 분, 즉 양을 집으로 인도하는 선한 목자라는 것이다.

예수님의 사역을 바라보는 고전적인 방식은 구약의 기름 부음을 받은 세 직분인 선지자와 제사장과 왕으로 보는 것이다. 선지자로서, 하나님에 관한 가르침을 전적으로 하나님에게서 받은 예수님은 생명에 이르는 길을 보여줌으로써 양떼를 인도하는 선한 목자이다. (예수님의 가르침을 알려면 사복음서를 읽어라.) 제사장으로서, 하나님과 교제하는 기쁨을 확보하기 위해 예수님은 하나님과 우리 사이에 서시고, 그 자신을 우리 죄의 희생 제물로 내어주셨고 지금도 하늘에서 우리를 도우시는 예수님은 그의 목숨을 버려 양떼를 구원하신 선한 목자이다. (요 10:11, 15, 17 이하, 예수님의 제사장 직분을 알려면 히브리서를 읽어라.) 그리고 왕으로서, 우리의 환경과 양심과 행동의 주인이신 예수님은 그의 양떼를 모든 악에서 지키는 선한 목자이다. (예수님의 왕국에 대해 알려면 요한계시록을 읽어라.)

따라서 예수님의 이름으로 세례를 받은 사람은 모두 예수님을 따라야 한다. 그는 하나님의 메신저인 예수께 주의를 기울여야 한다. "이는 내 사랑하는 아들이요 내 기뻐하는 자니 너희는 그의 말을 들으라"(마 17:5). 그는 하나님의 중보자이신 예수님을 신뢰해야 한다. "내게로 오라 내가 너희를 쉬게 하리라"(마 11:28). 그리고 그는 자기 주인이신 예수께 순종해야 한다. "너희는 나를 불러 주여 주여 하면서도 어찌하여 내가 말하는 것을 행하지 아니하느냐"(눅 6:46).

당신과 나는 세례를 받았다. 우리는 과연 이렇게 살고 있는가?

| 새로운 사회

이것이 전부가 아니다. 우리는 예수님을 우리의 목자로 인정함으로써 우리 자신을 그분의 양떼, 곧 '예수의 사람들'이라는 이름을 가진 공동체에 속했다고 단언한다. "우리의 시민권은 하늘에 있는지라"(빌 3:20) 그들은 우리의 동포들이다. "너희는 다 형제"(마 23:8)라는 말씀처럼 그들은 하나님의 가족에 속한 우리의 형제들이다. "우리가 서로 지체"(엡 4:25)이고 "다 그리스도 예수 안에서 하나"(갈 3:28)이기 때문에 그들은 그리스도의 몸이란 유기체를 섬기는 지체들이다.

따라서 세례는 사회적 함의를 갖고 있다. 서로 불쌍히 여기고 그리스도를 섬기는 '공동체 생활'에 참여하는 것은 세례 받은 자 모두의 규범이 되어야 한다. (이 점에 관하여는 롬 12:4 이하, 고전 12:4 이하, 엡 4:7-16, 벧전 4:10 이하를 보라.) 교회에서 고립되는 것—따로 앉고 어울리지 않고, 친하게 지내지 않거나, 책임을 회피하는 것 등—은 성찬의 의미를 부인하는 것으로 비난받을 때가 많은데, 그것은 세례의 의미 또한 부인하는 것으로 여겨도 좋다. 이제는 분명해졌는가? 우리는 동료 그리스도인들을 적극적으로 사랑함으로써 우리가 받은 세례의 의미를 알고 있음을 보여주고 있는가?

더 읽을 말씀

• 예수께서 제자들에게 요구하시는 것

누가복음 9:57-62, 14:25-33, 요한복음 13:1-17

복습과 적용

1. 어떤 점에서 세례는 한 가지 생활방식의 끝이며 다른 종류의 생활방식의 시작인가?

2. 세례를 입대 의식으로 간주하는 것은 왜 옳은가?

3. 세례는 '공동체 생활'과 어떤 관계가 있는가?

6

세례와 씻음

예수께서 우리에게 남긴 두 가지 복음 성례는 씻고(세례) 식사하는 (성찬) 일상생활의 단편들이다. 예수께서 두 가지 일상사(事) 선택하여 구원의 은혜의 징표로 삼으신 것은, 마치 씻지 않거나 먹지 않으면 육체의 건강이 나빠지는 것처럼, 세례와 성찬이 없다면 영적인 건강이 유지될 수 없음을 알려주시기 위함이다.

▎죄를 씻어냄

복음적인 견지에서 볼 때 몸을 씻는 일에 해당하는 것은 무엇인가? 죄책과 죄의 더러움이 씻어지는 것이다. 이 "하늘의 씻음"(영국 국교회 기도서의 표현)이 없으면, 우리의 거룩한 창조주께서 우리를 받아들이지 않으실 것이다. 자녀가 손을 씻기 전에는 식탁에 앉히지 않는 부모처럼, 하나님은 우리의 더러움이 씻어지기 전에는 그분의 식탁, 곧 그분과 친교를 나누는 자리에 우리를 앉히지 않으신다.

무정하고 사랑스럽지 않은 우리의 삶을 특징짓는 교만, 이기심, 비열함, 아집은 하나님께 불결하고 불쾌하고 혐오스러운 것임을 우리가 알아야 한다. 으레 청결하리라고 기대한 장소가 불결한 상태일 때 우리가 뒤로 물러나듯이 하나님도 그렇게 반응하신다. 당신이 레스토랑에서 음식을 주문했는데, 닦지 않은 것이 분명한 접시에 음식이 담겨 나온다면, 당신은 역겨움을 느낀 채 그 접시를 밀어낼 것이다. 우리 창조주의 태도도 이와 비슷하다. 성경에 따르면, 하나님의 법을 어기고 하나님을 배반하는 죄에 지배되는 사람을 대하는 우리 창조주의 태도 역시 단호하다. 즉, '진노'를 품으시고 '의로운 심판'의 날에 그분의 진노가 나타날 것이다.

바울은 이렇게 말한다. "하나님의 진노가 불의로 진리를 막는 사람들의 모든 경건하지 않음과 불의에 대하여 하늘로부터 나타나나니…이 같은 일을 행하는 자는 사형에 해당한다고 하나님께서 정하심을 알고…하나님의 의로우신 심판이 나타나는 그날에…하나님께서 각 사람에게 그 행한 대로 보응하시되…악을 행하는 각 사람의 영에게 환난과 곤고가 있으리니"(롬 1:18, 32, 2:5-6, 9).

예수께서 모든 제자에게 주신 세례의 명령(마 28:19)이 우리에게 보여주는 첫 번째 사항은 우리 모두에게 '하늘의 씻음'이 필요하다는 것이다. 하나님이 과연 우리의 죄와 더러움에 주목하시는지, 그분의 진노가 정말 존재하는지에 의문을 제기하면서 씻음의 필요성을 깎아내리는 사람들이 있는데, 세례는 그런 태도에 대한 반증(反證)이라 할 수 있다. 하지만 세례는 그 이상을 보여준다! 세례는 '하늘의 씻음'이 모든 사람에게 생생한 실재가 될 수 있다는 것을 보여준다.

▎예수님의 피, 믿음, 세례

이 씻음은 매우 중요하다. 씻음에는 용서로 죄책이 소멸되는 것, 죄의 지배를 깨뜨리는 일이 포함된다. 죄의 지배란 자기를 높이고 자기탐닉에 빠져서 우리의 모든 삶을 더럽히는 동기에 사로잡힌 노예 상태를 말한다. 이러한 속박 상태를 치료하는 것이 바로 내적인 갱신, 즉 중생이다.

이 씻음은 어떻게 가능할까? "그 아들 예수님의 피가 우리를 모든 죄에서 깨끗하게 하실 것이다"(요일 1:7). 찬송시 작가 토플레디는 예수님의 희생적인 죽음으로 "나를 죄로부터 이중으로 치료하여 주옵소서. 죄의식과 죄의 권세에서 나를 씻어주옵소서"라고 기도했다. 그리스도의 피(곧, 그분의 죽음의 능력)는 "우리들의 양심을 깨끗하게 해서, 우리로 하여금 죽은 행실에서 떠나서 살아 계신 하나님을 섬기게"(히 9:14, 새번역) 한다. 예수님은 베드로에게 "내가 너를 씻어주지 아니하면(이는 내적인 씻음을 말한다) 네가 나와 상관이 없느니라"(요 13:8)고 말씀하셨다.

그러면 우리는 언제 씻음을 받는가? 믿을 때, 즉 우리 자신을 그리스도께 의탁할 때이다. 그러면 세례는 내적 씻음과 무슨 관계가 있는가? 세 가지 관계가 있다.

첫째, 세례는 내적 씻음을 상징적으로 **묘사한다**. 우리는 그것을 눈으로 보면서 배운다.

둘째, 세례는 내적 씻음을 가시적으로 **약속한다**. 그리스도를 믿는 사람은 누구나 씻음을 받는다는 것을 선포하는 것이다.

셋째, 세례는 내적 씻음을 공식적으로 **제공한다**. 믿고 세례를 받는 사람은 정말로 씻음을 받았다고 확신하게 된다. 마치 졸업식에서 후드를 주면 학생이 정말로 학위를 받았다고 확신하게 되는 것과 같다. 이 세 가지가 베드로가 유대인들에게 "너희 죄 사함을 위해"(행 2:38) 세례를 받으라고 촉구하고, 이후 세례를 "육체의 더러운 것을 제하여 버림이 아니요 하나님을 향한 선한 양심의 간구"(벧전 3:21)로 정의했을 때 품고 있었던 이미지들이다. 아나니아가 바울에게 한 말―"이제는 왜 주저하느냐? 일어나 주[예수]의 이름을 불러 세례를 받고 너의 죄를 씻으라"(행 22:16)―도 이 세 가지 용어, 즉 '묘사', '약속', '제공'에 비추어 이해해야 한다.

바울은 고린도 교인들에게 너희가 "씻음"을 받았다(고전 6:11)고 말했다. 당신도 그들처럼 씻음을 받았는가? 나처럼 당신도 씻음을 받을 필요가 있다.

더 읽을 말씀

• **죄의 더러움을 씻어냄**

묘사된 곳—열왕기하 5:1-14

약속된 곳—에스겔서 36:22-32

실현된 곳—디도서 2:11-3:8

복습과 적용

1. 죄는 이 장에서 어떻게 묘사되는가? 그 의미는 무엇인가?

2. 왜 우리는 용서 이상의 것이 필요한가?

3. 영적 씻음이 없다면 왜 우리는 그리스도와 교제를 나눌 수 없는가?

7

그리스도와의
연합

기독교에는 도덕을 실천하고 교회를 지원하는 일 이상의 것이 있는가? 다수는 없다고 생각하지만 그 이상의 것이 있다. 기독교는 하나님, 사람, 사물과의 새로운 관계로 구성되는 새로운 삶이다. 그 삶은 유일한 근원에서 생기는데, 바로 그리스도인과 그의 주인인 예수 그리스도 사이의 독특한 연합이다.

이 연합은 신약에 아주 분명하게 나타난다. 하지만 이 연합을 묘사하는 용어는 정확히 파악하기가 어렵다. 그리스도와 하나가 된다는 것은 너무 강한 말로 표현되어 있다. 바울은 "그리스도는…우리 생명이다"(골 3:4)라고 말하고, "이제는 내가 사는 것이 아니요 오직 내 안에 그리스도께서 사시는 것이라"(갈 2:20)고 말한다. 또 바울은 그리스도인이 문자적으로 모든 것을 그리스도 안에서 행하고 경험한다고 말하고, 세례 받은 사람은 그리스도로 옷 입었다고 말한다(갈 3:27). 예수께서도 "내 안에 거하라 나도 너희 안에 거하리라…나는 포도나무요 너희는 가지라"(요 15:4-5)고 말씀하신다. 도대체 어떤 종류의 연합이기에 바울과 예수님이 이런 식으로 말할까?

▌이중의 연합

이 연합에는 두 측면이 있다. 하나씩 다뤄보자.

첫째, 이 연합은 예수님의 인격과 관련이 있다. 즉, 그분의 제자가 되는 것이다. 복음서의 예수님은 부활하셔서 지금도 살아 계신다. 성품, 태도, 관심사는 예수님이 이 땅에 계실 때와 똑같다. "예수 그리스도는 어제나 오늘이나 영원토록 동일하시니라"(히 13:8). 그리고 그분이 첫 제자들에게 요구하신 것을 지금 우리에게도 요구하신다. 그분께 온전한 충성과 사랑을 바치고, 그분께 배우며, 그분께 신실하게 순종하고, 우리 자신을 부인하며, 모든 면에서 그분의 뜻과 일치함으로써 그분이 우리의 모습을 통해 반영되는 것이다.

둘째, 이 연합은 신학자들이 '그리스도 사건'(Christ-event)으로 부르는 것과 관련이 있다. 이를 보통 합병(incorporation)이라 부른다. 이것을 다음과 같이 이해해야 한다.

하나님의 영원한 아들이 육체를 입어 예수 그리스도가 되셨고, 우리 죄를 제거하기 위해 십자가에 못 박혀 죽임을 당했다. 그러나 부활하여 영원한 육체의 삶을 다시 시작하셨고, 승천하여 다시 하늘의 영광에 들어가셨다. 이것이 그리스도 사건이다. 이는 이천 년 전에 팔레스타인에서 실제로 일어난 역사적 사건이다. 그러나 다른 사건들처럼 시공간의 제약에 얽매이지 않는다는 점에서 역사를 초월하는 사건이기도 하다. 이 사건은 본질적으로 어떤 시간, 어떤 장소의 어떤 사람과도 연결될 수 있다. 예수에 대한 믿음으로 그 일이 가능해진다. 그래서 사실상 각 신자는 예수와 함께, 예수를 통해 실제로 죽었다가 부활해서 그분과 함께 현재 살고 있고 다스리고 있다. ('그리스도 안에서'라고 할 때, '안에서'란 말은 그리스도와 '함께', 그리고 그리스도를 '통해'가 합쳐진 것임을 알라.) 이것이 예수와 우리의 연합이 가져오는 새로운 창조의 측면이다.

우리는 두 측면을 분리해서 살펴보았다. 각각 명확히 이해하기 위해서다. 곡을 익히는 피아니스트가 처음에는 오른손 악보를, 이어서 왼손 악보를 익히는 것과 비슷하다. 그러나 제대로 된 음악을 연주하기 위해서는 양손 악보를 모두 사용해야 하는 것처럼, 우리도 예수님과의 연합을 성경적으로 이해하려면 정신적으로 그 두 측면을 융합해야 한다. 그리스도 사건의 모든 능력은 우리가 믿는 예수님 안에 있으며, 예수님은 우리를 구원하셔서 하나님과 올바른 관계에 두실뿐만 아니라 플러그를 꽂듯이 우리를 예수 자신의 죽음과 부활과 다스리심에 꽂으시는 것이다. 그리하여 우리는 그분과 즐거이 친교를 누리며 산다. 우리 자신이 그분의 죽음을 통해 믿음으로 의롭게 된 것을 알고, 이와 함께 죄의 지배에서 자유로워지고, 그분의 죽음과 부활이 우리 안에서 발휘하는 변화의 능력을 통해 이 땅에서 천국을 미리 맛보기 때문이다.

이로써 형언하기 어려운 진리를 간략히 설명해보았다. 이것을 고전적으로 설명한 것이 로마서 6-8장과 골로새서 3장이다. 이 두 본문을 공부하기 바란다.

┃ 세례와 연합

세례는 이 모든 것과 직접적인 관계가 있다. 세례 받는 사람을 일시적으로 물 아래 잠기게 하여 죄를 씻어냈다는 것과 그리스도와 함께 죽었다가 다시 살아났다는 것, 그래서 죄의 지배에서 자유를 얻었다는 것을 모두 나타낸다. 바울은 이렇게 말한다. "무릇 그리스도 예수와 합하여 세례를 받은 우리는 그의 죽으심과 합하여 세례를 받은 줄을 알지 못하느냐? 그러므로 우리가 그의 죽으심과 합하여 세례를 받음으로 그와 함께 장사되었나니 이는 아버지의 영광으로 말미암아 그리스도를 죽은 자 가운데서 살리심과 같이 우리로 또한 새 생명 가운데서 행하게 하려 함이라"(롬 6:3-4).

기독교의 본질과 핵심을 알고 싶어 하는 사람이 있거든 그 사람에게 세례를 소개하라. 세례는 모든 것을 새롭게 하시는 살아 계신 주님과의 연합의 두 측면을 모두 선포하기 때문이다.

• 성자 하나님 안에서의 삶

요한복음 6:35-59, 16:1-11, 고린도후서 5:14-21, 갈라디아서 3:23-29

복습과 적용

1. 기독교는 일차적으로 도덕의 문제인가, 관계의 문제인가? 이에 답하고 그 이유를 설명하라.

2. 예수 그리스도는 언제나 변함이 없다는 사실은 제자도에 관해 무엇을 말해주는가?

3. '그리스도 사건'이 역사를 초월한다고 말하는데 그 의미는 무엇인가? 이 사실이 당신에게 의미하는 바는 무엇인가?

8
세례와 성령

예수께서 공적 사역을 시작하시기 전에 세례 요한은 자신의 물세
례와 오실 이(예수)가 주실 성령세례를 대조시켰다. "나는 너희에게
물로 세례를 베풀었거니와 그[예수]는 성령으로 세례를 베푸시리
라"(막 1:8). 예수께서 승천하시기 전 오순절을 앞두고 이와 비슷한
말씀을 하셨다. "요한은 물로 세례를 베풀었으나 너희는 몇 날이
못 되어 성령으로 세례를 받으리라"(행 1:5).

이 두 말씀의 요점은 성령세례와 물세례가 상반되거나 성령세
례가 물세례를 필요 없게 한다는 것이 아니었다. 요한의 세례는 옛
언약의 마지막 날에 속한 것인데 비해, 성령을 부어주시는 그리스
도의 사역(참조. 행 2:33)은 예레미야 31:31 이하에 이미 예언되었
고, 또 예수께서 만찬에서 선포하셨으며(고전 11:25), 히브리서 8:8-
10:25에 자세히 묘사되었듯이 새 언약으로 신자들을 입문시킬 것

이었다.

▎새 언약의 선물

새 언약의 삶이란 무엇인가? 그것은 영광 중에 계신 그리스도와 친교를 나누고, 그 예수님을 통해 우리의 아버지이신 하나님과 친교를 나누는 삶이다. 더 나아가, 예수님의 대속의 죽음(용서, 화평, 영접, 입양)과 그분의 부활 생명(현재의 도움, 영원한 소망)의 유익을 공유하는 삶이다. 이런 삶을 주시는 것이 오순절 이후 성령의 독특한 사역이다.

오순절 이전에도 성령은 창조의 대행자(창 1:2), 예언의 영감을 주신 분(벧후 1:21), 예수에게 능력을 주신 분(눅 3:22, 4:14, 18)으로서 이미 활동하고 계셨지만, 요한복음 7:39는 "예수께서 아직 영광을 받지 않으셨으므로 성령이 아직 그들에게 계시지 아니하시더라"고 말한다. 사도 요한이 이렇게 말한 이유는 예수님의 죽음과 부활이 발생한 후에야 성령께서 사람들의 마음속에 (죽고 부활하신 주님으로서의) 예수님의 영광을 알려줄 수 있었기 때문이다.

신약 저자들이 성령을 받는 사람들에 대해 말할 때, 그 저자들은 이제 새 언약을 경험하는 단계로 들어가는 것을 염두에 두고 있었다. 그런 경험은 찬양과 증언(때로는 방언이나 예언 등)으로 기쁘고 담대하게 자신을 표현하는 일을 수반한다(행 2:38, 8:15, 10:47, 19:2; 롬 8:15; 갈 3:2을 보라). 이런 의미에서 그리스도를 고대했던 구약의 신자들은 성령을 받지 못했다. 그러나 또 다른 의미, 좀 더 근본적인 의미에서는 그들도 성령을 받았다고 말할 수 있다. 모든 회개와 하나님의 자비에 대한 응답 역시 성령께서 가르치고 행하신 일이기 때문이다. 이것은 사도행전 8:15 이하의 말씀에도 불구하고 사마리아 사람들이 베드로와 요한이 도착하기 전에 이미 성령을 받았던 것과 같다.

성령에 관한 신약의 언어는 새 언약의 경험에서 나온 만큼 당연히 그 경험에 초점이 맞춰져 있다. 따라서 성령에 대한 좀 더 근본적인 관점은 잘 나타나지 않는다. 다만 회개와 믿음이 눈에 띄면 그것은 하나님의 선물(행 5:31, 11:18; 엡 2:8)이라고 밝히는 정도이다.

그러면 '성령세례'는 무엇인가? 사도행전 1:5에 나오는 예수님의 말씀에 따르면, 성령세례란 성령이 새 언약의 사역을 어떤 사람 안에서 시작하기 위해 그 사람에게 오시는 것을 말한다. 예수님의 제자들이 성령세례를 받은 때는 오순절이었다. 물론 그들이 그 이전에도 믿음을 갖고 있었지만 말이다. 그 후 다른 모든 이들에게는 회심할 때 이 세례가 일어난다. 오늘날 회심 이후의 어떤 경험을 가리켜서 '성령세례'라고 부르기도 하는데, 이는 이름을 잘못 붙인 것이다.

하나님의 가족이 됨

오순절 이후 하나님이 계시하신 뜻에 따라 하나님의 가족 구성원이 되는 것은 세 가지 요소를 포함한다. 회개와 믿음, 세례, 새 언약의 사역을 위한 성령의 오심(행 2:3; 롬 8:9 이하; 참조. 엡 1:13 이하)이다. 그 순서는 다양하다. 분명 오순절에는 믿음-세례-성령의 순서였고(행 2:38-42), '이방인의 오순절'에는 성령-믿음-세례 순서였으며(10:44-48), 갈라디아에서는 믿음-성령-세례의 순서였다(갈 3:2). 그리고 오랜 세월에 걸쳐 유아기에 세례를 받은 모든 그리스도인들에게는 세례-믿음-성령의 순서였다. 그러나 순서는 중요하지 않다. 우리와 예수 그리스도 사이에 이 세 가지 연결고리, 즉 믿음, 세례, 성령이 실제로 있어야 한다.

바울이 "우리가…다 한 성령으로 세례를 받아 한 몸이 되었다"(고전 12:13)고 말할 때, 그는 물세례와 성령의 선물을 그리스도의 단일한 행동, 즉 우리를 그 자신에게 접붙이는(바울의 이미지, 롬 11:17-24) 행동의 상호보완적인 두 측면으로 생각한다. 따라서 성령을 받은 회심자들은 세례를 구해야 하고, 세례 받은 사람들은 성령을 받기 위해 회심을 구해야 한다! 우리의 삶에 대한 하나님의 목적 안에서는 물세례와 성령세례가 결합되어 있다. 우리 중 누구도 이 둘을 따로 떼어놓으면 안 된다.

• **성령 충만**

사도행전 6:1-10, 에베소서 5:15-20

• **그리스도의 몸 안에 계신 성령**

고린도전서 12:1-13

복습과 적용

1. 새 언약이란 무엇인가? 당신은 개인적으로 새 언약에 포함되어 있다고 믿는가? 그 이유는 무엇인가?

2. 구약의 신자들은 어떤 의미에서 성령을 받지 못했고, 또 어떤 의미에서 성령을 받았는가?

3. 성령세례란 무엇인가? 성령세례는 그리스도의 몸과 어떤 관계가 있는가?

9

기독교의
기본 진리

그리스도인은 교리와 경험과 실천이 융합된 존재이다. 머리, 가슴, 다리가 모두 관련되어 있다. 실천이 없는 교리와 경험은 나를 지식을 가진 영적인 마비환자로 만든다. 교리가 없는 경험과 실천은 나를 불안정한 영적 몽유병자로 남겨둔다. 내 안에 그리스도의 형상이 빚어지려면 교리, 경험, 실천이 모두 있어야 한다.

기독교의 주장에 따르면, 창조주 하나님은 물질적 실체, 즉 자연 질서와 예수님의 육체, 지정하신 상징들을 통해 자신을 알리시는데, 그런 상징들 가운데 하나가 세례이다. 종종 기독교는 왜곡되고 오해받곤 한다. 열 사람에게 기독교를 정의해보라고 하면, 아마 열 사람 모두 다르게 답할 것이다. 그러나 예수께서 제정하신 세례는 필수적인 교리와 경험과 실천이 무엇인지를 뚜렷이 증언한다.

▌삼위일체

세례가 제시하는 교리는 사람과 언약을 맺으신 삼위일체 하나님에 관한 교리다. 예수님은 "아버지와 아들과 성령의 이름으로" 세례를 베풀라고 지시하셨다(마 28:19). '이름'은 '인격적 존재'를 의미한다. 또 여기에 단수로 나온 것으로 보아 세 위격이 세 하나님이 아니라 신비로운 본질적 하나됨에 의한 한 하나님임을 알 수 있다. 이름'으로'(in)는 각 위격과 우리 사이에 맺어지는 관계를 가리킨다.

삼위일체는 기독교 교리 중에 가장 경이롭고 어렵고 독특한 교리로서 다른 모든 형태의 하나님에 대한 믿음과 완전히 구별된다. 삼위일체 교리가 기독교의 기본진리인 것은 복음이 이 교리에 기초해 있기 때문이다. 성경에 따르면, 구원이 이뤄지는 것도 바로 삼위가 협력한 결과이다. 이것을 자세히 살펴보자.

성부 하나님은 자기 아들을 우리의 희생 제물로 삼으시고(벧전 1:20), 우리 죄인들을 자기 백성으로 선택하는 등(엡 1:4) 구원 계획을 세우셨고, 지금도 그 계획을 성취하고 계신다. 성자 하나님은 아버지의 뜻을 따라 육체를 입으시고, 십자가에서 우리의 죄 값을 치르신 후(요일 4:9 이하), 부활하여 영원히 죽음을 이기고 우리를 구속하셨다. 이제 그분은 자기 백성을 위해 중보하고 계신다(롬 8:27; 히 7:25). 다시 말해, 그분이 자기 백성을 위해 얻으신 모든 것을 그들이 받을 수 있도록 그들을 위해 활동하신다는 것이다. 성부와 성자가 보내신(요 14:26, 15:26) 성령 하나님은 우리를 거듭나게 하여 재창조하시고(요 3:5 이하; 고후 5:17), 믿음에 의해 그리스도를 알도록 우리를 인도하시며(엡 1:17 이하, 3:16 이하), 우리를 그리스도와 같은 모습으로 변화시키신다(고후 3:18).

당신이 성자나 성령의 신성을 부인하면 그 위격의 사역을 의심하게 되고, 그러면 구원은 실패로 끝나고 만다. 그래서 아버지와 아들과 성령의 이름으로 세례를 베풀라는 그리스도의 명령은 하나님이 삼위일체임을 단언하고 근본적으로 복음을 보호한다.

▎칭의

세례가 묘사하는 경험은 더러운 것을 완전히 떠나는 것이다. 다시 시작하기 위해 자신이 저지른 잘못을 씻어내는 것이다. 씻음과 부활이라는 이중적인 상징이 이를 선포한다. 그래서 세례는 우리가 예수님의 피를 믿으면, 하나님이 우리를 용서하고 받아주신다는 복음의 메시지를 나타낸다. 이는 믿음으로 의롭게 된다는 메시지다(바울의 표현, 롬 3:21-5:21; 갈 2:15-3:29).

도덕적 실패는 보편적인 사실이고, 죄의식이나 수치심, 더러워지고 고발하는 양심은 가장 흔한 인간 경험이다. 그래서 우리의 양심은 한 번이 아니라 날마다 씻어낼 필요가 있다. 세례가 상징하는 경험은 자기 자신을 잘 아는 사람이 살아가는데 반드시 필요한 것이다. "구주여, 나를 씻어주소서. 그렇지 않으면 내가 죽겠나이다."

▌회개

세례가 가리키는 실천의 길은 변화되기로 동의하는 것이다. 이것이 회개의 본질이다. 내가 나 자신에게 세례를 주는 것이 아니다. 목회자가 나를 물에 넣었다가 끌어올린다. 이것은 참회와 자기부인, 즉 그리스도의 길로 걷기 위해 자기 인생의 고삐를 그리스도께 맡기는 것을 나타낸다. 누구에게나 자기주장과 고집이 있다. "우리는 변화되느니 차라리 망하고 말겠다"라는 오든(W. H. Auden)의 대사는 너무 노골적인가? 그러나 이것은 사실이다. 그래서 그리스도에 의해 기꺼이 변화되려는 것(이는 마음의 자연적인 상태가 아니라 은혜의 선물이다)은 모든 참된 그리스도인의 실천에 내포된 기본 요소이다.

세례는 기독교에 속한 이런 기본 규범들, 곧 교리, 경험, 실천을 직면할 것을 우리에게 요구한다. 이것이야말로 세례가 초래하는 중요한 축복이다.

- 교리, 경험, 실천

  로마서 6:15-7:6

복습과 적용

1. 세례는 삼위일체 교리와 어떤 관계가 있는가?

2. 우리가 세례에서 보게 되는 이중적인 상징은 무엇인가? 그리고 그것은 우리의 어떤 점을 말해주는가?

3. "우리는 변화되느니 차라리 망하고 말겠다"라는 말에 세례는 어떤 도전을 주는가?

10

유아세례

세례와 관련하여 교회가 분열되는 불행한 사건이 벌어지기도 한다. 모든 유아에게 세례를 주는 것을 지지하는 사람은 없다. 그러나 대부분의 교파는 세례 받은 자의 자녀들에게 세례를 베푼다. 하지만 침례주의자들은 이것을 세례가 아니라고 주장하거나 (유아는 신앙고백을 할 수 없기 때문에) 변칙적인 세례로 간주한다(그들의 말에 의하면, 이것은 명백히 사도적이지 않고 목회적으로 현명하지 않기 때문에). 일부 사람들은 성경에 유아세례에 대한 명령이 없기 때문에 그것은 하나님이 금하신 것이라고 주장한다. 이들은 세례 받는 사람이 의식적으로 신앙을 고백할 때까지 세례를 미루는 것이 최선이라고 주장한다. (여기서 내가 말하는 "침례주의자들"은 침례교파에 속한 신자들과 더불어 일부 은사주의자들과 독립교단 등에 속한 여러 복음주의자들을 포함한다.)

반면, 어떤 이들은 하나님이 신자의 유아에게 세례를 주라고 명령하신다는 것을 언약신학에서 추론했다. 그보다 더 많은 사람들은 유아세례가 교회에 의해 제정되었지만, 다른 대안보다 더 나은 신학적 근거와 역사적·목회적 근거를 가지고 있기 때문에 "그리스도가 세우신 것과 가장 잘 조화가 된다"(영국국교회 교리문답 27조)고 주장한다.

우리는 이 문제를 어떻게 생각해야 할까? 이에 대해 심사숙고해보자.

| 지나친 논쟁

첫째, 이 문제를 두고 양쪽 모두 지나친 논쟁을 벌이는 것 같다. 성경은 유아세례를 명령하지도 금하지도 않으며, 우리는 인간 저자들을 인도하신 거룩한 저자(하나님)가 어느 한쪽을 택했다고 가정하면 안 된다.

옛 언약에서 하나님이 명령하신 남자아이의 할례를 바울의 주장, 곧 새 언약 아래서 신자의 자녀들이 부모를 따라 "거룩하다"(하나님께 바쳐지고 받아들여졌다, 창 17:9-14와 고전 7:14를 보라)는 주장과 연결시키면, 성경을 믿는 많은 그리스도인에게 유아세례가 옳은 것으로 보인다. 하나님의 할례 명령(사내아이를 위한 그 당시 언약의 표)이 하나님의 언약 아래 있는 부모와 자녀의 결속에 근거를 두는 것이라면, 그리고 그것이 불변하는 사실이라면, 새 언약의 징표인

지금의 유아세례를 부인하는 것은 옳지 않다.

게다가 유아세례는 분명히 사도적인 관습이었다. 루디아의 '집안', 빌립보 간수의 '집안', 스데바나의 '집안'은 대식구 전체가 세례를 받았고, 빌립보 간수의 집안은 그 간수가 회심한지 몇 시간 만에 세례를 받았다(행 16:15, 33; 고전 1:16). 한 집안의 가장이 회심했을 때 온 식구가 세례를 받는 것은 그 당시의 표준 관행이었고, 유아들도 포함되었다고 추론하는 것이 자연스럽다. 원칙적으로 유아들이 제외되었다면 누가와 바울이 아무런 조건 없이 그냥 '집안'이라고 말했을 리 없다.

이처럼 신학적 타당성과 명백한 전례에 따르면 오늘날 유아세례를 정당화할 수는 있지만, 그럼에도 하나님의 명령에는 못 미친다는 사실을 인정해야 한다. 그렇다고 유아세례를 반대하는 주장을 결정적으로 펼 수도 없다. 예를 들자면 이렇다.

첫째, 신앙고백이 세례의 정의(定義)의 일부라는 주장이다. 하지만 신약 어디에서도 그런 주장을 찾아볼 수 없다. 신약과 이후의 관습을 보면, 믿음을 고백하지 않는 성인에게 세례를 베푼 사례가 없는데, 이런 사실에서 의심스러운 추론(유아에게는 절대로 세례를 베풀 수 없다)을 한 것이다.

둘째, 세례 받은 유아는 결코 신앙고백을 요구받지 않을 것이라는 주장이다. 그러나 세례 때 유아의 보증인이 되는 부모와 대부모(代父母)는 그 유아를 참된 회개와 믿음으로 이끌어 사리를 분별하는 나이가 되었을 때 본인이 직접 회개하고 믿음을 고백하도록 돕는다. 그리고 성인 교인으로 영접하는 입교식과 같은 의례의 중심에는 반드시 개인적인 신앙고백이 있다. 달리 말하면, 유아세례는 성인의 회심을 요구하는 것이다.

셋째, 유아세례는 믿음이 없이도 중생하고 구원을 받는다는 잘못된 생각을 부추긴다는 주장이다. 침례주의자들은 세례 후에 "보라. 이제 이 아이가 중생했다"라는 영국국교회 기도서의 선언과 "세례를 받음으로써…나는 그리스도의 지체, 하나님의 자녀, 하늘나라의 상속자가 되었다"고 하는 영국국교회 교리문답의 진술에 머리를 내젓는다. 그러나 이런 문구들은 영적인 권리와 특권을 예전적(禮典的)으로 부여하는 것일 뿐이다. 이 영적 권리와 특권이 장차 효력을 발휘하려면 그리스도를 믿는 믿음으로 확증되어야 한다. 오래 전에 대주교 어셔는 이렇게 말했다. "세례를 통해 하나님이 주신 것을 이해하게 됐을 때에야, 그리고 믿음으로 그것을 붙잡았을 때에야 비로소 나는 이 은혜로운 약속들의 유익을 얻는다."

| 목회 차원

침례주의자들은 하나님의 교회는 오직 신자들로만 구성된다고 주장한다. 그래서 유아를 봉헌(유아세례를 주장하는 이들의 관점에서 보면 '무미건조한 세례')한 뒤에 일정한 나이가 되었을 때 세례를 준다. 다른 개신교도들은 새 언약에 나타난 가족의 성경적 결속을 표현

하고 싶어서 유아세례를 준 뒤에 일정한 나이가 되었을 때 입교식 (침례주의자들의 관점에서는 '무미건조한 세례')을 시행한다.

유아세례를 주장하는 사람들과 성인세례를 주장하는 사람들이 서로 존중하며 협력하는 것은 결코 어렵지 않다. 성경적으로 또 목회적으로 볼 때, 감사하게도 이 두 관습은 그 의미상 서로 비슷하기 때문이다.

• **자녀들을 향한 하나님의 은혜**

사무엘상 3, 누가복음 2:5-25, 에베소서 6:1-4

복습과 적용

1. 할례와 세례는 어떤 유사점들이 있는가? 그 유사점들은 유아세례를 얼마나 정당화하는가? 이와 다르게 생각하는 사람들에게 당신은 당신의 견해를 어떻게 주장하겠는가?

2. 유아에게는 기대할 수 없어도 세례 받는 성인에게는 반드시 요구해야 하는 것은 무엇인가?

3. 유아세례를 받은 아이는 그 예식이 상징하는 영적 유익을 반드시 받을 것인가? 그 이유는 무엇인가?

11 입교식

역사적인 교파들은 대부분 유아세례를 받은 사람에게 입교식(영국
국교회와 루터교회에서는 견신례─옮긴이)을 행하여 성찬에 참여하는
것을 허용한다. 전형적으로 목사나 감독은 입교문답을 받는 사람
의 머리에 손을 얹고 성령이 그를 견고하게 해주시기를 기도한다.
이것은 무엇을 의미하는가?

▮ 거짓 흔적

우선 이제까지 내주하는 성령의 임재나 은사, 중생과 성화의 어떤
측면, 확신시키는 사역 등이 철회되었다는 것을 의미하지 않는다.
입교식을 통해 성령과 성령이 주시는 유익을 받는다는 의미도 아
니다. 흔히 그렇게 생각하는데, 그 생각은 중세의 잘못된 믿음을
반영하는 일종의 미신이다. 중세에는 견신례를 베드로와 요한이

사마리아 사람들이 성령 받기를 기도한 후 그들에게 안수할 때(행 8:14-17) 시행한 성례로 믿었으며, 성례는 보통 그것이 상징하는 복을 전달하는 유일한 방편이라고 믿었다.

그러나 이런 믿음은 옳지 않다. 신약에는 세례와 성찬, 오직 두 가지 성례만 있으며, 세례와 성찬은 하나님이 특정한 복을 신자들에게 보장하는 표징으로 묘사되어 있다. 베드로와 요한이 사마리아 사람들에게, 바울이 에베소의 제자들에게, 안디옥 교회의 지도자들이 바울과 바나바에게(행 19:6, 13:4), 바울과 이름을 알 수 없는 장로가 디모데에게(딤후 1:6; 딤전 4:14) 그랬던 것처럼, 선의와 관심의 표시로 기도 받는 사람의 머리에 손을 얹는 동작(안수)은 성례가 아니다.

이와 더불어, 성례가 신자들에게 보장하는 은혜의 선물을 성례와 별도로 받을 수 있다는 것을 성경이 보여준다. 칭의의 한 부분인 죄 사함이 그 명백한 예다. 사도행전 2:38과 22:16, 로마서 3:21-5:1, 갈라디아서 3장을 서로 비교해보라.

분명 신약적인 입문의 개념은 '교회 안의 그리스도인'이 되는 것이다. 우리는 그리스도의 몸(교회)이라는 공동체 안의 지체로 구원 받는다. 그렇지 않으면 전혀 구원이 없다. "홀로 이루어지는 구원은 없다."

성경적인 입문은 분명히 신앙고백을 내포하고, 삼위일체 하나님의 이름으로 세례를 받아 신앙공동체에 들어가야 하며, 성령을 받거나 성령에 의해 인증되는 일이 있어야 한다(행 2:38; 고후 1:22, 5:5; 엡 1:13, 4:30). 그러나 어떤 사람들이 생각하듯이, 입교식이 성령을 선물로 받는 것을 나타내기에 세례를 보완한다는 것은 옳지 않다. 신약에서 세례는 성령의 선물을 포함해 그리스도 안에 있는 새로운 삶에 진입한다는 것의 모든 측면을 의미한다(행 2:38; 고전 12:13). 반면에 입교식은 성경적 규례가 아니라서 성경적 입문의 일부가 아니다.

▎ "예, 그렇습니다"

입교식이 단지 교회의 전통일 뿐이라면 왜 그것을 시행하는가? 계속 시행할 가치가 있는가? 시행할 가치가 있다. 신학적인 이유와 목회적인 이유에서 그렇다.

첫째, 입교식에는 유아세례가 제공하지 않는 한 가지 요소가 있다. 즉, 교회 앞에서 본인이 직접 해야 하는 신앙고백이다. 우리는 유아세례를 하나님의 뜻으로 여길 수 있지만 일정한 나이가 되어 신앙을 고백하는 것 역시 하나님의 뜻이다(이 점에서는 침례주의자들이 옳다! 롬 10:9, 고전 12:3, 딤전 6:12을 보라). 본인의 신앙고백은 '주의 몸'을 분별할 수 있음을 보여준다. 다시 말해, "이것은 너희를 위하는 내 몸이니"(고전 11:24, 29)라는 예수님의 말씀의 의미를 이해할 수 있다. 따라서 개인적인 신앙고백은 믿는 자들만을 위한 성찬에 참여할 수 있는 자격을 부여한다. 입교식은 이 핵심적인 예배행

위에 참여하기에 적합하다는 것을 확증한다.

둘째, 입교식을 통해 그리스도인으로 양육과 보증을 받던 어린이가 권리를 가진 성인 교인으로 전환된다. 이는 유아의 부모와 대부모가 대신 고백했던 믿음에 헌신할 것과, 마귀와 세상과 육신의 일을 포기할 것을 자신이 직접 고백하는데 근거를 둔다. 예를 들어 영국국교회 기도서를 보면, "당신이 유아로서 세례를 받을 때, 당신의 이름으로 했던 엄숙한 약속과 맹세를, 이제 여기 하나님과 회중 앞에서 당신이 직접 갱신하겠습니까?"라는 목회자의 질문이 있다. 이에 대한 대답은 "예, 그렇습니다"이다. 이는 결혼식 때 하는 대답만큼 의미심장하다. 그렇게 대답하는 소리를 듣고 그의 믿음을 확인한 교회는 그가 서약한 바를 잘 지키고 성령이 그 모든 것을 확증하시기를 목회자와 함께 기도한다.

입교식을 진지하게 받아들이면 그것은 헌신 또는 재헌신의 계기가 되고, 신앙으로 그리스도의 구원사역을 받아들이는 모습을 보여주는 의식이 된다.

• **헌신된 고백자**

디모데전서 6:11-21, 디모데후서 1:8-14

복습과 적용

1. 하나님의 은혜의 선물이 오직 성례를 통해서만 오는 것이 아님을 아는 것은 왜 중요한가?

2. 개인적인 신앙고백은 왜 중요한가?

3. 성례는 왜 믿는 자들만을 위한 것인가?

12

세례와
공동체 생활

그리스도인이란 누구인가? 세례가 우리에게 알려준다. 그리스도인이란 단순히 선행을 하는 자가 아니라 회심하고 살아 계신 그리스도께 헌신한 사람이고, 그리스도의 피를 통해 죄를 씻고 이제는 그리스도의 영이 내주하는 거듭난 사람이다. 교회란 무엇인가? 다시 세례가 우리에게 알려준다. 교회란 단순히 동호회나 이익단체가 아니라 그 주인과 연합하고 그분을 통해 서로 연합된 신자들의 초자연적인 유기체이며, 모두가 그 주인을 머리로 하는 한 '몸'의 '지체들'이다. 몸이 하나이고, 주님도 하나이고, 믿음도 하나인 것처럼, 세례도 하나라고 바울이 말한다(엡 4:4 이하). 믿음으로 주님과 연합했기 때문에 주님 안에서 한 몸이라는 것이 세례가 의미하는 바다.

'교인'이라는 말은 일반적으로 예배 공동체에 영입된 사람을 의미하며, '그리스도인들의 몸'이라는 말은 보통 교파를 지칭할 때 사용된다. 그러나 신약은 교인과 교파 모두 모르고 오직 '그리스도의 지체들', '그 몸의 지체들'만 알고 있다. 우리의 용법이 성경에서 나오긴 했지만 성경의 문법과 의미와 동떨어지고 말았다. 성경에서, 그리스도의 몸은 새롭고 특별한 삶을 다함께 영위하는 평범한 사람들을 가리키는데, 우리가 '몸'이나 '지체'를 언급할 때 이 점을 염두에 두어야 한다. 그것은 부활하신 주님이 그들을 감화시켜 그분의 것으로 삼으시고 지금도 좌우하시기 때문이다.

▌몸의 윤리

'몸 된 생활'은 그리스도께서 그분의 몸의 지체들을 부르셔서 세우라고 하시는 상호관계의 연결망을 일컫는 말이다. 세례는 "하나님의 아들의 신비한 몸, 모든 신자들의 축복받은 공동체"(영국국교회 기도서)에 편입된 표로서 우리를 개인적인 회심뿐 아니라 주님의 가족 안에서 공동체 생활의 윤리를 실천하도록 이끌어준다. 성경은 이 윤리를 존중과 섬김의 견지에서 설명한다.

(1) **존중**: "누구든지 그리스도와 합하기 위하여 세례를 받은 자는 그리스도로 옷 입었느니라 너희는 유대인이나 헬라인이나 종이나 자유인이나 남자나 여자 없이 다 그리스도 예수 안에서 하나이니라"(갈 3:27, 28).

서로를 용납하고 인정하는 데 걸림돌이 되는 인종, 사회, 경제,

문화, 성(性)의 차이는 제거할 수 없다고 해도, 그 차이가 부과하는 제약은 분명히 초월해야 한다. 그리스도의 몸 안에서 모든 사람은 서로를 '지체'(엡 4:25)로 영접하고 귀하게 여겨야 한다. 하나님이 그분의 자녀로 높인 사람들이기에 우리는 그들을 형제로 높여야 한다. 모두가 그리스도의 몸의 지체이므로 우리는 자기 몸을 소중히 하듯 소중히 여겨야 한다(고전 12:25 이하; 엡 5:28 이하). 예수님은 이 낮고 가난한 제자들에 대한 실질적 배려를 중요한 미덕으로 지적하시는데, 그들이 그분의 제자들이기 때문이고 그것이 진정한 기독교의 필수요소이기 때문이다(마 10:42, 25:34-45; 약 1:27).

당신이 교회에서 일어나는 일들을 보면 그렇게 생각하지 않을 수도 있다. 그러나 하나님은 새로운 사회에서의 삶이 사랑, 선의, 열린 마음, 우애로 가득하게 되기를 원하신다. (그런데 우리는 실제로 어떻게 살고 있는가?)

(2) **섬김**: 봉사는 몸으로 실천하는 사랑이다. 바울은 이렇게 말한다. 그리스도의 몸은 "사랑[아가페] 안에서[사랑을 통해, 사랑에 의해] 스스로 세우느니라"(엡 4:16). '아가페'는 달콤한 말이나 상냥한 미소 이상의 것이며, 남에게 해를 입히길 피하고 과분하게 선을 베푸는 것이다. 그러면 교회는 사랑 안에서 어떻게 세워질까? 코이노니아(사귐) 안에서 '각 부분이 제대로 작동함으로써.' 코이노니아란, 공산주의 선언문의 놀라운 문구처럼, "각 사람이 자기 능력에 따

라, 필요에 따라" 주고받는 것을 의미한다. 우리의 재산과 인격은 하나님의 선물로서 쌓아두기 위해 있는 것이 아니라 나누기 위해 있다!

이 나눔이 바로 모든 그리스도인에게 요구되는 디아코니아(섬김, 사역)이다. 바울은 예수께서 "성도를 온전하게 하여 봉사의 일을 하게 하며 그리스도의 몸을 세우려고" 우리에게 복음전도자와 목사를 주신다고 말한다(엡 4:12). 모든 그리스도인이 성령에게서 받는 은사(봉사하는 능력)는 다른 사람의 유익을 위해 기꺼이 사용되어야 한다.

▎사역자로 부름 받다

그리스도의 몸을 세우는 것은 공동의 작업이다. 우리는 상호사역(평신도가 평신도와 목사에게, 그리고 그 반대로)을 통해 다함께 성숙한 그리스도인으로 자라지 않는다면, 우리는 따로따로 분리된 채 정체되고 말 것이다. 따라서 세례가 우리 모두에게 발하는 섬김으로의 부르심을 듣는 것이 대단히 중요하다.

더 읽을 말씀

- **그리스도의 몸 안에서의 섬김**

  에베소서 4:7-16, 고린도전서 12:14-13:13

복습과 적용

1. 그리스도인의 '특별한 삶'의 근원과 형태는 무엇인가?

2. 성경은 그리스도 안에서 인종, 사회, 성의 차별이 없다고 말한다. 그렇다면 우리는 서로에게 어떻게 행동해야 하는가?

3. 우리가 다함께 성숙하지 않으면 따로따로 분리된 채 정체되고 만다고 한다. 당신도 그렇게 생각하는가? 그 이유는 무엇인가?

13

세례가 주는
일곱 가지 의미

그리스도인의 신조가 그의 삶을 빚어내야 한다는 데는 아무도 이의를 제기하지 않는다. 그러나 세례에 대해서는 그렇게 생각하지 않는 것 같다. 세례가 진정 하나님의 구원의 은혜와 그 은혜를 붙잡는 우리의 믿음을 의미한다면, 세례는 삶을 빚어내는 의례가 되어야 한다. 과거의 그리스도인은 이 점을 잘 알았으나 오늘날은 놓치고 있다. 청교도들은 사람들에게 "당신들이 받은 세례를 활용하고 또 향상시켜라"고 가르쳤다. 세례를 그들의 믿음, 소망, 사랑, 기쁨, 순종의 동력을 삼으라는 뜻이다. 우리도 이 교훈을 배워야 한다.

┃ 일곱 가지 의미

신자로서 나는 나의 세례를 일곱 가지 방식으로 봐야 한다.

첫째, 나의 세례는 **복음의 예식**이었다. 세례는 "모든 믿는 자에게 구원을 주시는 하나님의 능력"(롬 1:16)을 상징적으로 보여주었고, 믿음을 통해 내가 그 능력을 경험할 수 있다는 것을 하나님이 보장하셨다. 그때 내가 물 아래로 지나갔던 것이 분명했듯이, 지금 내가 요청하기만 하면 그리스도 안에서 새로운 생명을 얻을 수 있다는 것도 분명하다. 따라서 나의 세례는 죄의식, 의심, 두려움, 비통함, 적개심, 비참함, 나쁜 습관, 도덕적 나약함, 절망적인 외로움(단순한 고립이 아니라 그 고립에 대한 반응) 등 악한 것들로부터 날마다 초자연적으로 나를 해방시켜준다는 확신을 제공한다.

둘째, 나의 세례는 **결혼식**이었다. 나 자신을 나의 주 예수님의 사람으로, 그분의 언약의 상대로 바치는 예식이었다. "좋을 때나 나쁠 때나," 궁극적으로 최상의 것을 위해, 영원히 그렇게 한 것이다. 따라서 나의 세례는 내가 누구의 사람이고, 누구를 섬겨야 하는지, 나를 사랑하고 아끼며 자기가 가진 모든 것을 나와 영원히 나누겠다고 맹세한 그분이 누구인지, 그리고 그 보답으로 나는 어떤 사랑과 충성을 그분에게 바쳐야 하는지 상기시켜준다.

▌죽은 날

셋째, 나의 세례는 **장례식**이었다. 본성이 아담에 속한 나를 완전히 죽이는 예식이었다. "그러므로 우리가 그[그리스도]의 죽으심과 합하여 세례를 받음으로 [즉, 세례에 나타난 하나님의 사역으로] 그와 함께 장사되었나니…우리의 옛사람이 예수와 함께 십자가에 못

박힌 것은 죄의 몸[단지 물리적 유기체가 아니라 그 육체를 자극하는 난잡한 충동]이 죽어[능력을 잃어] 다시는 우리가 죄에게 종노릇 하지 아니하려 함이니"(롬 6:4-6). 따라서 나의 세례는 "육신대로"[자신을 신격화시키는 성향대로] 살지 말고, 항상 "영으로써 몸의 행실을 죽이는" 삶을 살라고 요구한다(롬 8:12-13).

넷째, 나의 세례는 예수님의 부활과 나의 부활을 선포하는 **부활절 축제**였다. 신자로서 그분의 부활 안에서, 그분의 부활과 함께 나의 부활도 선포된 것이다. "너희가 세례로 그리스도와 함께 장사되고 또 죽은 자들 가운데서 그를 일으키신 하나님의 역사를 믿음으로 말미암아 그 안에서 함께 일으키심을 받았느니라"(골 2:12). 나의 육체적 부활은 그리스도의 재림까지 기다려야 하겠지만, 내주하시는 성령을 통해 이미 나는 참으로 부활했다. 한편, 나의 세례는 나를 통해 흐르는 그리스도의 생명을 날마다 드러내기 원하며, 동시에 나의 몸이 장차 새롭고 더 나은 몸이 되리라는 것을 확신시킨다.

▮ 생일

다섯째, 나의 세례는 **생일잔치**였다. 새로운 생일은 그리스도와의 공동 부활이 초래하는 것인즉 그것은 나의 공식적인 "새로운 생일"이었다. 그리스도께 직접 자신을 바쳐 그리스도인으로 새롭게 태어난 날은 보통 세례를 받은 날과 일치하지 않는다. (유아세례자에게는 이것이 불가능하며, 성인세례를 받는 사람이라 할지라도 세례를 받기 전에 이미 새로운 탄생이 일어나기 때문이다.) 하지만 모든 생일이 인생의 선함을 기뻐하는 순간인 것처럼, 세례 역시 나에게 그리스도 안에서 영적으로 살아있음을 기뻐하게 해준다.

여섯째, 나의 세례는 하나님의 가족에 **입양되는 예식**이었다. 즉, 우리 아버지의 영광을 위해 예배하고 증언하고 일하는 가족의 삶에 동참하도록 입양된 자녀들로 이루어진 가정에 내가 입양되는 예식이었다. 따라서 세례는 나에게 세상의 소금인 사람들과 하나라는 의식을, 그들과 동일시되라는 부르심을 제공해야 한다. 이는 하나님의 교회에 속한 사람들, 특히 내가 주일마다 함께 예배드리는 교인들을 말한다.

일곱째, 나의 세례는 전적으로 그리스도와 그분의 목적을 섬기는 삶을 살라는 **임명식**이었다. 18세기의 복음전도자였던 존 베리지는 자신이 직접 쓴 비문에서 자신을 '그리스도의 심부름꾼'이라고 했다. 나 역시 세례를 통해 그리스도의 심부름꾼으로 임명되었다.

그러므로 우리는 이런 결론을 곰곰이 되새겨서 우리가 받은 세례를 활용할 수 있을 것이다!

• 외적 표시와 내적 실재

　로마서 2:17-29

복습과 적용

1. 당신의 세례를 "활용하라"는 청교도들의 말은 무슨 뜻인가?

2. 세례는 어떤 의미에서 '복음의 예식'인가? 세례자는 이 예식에 어떻게 관여하는가?

3. 세례는 어떻게 장례식인 동시에 생일잔치가 될 수 있는가? 이것은 모순인가? 그 이유는 무엇인가?

14

세 번째 생일

나의 세례는 나의 세 번째 생일을 바라보게 한다. 세 번째 생일이
란 무엇인가? 그것은 처음 두 생일이 그랬던 것처럼, 하나님의 달
력에 영원 전부터 기입된 날이다. 그날 나의 심장은 멈출 것이다.
그 일이 언제 어떻게 일어날지 나는 모른다. 경고가 있을지 없을지
모르고, 내가 19세에 가까울지 90세에 가까울지, 집이나 병원이나
야외 등 어디에서 일어날지 모른다. 평안할지 괴로울지, 전도서 12장
에 묘사된 것처럼 노환으로 운명할지, 치명적인 질병 때문일지, 폭
력이나 살인에 희생될지, 이 세상을 끝내는 그리스도의 재림을 통
해 일어날지 나는 모른다. 내가 아는 것이라곤 오직 언젠가 어떤
식으로든 나의 심장이 멎을 것이며, 그날이 나의 진정한 세 번째
생일이 된다는 것이다.

| 다가올 삶

나의 다른 두 생일은 무엇이었는가? 첫 번째 생일은 내가 어머니의 자궁에서 나와 이 세계의 주민으로서 보고 느끼고 먹고 외친 때였다. 두 번째 생일은 그 후 18년이 지나 영적 어둠에서 깨어나 보고 느끼고 먹고 하나님의 구원과 나를 향한 그리스도의 사랑에 대해 외친 때였다. 내가 여기서 말하는 '생일'은 기념일이 아니라 내가 이전에는 상상도 못했던 하나님의 선물을 즐기기 시작할 날을 뜻한다. 내 심장이 멎는 날, 하나님의 선물을 즐기는 날이 곧 다가올 것이다. 내가 이 세상을 떠나는 날이 진정 나의 세 번째 생일이 되는 것도 바로 그런 이유에서다. D L 무디는 이렇게 말했다. "언젠가 사람들이 무디가 죽었다고 당신에게 말할 것이다. 당신은 그 말을 믿지 말라! 그날 나는 보좌 앞에 있을 것이다. 이제까지 살았던 것보다 더욱 생생하게 살아있을 것이다." 그렇다. 나도 그럴 것이다.

한 친구는 이렇게 썼다. "오 하나님, 제가 당신께 내 인생의 주관자, 나의 주님이 되어달라고 청했다는 사실 때문에 저는 너무나 기쁩니다. '죽음', 곧 이 세상의 삶을 '끝낼' 순간을 선택하는 것이 내게 달려 있지 않아서 무척 마음이 놓입니다. 내가 인간애 때문에, 나도 모르는 어리석음 때문에, 그날을 아예 택하지 못할지도 모르기 때문입니다! 죽음은 더 적음이 아니라 더 많음으로, 마이너스가 아니라 플러스로, 감소가 아니라 증가로, 비워짐이 아니라 채워짐으로, 철야가 아니라 생일로 들어가는 문이기 때문입니다!"

옳은 말이다. 사람들은 죽음을, 자신이 사랑하는 빛에서 미워하는 어둠으로 나가는 출구로 생각한다. 믿지 않는 자들에게는 그렇다. 그러나 그리스도인들에게는 죽음이 입구이다. 이곳 미명(未明, 영적으로 이곳의 삶은 미명에 지나지 않는다)으로부터 우리 하나님을 보는 밝은 빛으로 들어가는 입구이다. "그들이 하나님의 보좌 앞에 있고 또 그의 성전에서 밤낮 하나님을 섬기매 보좌에 앉으신 이가 그들 위에 장막을 치시리니 그들이 다시는 주리지도 아니하며 목마르지도 아니하고 해나 아무 뜨거운 기운에 상하지도 아니하리니 이는 보좌 가운데에 계신 어린양이 그들의 목자가 되사 생명수 샘으로 인도하시고 하나님께서 그들의 눈에서 모든 눈물을 씻어주실 것임이라"(계 7:15-17).

바울도 이렇게 말했다. 세상을 "떠나서 그리스도와 함께 있는 것"이 훨씬 더 낫다(빌 1:23). 그리스도인의 죽음은 아무리 빨리 찾아올지라도 비극이 아니라 승진이다. 이를 애도하는 사람들은 그 자신과 유족을 위해 우는 것이다. 존 버니언은 「천로역정」에서 '기독녀'가 죽었을 때를 이렇게 묘사했다. "그녀의 자녀들은 울었다. 그러나 죽음이 무엇인지 아는 신앙심 깊은 두 남자 '고결함' 씨와 '담대함' 씨는 기쁨에 겨워 잘 조율된 심벌즈와 하프를 연주해주었다." 또 조지 맥도널드는 "우리가 하나님이 아시는 듯 죽음에 대해 안다면 박수를 칠 텐데…"라고 말했다.

▌소망의 표징

나는 이 모든 것을 어떻게 확신할 수 있었을까? 첫째, 성경에 근거해서, 둘째, 나의 세례에 근거해서. 유대인은 물에 익숙하지 못했다. 그래서 성경에서 '물'(파도, 깊음, 폭풍우처럼)은 종종 혼돈과 죽음의 상징으로 나타난다. "물이 내 머리 위로 넘치니 내가 스스로 이르기를 이제는 멸절되었다 하도다"(애 3:54).

따라서 세례 때 물 아래를 지나는 것은 회개와 자기부인으로, 도덕적으로는 물론 육체적으로도 예수와 함께 죽는 것을 의미하며, 물에서 나오는 것은 현재의 영적 갱신의 징표일 뿐 아니라 죽은 후 예수와 함께 영원히 산다는 표징이다.

그러므로 세례식은 새 생명의 선물이 사형선고를 무효화할 것이므로, 죽음이 나의 존재나 기쁨을 끝장내지 못할 것이란 하나님의 약속을 연출하는 예식이다. 그리고 하나님의 사역자가 내게 세례를 베풀 때 내가 수동적이었다는 사실은, 나를 본향으로 데려가시는 하나님의 은혜에 나를 맡겨야 한다는 점을 가르쳐준다. 내가 세례를 받을 때 하나님이 내게 주신 약속은 내가 죽을 때까지, 그리고 훗날 주 예수께서 나를 그분에게 데려가시는 날까지 유효하다(요 14:1-3, 17:24). "가장 좋은 것이 아직 남아 있습니다"라는 브라우닝의 글은 옳다. 나의 세 번째 생일은 아직 오지 않았다.

더 읽을 말씀

- **본향으로 돌아감**

  요한복음 14:1-4, 누가복음 23:39-43, 베드로전서 1:1-9, 베드로후서
  1:1-11

복습과 적용

1. 죽음은 철야가 아니라 생일이라는 데 당신은 동의하는가? 무슨 뜻인
   지 설명해보라.
2. 그리스도인과 비그리스도인이 죽음을 바라보는 시각은 어떻게 다른
   가?
3. 우리의 세례는 우리의 죽음에 대해 무엇을 말해주는가?

제3부

주기도문

주님의 기도

그러므로 너희는 이렇게 기도하라

'하늘에 계신 우리 아버지여

이름이 거룩히 여김을 받으시오며

나라가 임하시오며 뜻이 하늘에서 이루어진 것같이

땅에서도 이루어지이다

오늘 우리에게 일용할 양식을 주시옵고

우리가 우리에게 죄 지은 자를 사하여 준 것같이

우리 죄를 사하여 주시옵고

우리를 시험에 들게 하지 마시옵고

다만 악에서 구하시옵소서

[나라와 권세와 영광이 아버지께 영원히 있사옵나이다 아멘]'

—마태복음 6:9-13

들어가는 말

사도신경, 십계명, 주기도문은 그리스도인이 믿고, 행동하고, 하나님과 교제하는 방법을 각각 요약해주는 세 가지 훌륭한 기독교 신조이다. 특히 주기도문은 놀라울 정도로 함축적이라서 수많은 의미가 들어 있다. 그것은 복음의 개요이며(테르툴리아누스), 신학의 몸통이고(토머스 왓슨) 간구와 목적의 지침이라서 모든 인생 과업의 열쇠이다. 그리스도인의 정체성이 지닌 의미를 주기도문보다 더욱 명확히 밝혀주는 것은 없다.

종교개혁 시대의 다른 교리문답서와 마찬가지로 영국국교회 기도서 교리문답도 이 세 가지 요약된 신조를 중심으로 하고 있는데, 주기도문에 대해서는 이렇게 말한다.

문: 이 기도에서 당신이 하나님께 가장 바라는 것은 무엇입니까?

답: 나는 모든 선한 것을 주시는 나의 주 하나님, 하늘에 계신 아버지께서 나와 모든 사람에게 은혜를 주셔서, 우리가 마땅히 하나님을 예배하고, 하나님을 섬기고, 하나님께 순종하게 하시기 원합니다. 그리고 우리 영혼과 육체에 필요한 모든 것을 주시기를, 자비를 베푸셔서 우리 죄를 용서해주시기를, 영혼과 육신의 모든 위험에서 흔쾌히 우리를 구하시고 보호해주시기를, 모든 죄와 악함에서, 그리고 우리 영혼의 원수와 영원한 죽음에서 우리를 지키시기를 하나님께 기도합니다. 그리고 자비하고 선하신 하나님이 우리 주 예수 그리스도를 통하여 이 일들을 행하실 것이라고 나는 믿습니다. 그러므로 나는 '아멘'이라고 말합니다.

지금부터 이 문답의 의미를 자세히 살펴보겠다.

1

너희는
기도할 때에

하나님께 기도하는 일은 오늘날 많은 사람들에게 하나의 문제이다. 어떤 사람들은 왜 기도하는지도 모르면서 기도하는 시늉만 하고, 어떤 사람들은 기도를 묵상이나 초월명상으로 대체했다. 대부분은 기도를 완전히 포기했다. 이런 문제는 왜 생길까? 답은 명확하다. 사람들이 기도를 문제로 느끼는 것은 하나님에 관한 막연한 생각 때문이다. 당신이 하나님은 계시는지, 인격적인 분인지, 선한지, 만물을 주관하는지, 당신과 나처럼 평범한 사람에게도 관심이 있는지에 대해 확신하지 못한다면, 기도는 꽤 무의미하다고 결론을 내린 채 기도하지 않게 될 것이다.

하지만 예수님이 하나님의 형상이라는 것, 바꿔 말해 하나님은 예수와 비슷한 분이라는 것을 당신이 믿는다면, 당신은 그런 의심을 하지 않을 것이다. 아울러 우리가 성부와 성자께 기도로 말씀드리는 것은, 예수께서 하늘에 계신 아버지께 말씀드리는 것이 자연스러웠고 제자들이 지상에서 활동하던 주님께 말씀드리는 것이 자연스러웠던 것처럼, 자연스럽다는 것을 깨닫게 되리라.

❙ 쌍방향 대화

부모나 현명한 친구와의 대화, 즉 충고와 행동으로 우리를 도우려 하고 우리가 사랑하고 존경하는 상대와의 대화는 무의미하지 않고 지루하지도 않다. 우리는 그들을 소중히 여기고 그들에게서 많은 것을 얻기 때문에 기꺼이 시간을 내고 애써 시간을 조정한다. 기도로 하나님과 교제하는 시간도 이런 식으로 생각해야 한다. 감리교의 빌리 브레이가 종종 "그것에 대해 하나님께 말씀드려야만 해"라고 말했던 것은 기도해야겠다는 뜻이었다.

기도하면 정말로 하나님이 우리에게 무언가를 말씀하시는가? 그렇다. 아마 우리가 그분의 목소리는 듣지 못할 것이고 어떤 메시지에 대한 강한 인상도 느끼지 못할 것이다. (그런 일이 일어난다면 우리는 의심하는 게 현명할 것이다.) 그러나 우리가 하나님 보좌 앞에서 우리의 문제를 분석하고 말씀드릴 때, 우리가 원하는 것과 그것을 원하는 이유를 아뢰고 당면문제와 관련된 하나님의 기록된 말씀과 그 원리를 곰곰이 생각할 때, 우리 자신과 우리의 기도에 대한 하나님의 생각, 그리고 우리 자신과 타인에 대한 하나님의 뜻이 마음속에서 확실해지는 것을 깨닫게 된다. "이런 일이 왜 일어납니까?"라고 당신이 물으면 명백한 대답을 얻지 못할 수도 있다. "감추어진 일은 우리 하나님 여호와께 속하였기"(신 29:29) 때문이다. 그러나 "내가 있는 지금 이곳에서 어떻게 하나님을 섬기고 영화롭게 할 수 있을까요?"라고 당신이 물으면 항상 대답해주실 것이다.

▎기도하도록 창조되다

하나님이 우리를 기도하도록 창조하셨다고 말해도 지나치지 않다. 기도는 (가장 쉬운 것은 아니지만) 우리가 취하는 활동 가운데 가장 자연스런 활동이며, 이는 하나님이 우리를 판단하시는 척도이기 때문이다. "홀로 하나님 앞에 무릎 꿇을 때의 모습이 바로 그 사람의 진면목이다"라고 맥체인 목사는 말했다. 예수님의 제자들도 그렇게 느낀 것 같다. "기도를…우리에게도 가르쳐주옵소서"(눅 11:1)라는 중대한 요청을 한 것을 보면 그렇다. (당신은 이런 요청을 한 적이 있는가?) 예수님은 이 요청을 받고 기뻐하셨을 것이다. 그러나 훌륭한 스승답게 자기감정을 드러내지 않고 실질적인 답을 주셨다. "너희는 기도할 때에 이렇게 하라." 이어서 우리가 '주님의 기도'(참고. 눅 11:2-4; 마 6:9-13)라고 부르는 형식의 기도를 제자들에게 가르치셨다.

예수께서 "이렇게 하라"고 말씀하셨을 때, 앵무새처럼 그 기도를 반복해야 한다고 하신 것일까? 아니다. 거기에 담긴 '의미'를 이해해야 한다는 말씀이었다. 주님의 기도는 모든 그리스도인을 위한 기도의 전형이다. 우리의 태도와 생각과 소원이 그 전형에 맞을 때, 즉 예수께서 일러주신 기도의 전형에 부합하는 기도를 드릴 때 하나님께 용납될 수 있다고 가르치고 계신다. 우리의 모든 기도는 그 모양이나 형식에서 주님의 기도에 부합해야 한다는 말이다.

▌기도를 배우다

"경험은 가르치고 배울 수 있는 것이 아니다!" 이 문구는 청소년 채용과 관련한 책자에 나와 있지만, 돈을 버는 기술뿐만 아니라 기도와 관련해서도 깊은 진리를 담고 있다. 기도는 노래와 마찬가지로 책(심지어 이 책마저도)으로 배우는 게 아니다. 실제로 기도함으로써 배우는 것이다. 또 지극히 자연스럽고 자발적인 활동이기 때문에 기도에 관한 책을 읽지 않아도 매우 능숙해질 수 있다. 하지만 발성법을 훈련하면 노래를 더 잘할 수 있는 것처럼, 다른 이들의 경험과 충고에 귀를 기울인다면 더 나은 목적을 위해 기도하는 데 많은 도움을 받을 수 있다. 성경에는 기도의 모델이 가득하다. 시편에는 150편에 달하는 찬양, 탄원, 헌신의 기도 모형이 있고, 성경에는 기도에 대한 많은 가르침과 더불어 더 많은 기도의 본보기들도 기록되어 있다.

우리는 다른 사람의 기도를 앵무새처럼 되풀이하는 것에 만족하면 안 된다. 하나님은 그런 기도에 만족하시지 않는다. (자녀가 다른 사람의 말을 인용하기만 하고, 다른 사람의 정서를 되풀이하지 않고는 대화가 안 된다고 상상해보라. 어느 부모가 좋아하겠는가?)

그러나 다른 피아니스트의 곡 해석은 신진 음악가가 그 곡을 가장 잘 연주하는 법(아마도 그 피아니스트와 똑같지는 않을 것이다)을 찾아내는 데 도움이 되는 것처럼, 다른 사람이 기도하는 방식을 보고, 실제로 그들과 함께 기도함으로써 우리 나름대로 기도하는 법을 찾는데 도움을 얻을 수 있다. 이런 면에서 주기도문은 최고의 지침이다.

빛을 분석할 때 일곱 가지 색깔의 스펙트럼을 언급할 필요가 있듯이, 주님의 기도를 분석하는 데는 일곱 가지 독특한 활동의 스펙트럼을 언급할 필요가 있다. 경배와 신뢰의 자세로 하나님께 다가감, 찬송과 예배로 하나님의 가치를 인정함, 죄를 시인하고 용서를 구함, 충족될 필요가 있는 것을 간구함, 창세기 32장에서 야곱이 씨름했듯이 복을 구하기 위해 하나님을 설득함(하나님은 설득당하길 좋아하신다), 하나님이 설정하신 우리의 상황을 수용함, 좋을 때나 나쁠 때나 신실하게 하나님께 붙어있음. 이 일곱 가지 활동이 성경적인 기도를 이루며, 이것을 모두 구현한 것이 주님의 기도이다.

따라서 주님의 기도는 끊임없이 우리의 기도를 지도하고 자극하는 역할을 해야 한다. 주님의 기도로 기도하는 것은 우리가 하나님의 뜻에 맞게 기도하는 가장 확실한 길이다. 기도가 고갈되고 곤경에 빠질 때, 주님의 기도를 따라가며 그 대목들을 확대하여

기도하는 것은 펌프에 마중물을 붓는 가장 확실한 방법이다. 우리는 결코 이 기도를 뛰어넘을 수 없다. 주님의 기도는 기도에 대한 주님의 첫 교훈일 뿐 아니라 다른 모든 교훈들을 총괄하고 있다. 주님, 우리에게 기도를 가르쳐주옵소서.

• 기도의 자연스러움

  시편 27, 139

복습과 적용

1. 하나님에 대한 우리의 관점은 기도에 대한 관점에 어떤 영향을 미치는가?

2. 기도는 왜 우리가 취하는 활동 가운데 가장 자연스런 활동인가?

3. 어떤 의미에서 모든 기도는 주기도문을 반영하는 거울이어야 하는가?

2

이렇게
기도하라

"그러므로 너희는 이렇게 기도하라." 예수께서 산상수훈에서 이렇게 주님의 기도를 소개하셨다(마 6:9-13). 따라서 이 기도는 구두적 형식으로뿐만 아니라 기도 중의 생각을 위한 모범으로 주어진 것이다. 이 모범에 담긴 것은 무엇인가? 주님의 기도를 조망해보자.

기도의 첫머리에서 하나님을 부르는 말은 의미심장하다. 이 말을 들은 제자들은 하나같이 놀랐을 것이다. 유대교에서는 하나님을 "아버지"로 부르는 일이 없었기 때문이다. 그러나 예수님은 우리에게 하나님을 그렇게 부르라고 하신다. 달리 말하면, 우리는 하나님 가정의 자녀이며 하나님은 아버지의 사랑으로 우리를 보시는 분이므로, 하나님께 다가가고 하나님의 임재를 환영하라고 가르치신다.

"하늘에 계신 우리 아버지여." 우리는 이것을 우리의 아버지가

"하늘에" 계시다는 생각과 연결시켜야 한다. 달리 말해, 그분은 주권을 갖고 자존하시는 하나님, 거기에 계시며 주관하시는 하나님임을 생각해야 한다. 한편에 있는 아버지의 사랑, 다른 편에 있는 초월적인 위대함, 하나님의 두 속성은 이 기도의 나머지 부분이 전제하고 있는 것이다.

이어서 하나님 중심의 세 가지 간구가 나온다. 이 세 간구는 예수께서 "크고 첫째 되는 계명"이라고 부른 것, 즉 "네 마음을 다하고 목숨을 다하고 뜻을 다하여 주 너의 하나님을 사랑하라"(마 22:37-38)는 계명이 요구하는 태도를 표현하고 있다.

첫 번째 간구는 하나님의 이름이 거룩히 여겨져야 한다는 것이다. 성경에서 "이름"은 '인격'을 의미한다. 따라서 하나님의 이름을 거룩히 여긴다는 것은 그분의 모든 계시를 경외하고, 따라서 그분을 예배하고 그분께 순종함으로써 하나님을 거룩한 분으로 인정한다는 의미이다.

두 번째 간구는 하나님의 나라가 도래하게 해달라는 것이다. 하나님의 '나라'는 하나님의 권능이 구원을 통해 공적으로 드러나는 것을 의미하며, 그분의 나라가 임하기를 바라는 기도는 그리스도께서 다시 오셔서 모든 것이 새로워질 때까지 하나님의 주권이 온 세상에 드러나고, 하나님의 구원하시는 은혜가 경험되기를 바라는 간구이다.

세 번째 간구는 하나님의 뜻이 이루어지기를, 즉 하나님의 모든 계명과 목적이 완전히 성취되기를 구한다.

▌ 먼저는 하나님, 그다음 인간

그 다음으로 인간 중심의 세 가지 간구가 나온다. 하나님을 높이라는 요청 뒤에 바로 이런 간구가 나오는 것으로 보아 우리는 다음 사실을 유념해야 한다. 개인적으로 필요한 것들을 구한다면 그것은 아버지의 영광을 위한 것이라야 하며, 하나님의 뜻을 우리 자신의 뜻에 굽히면 안 된다. 양식의 공급, 죄의 용서, 시험과 시험하는 자("악에서 구하시옵소서"에서 '악'은 '그 악한 자', 곧 '사탄'을 의미한다)로부터의 보호를 간구해야 한다. 물질적인 필요, 영적인 갱신과 회복의 필요, 인도와 도움의 필요 등 우리에게 필요한 모든 것이 여기에 포함되어 있다.

'찬미로 끝나는 부분'은 나라(하나님을 보좌에 계신 분으로 찬송하고)와 권세(하나님을 우리가 구하는 모든 것을 할 수 있는 분으로 높이고)와 영광을 하나님께 돌린다. (지금 이곳에서 우리가 하나님을 찬양한다는 것을 선포한다.) 일찍이 사본들은 이 대목이 그리스도의 입술에서 나온 것이 아님을 분명히 하지만 그분께 잘 어울리는 내용임은 부인할 수 없다!

▌ 하나님이 대화를 이끄신다

내가 어떤 도움을 바라면서 부모와 친구에게 내 걱정과 문제를 이야기할 때는, 종종 그들이 주도권을 잡고 대화를 이끌어가도록 해 줘야 할 경우가 있다. 머리가 뒤죽박죽인 상태인 나는 어떻게 할지 모르기 때문이다.

우리는 우리 자신의 문제를 온통 쏟아냈다가 "잠깐만, 이 점을 분명히 하자. 자 이제 내게…에 대해 다시 한 번 말해봐. 그것을 어떻게 느꼈는지 말해봐. 그러면 네 문제는 뭐니?"라는 상대방의 말로 중단된 경험이 있을 것이다. 그들은 이런 식으로 우리의 문제를 정리한다.

주님의 기도는, 하나님이 우리와 그분의 대화를 위해 우리에게 던지는 일련의 질문에 대한 모범 답변을 제공하는 것으로 볼 수 있다.

"너는 나를 누구라고 생각하느냐, 나는 너에게 무엇이냐?"(하늘에 계신 우리 아버지)

"그렇다면 네가 가장 원하는 것이 무엇이냐?"(아버지의 이름이 거룩히 여겨지는 것, 아버지의 나라가 임하는 것, 아버지의 뜻이 알려지고 이루어지는 것)

"그래서 그런 목적을 위한 수단으로 너는 지금 무엇을 구하는 것이냐?"(공급, 용서, 보호)

그러고 나서 '찬미로 끝나는 부분'은 마지막 질문에 답한다.

"이것들을 구하면서 너는 어찌 그리 담대하고 확신이 있느냐?"(아버지, 당신은 이 일들을 하실 수 있으며, 이 일들을 하실 때 당신께 영광이 돌려진다는 것을 우리가 알기 때문입니다!)

영적으로, 이런 질문들은 우리의 생각을 다듬어줄 수 있다.

가끔은 기도하다가 아무도 우리의 기도를 듣지 않는다는 느낌이 들 때가 있고, 우리의 느낌이 진실을 말한다고 생각하고픈 마음도 든다. 이때 하나님은 우리에게 이런 식으로 질문하신다는 것, 우리가 하나님을 누구라고 생각하는지, 하나님께 무엇을 원하는지, 왜 그것을 원하는지 솔직하게 말하기를 원하신다는 것을 깨달으면(이 깨달음은 성령이 주신다), 우리는 마침내 그런 유혹에서 벗어날 수 있다.

그런데 이것은 주님의 기도가 가르쳐주는 바이다. 이렇게 볼 때, 주님의 기도는 숨은그림찾기와 흡사하다. 그림을 처음 보았을 때는 그 숨은 것들을 찾아내지 못하다가 볼 때마다 그 숨은 것이 하나씩 눈에 들어온다. 그리고 그다음부터는 언제 그림을 보아도 그 숨은 것들이 눈에 확 들어온다. 우리에게 숨은 그림은 질문하시는 하나님이다. 그리고 그 질문에 대한 답변은 주님의 기도 한 구절 한 구절에 들어 있다. 이 점을 이해할 때, 당신은 이 모범적인 기도를, 그것을 지으신 분이요 가르치신 분께서 의도한 방식대로 활용할 수 있다.

• **모범적인 기도**

  요한복음 17

복습과 적용

1. 우리가 하나님의 보좌에 접근할 수 있는 근거는 무엇인가? 당신은 그런 근거로 접근한다고 생각하는가? 그렇게 대답할 수 있는 이유는 무엇인가?

2. 주기도문은 온 마음으로 하나님을 사랑하는 것과 어떤 관계가 있는가?

3. 당신은 주로 어떤 기도를 드리는가? 주기도문으로부터 배워서 바꿀 점은 무엇인가?

3

우리 아버지

주님의 기도는 가족 간에 사용하는 말로 이루어져 있다. 예수님은 자신처럼 하나님을 우리 아버지라고 부르라고 가르치신다. 겟세마네 동산에서 드린 기도와 요한복음 17장에 나오는 대제사장의 기도가 좋은 예들이다. 이 기도에는 "아버지"라는 말이 여섯 번이나 나온다. 그러나 여기서 의문이 하나 생긴다. 예수님은 본성상 영원한 하나님의 두 번째 위격인 하나님의 아들이셨다. 그에 반해 우리는 하나님의 피조물이다. 그런데 무슨 권리로 우리가 하나님을 아버지로 부를 수 있는가? 예수께서 이런 식의 호칭을 가르치신 것은 피조물의 지위가 아들을 지위를 포함하고 있다는 뜻일까? 아니면 무엇일까?

▎ 양자가 됨

이 점을 분명히 할 필요가 있다. 앞에서 살펴보았듯이, 예수님의 취지는 모든 사람이 선천적으로 하나님의 자녀라는 것이 아니고, 예수께 헌신한 제자들이 은혜로 하나님의 가족에 편입되었다는 것이다. "영접하는 자 곧 그 이름을 믿는 자들에게는 하나님의 자녀가 되는 권세를 주셨으니"(요 1:12). 바울은 이것이 성육신의 목적이라고 말한다. "하나님이 그 아들을 보내사…우리로 아들의 명분을 얻게 하려 하심이라"(갈 4:4-5). 아버지 하나님께 기도하는 일은 오직 그리스도인들만 할 수 있다.

이제 문제가 풀렸다. 예수님은 제자들에게 그분의 이름으로, 그분을 통해 기도해야 한다고 강조하신다. 즉, 그 자신을 하나님께 접근하는 길로 바라봐야 한다는 것이다. 요한복음 14:6, 13, 15:16, 16:23-26을 보라. 주님의 기도에는 왜 이런 내용이 없는가? 이는 '아버지' 안에 함축되어 있다. 예수님을 유일한 중보자이자 죄를 짊어진 분으로 바라보는 사람만이, 그리고 그분을 통해 하나님께 가는 사람만이 하나님의 자녀로서 하나님께 구할 권리가 있다.

▎ 자녀이자 상속자

우리가 합당한 방식으로 기도하고 또 살려면, 하나님이 은혜로운 '아버지'가 되신다는 말의 의미를 파악해야 한다.

첫째, 우리는 하나님의 양자로서 하나님의 "사랑하는 아들" 못지않게 **사랑을 받는다**(마 3:17, 17:5). 자녀를 입양한 가정에서는 친자녀와 입양된 자녀 중 친자녀를 더 사랑하는 가정이 있지만 하나님의 아버지 되심에는 그런 흠이 없다.

이것은 역사상 최고의 소식이다. 이를 바울은 "다른 어떤 피조물이라도 우리를 우리 주 그리스도 예수 안에 있는 하나님의 사랑에서 끊을 수 없으리라"(롬 8:39)고 표현한다. 하나님은 우리를 결코 잊지 않으실 것이다. 또 우리를 돌보는 일을 그만두지도 않으실 것이다. 우리가 방탕한 행동을 할지라도(안타깝지만 우리는 모두 이렇게 행동할 때가 있다), 하나님은 여전히 인내하시는 우리 아버지가 되신다.

영국국교회 기도서에는 이렇게 나와 있다. "하나님은 언제나 우리가 기도하는 것 이상으로 들을 준비가 되어 있으시다. 우리가 원하는 것이나 마땅히 받을 것보다 더 많이 주시는 데 익숙하시다." 마태복음 7:11에서는 이렇게 말씀한다. "너희가 악한 자라도 좋은 것으로 자식에게 줄 줄 알거든 하물며 하늘에 계신 너희 아버지께서 구하는 자에게 좋은 것으로 주시지 않겠느냐!"(이와 병행 구절인 누가복음 11:13에는 "좋은 것으로" 대신에 "성령을"이라고 씌어 있다. 예수께서 마음에 두었던 좋은 것 가운데 하나가 성령의 사역이었다.) 하나님이 우리에게 아버지의 사랑을 베푸신다는 진리를 알면 기도는 물론 모든 삶에서 무한한 자신감이 생긴다.

둘째, 우리는 하나님의 **상속자**이다. 고대세계에서 입양은 상속인을 확보하기 위한 것이었다. 그리스도인은 그리스도와 함께 하나님의 영광의 상속자가 되었다(롬 8:17). "사랑하는 자들아 우리가 지금은 하나님의 자녀라…그가 나타나시면 우리가 그와 같을 것"이라(요일 3:2). "너희는 그리스도의 것"이기 때문에, 이미 "만물이 다 너희 것임이라"(고전 3:21-23; 롬 8:28-30). 이 말을 이해하면, 어떤 군주나 억만장자보다 우리가 더 부유하며 특권이 많다는 것을 깨닫게 된다.

셋째, 우리 안에는 **하나님의 영**이 계신다. 하나님과 우리의 관계가 변한 만큼(양자관계), 성경이 '중생' 또는 '신생(新生)'이라 부르는 인생의 방향 전환과 욕망의 변화, 인생관과 태도의 변화가 뒤따른다. 예수님의 "이름을 믿는" 자들은 "하나님께로부터 난 자들"(요 1:12 이하), 곧 "성령으로 난 사람들"(3:6, 3-8을 보라)이다. 바울은 말한다. "너희가 아들이므로 하나님이 그 아들의 영을 우리 마음 가운데 보내사 아빠 아버지라 부르게 하셨느니라[새로운 영적 본능의 표출로서 자발적으로 그렇게 부르게 하셨다]"(갈 4:6).

슬프게도 (우리 모두에게 일어나는 일인데) 우리는 "마땅히 기도할 바를 알지 못하여", 기도하려면 머리가 멍해지고, 마음이 둔해지고, 혀가 굳어지는 것처럼 느낀다. 이때 우리에게 올바로 기도하고 싶다는 갈망이 있고 그렇게 기도하지 못해 슬픔을 느낀다면, 성령께서 우리 마음속에서 효과적인 중보기도를 하고 계시다는 사실을 알게 된다(롬 8:26-27). 이 일은 신비한 만큼 확신을 주고 놀라운 만큼 전율을 불러일으킨다.

넷째, 우리는 우리 아버지의 관심사를 위해 일함으로써 그분을 **영화롭게** 한다. "하나님의 이름…나라…뜻"이 우리의 관심사가 되어야 한다. 가정에서의 좋은 자녀처럼 하나님 아버지의 가르침에 순종할 준비를 갖춰야 한다.

다섯째, 우리는 항상 **형제들**을 위한 배려와 기도로 그들을 사랑해야 한다. 주님의 기도는 가족에게 필요한 것들을 간구하라고 가르친다. "우리 아버지여…우리에게 일용할 양식을 주시옵고…우리 죄를 사하여 주시옵고 우리를 시험에 들게 하지 마시옵고 악에서 구하시옵소서." '우리'는 나 자신만을 가리키지 않는다. 하나님의 자녀에게, 기도는 홀로 계신 분께 홀로 도피하는 것이 아니라 가족에 대한 관심이 그 속에 내장되어 있다.

따라서 우리가 하나님께 다가가서 그분을 "아버지"로 부를 때, 우리는 그리스도에 대한 믿음과 하나님에 대한 확신, 성령 안에서의 기쁨, 순종의 결의, 동료 그리스도인들에 대한 관심을 표현하는 것이라야 한다. 오직 그래야만 하나님을 아버지로 가르치신 예수님의 의도에 부응하는 것이다.

| 찬양과 감사

하나님을 아버지라고 부르는 기원이 주님의 기도의 첫머리를 장식하는 것처럼, 우리의 기도에도 새롭게 깨달은 가족관계에 대한 감사가 항상 먼저 나와야 한다. 즉, 하나님이 우리의 아버지가 되시고, 우리는 하나님의 은혜로 그분의 자녀가 된 것에 감사하는 것이다. 올바른 기도는 한참 하나님을 바라보며 감사와 찬양을 드리는 것으로 시작한다. '아버지'란 호칭이 바로 이렇게 하라고 촉구한다. 은혜에 대한 감사, 하나님의 아버지 되심에 대한 찬양, 우리가 양자와 상속자가 된 기쁨이 그리스도인의 기도에서 더욱 커져야 한다. 이것만으로도 좋은 기도가 될 수 있다. 가장 중요한 기도이기 때문이다.

따라서 나는 묻는다. 우리는 항상 '아버지' 하나님께 기도하는가? 그리고 기도할 때마다 그분을 찬양하는가?

- **하나님의 아버지 되심**

  로마서 8:12-25, 마태복음 6:1-16

복습과 적용

1. 우리는 무슨 권리가 있어서 하나님을 아버지로 부를 수 있는가? 왜 그리스도인만이 그렇게 부를 수 있는가?

2. 우리가 기도할 때 하나님의 자녀임을 깨닫는 것은 왜 중요한가?

3. 주기도문은 가족에게 필요한 것을 간구하라고 가르친다. 그 이유는 무엇인가?

4

하늘에 계신

기도의 생명력은 대체로 기도를 유발하시는 하나님을 어떤 분으로 바라보는지에 있다. 하나님에 대한 단조로운 생각은 기도를 지루하게 만든다. (이것이 당신의 문제인가?) 언젠가 「성경에 나오는 위대한 기도」라는 책이 발간되었다. 성경에 나오는 위대한 기도의 특징은 위대한 하나님에 대한 위대한 인식을 표현하는데 있다.

주님의 기도에서 하나님을 "아버지"라고 부르면 그런 인식에 이르게 된다. "우리 아버지"는 그리스도의 사람들을 향한 하나님의 사랑, 즉 완전한 아버지가 보여주실 수 있는 모든 돌봄과 관심의 특성과 깊이를 말해준다. "하늘에 계신"은 우리의 신성한 아버지가 위대하시며, 영원하시고, 무한하시고, 전능하시다는 사실을 가리킨다. 그리하여 하나님의 사랑은 불변하며 한이 없고 그 뜻을 섭렵하기 어렵다는 것, 그리고 우리가 기도로 아뢰는 모든 필요를 다루고

도 남는다는 것을 일깨워준다. 그 바탕에 이런 생각이 깔린 기도
는 지루하지 않을 것이다.

▎ 하늘

하나님은 영(靈)이다. 그러므로 하나님이 계시는 '하늘'은 우리에게
서 멀리 떨어진 어떤 장소를 의미하지 않는다. 그리스의 신들은 땅
에서 멀리 떨어진 바하마군도 같은 천상의 장소에서 대부분의 시
간을 보내는 것으로 생각되었다. 그러나 성경의 하나님은 그렇지
않다.

　물론 세상을 떠난 성도들과 천사들은 하나님의 피조물로서 시
간과 공간의 제약을 받기 때문에 그들이 거주하는 "하늘"은 일종
의 장소로 여겨져야 한다. 그러나 창조주가 "하늘에" 계시다고 말
할 때는 어떤 다른 장소에 계신다기보다는 우리와 다른 차원에 존
재하신다는 뜻이다. 하늘에 계신 하나님이 지상에 있는 자기 자녀
와 항상 가까이 계신다는 것은 성경 전체가 당연시하는 진리이다.

▎ 예배

하나님의 위대함을 알면, 우리는 겸비해지고(왜소해지고!) 감동을
받아 하나님을 예배하게 된다. 우리는 주님의 기도로 단지 간구하
는 것만 배우는 게 아니라 하나님을 있는 그대로 예배하고, 그리하
여 우리 마음속에서 그 이름을 거룩히 여기는 것을 배우게 된다.

영광 중에 있는 천사들과 성도들은 하나님을 아버지로 예배한다 (엡 3:14 이하). 지상에 있는 우리도 역시 그렇게 해야 한다.

우리의 아버지 하나님이 하늘에 계심을 아는 지식, 혹은 (거꾸로) 하늘에 계신 하나님이 우리의 아버지이심을 아는 지식은 우리의 경이감과 기쁨을 키워주고 우리가 그분의 자녀로서 그분과 소통할 수 있는 '핫라인'이 주어진 것, 곧 기도의 특권을 지닌 존재임을 깨닫게 해준다. 기도는 참으로 '핫라인'이다. 그분은 온갖 세계의 주님이면서도 항상 우리에게 시간을 내주신다. 그분의 눈은 매 순간 모든 것을 지켜보면서도 우리가 부르면 언제든지 우리를 주목하신다.

얼마나 놀라운 진리인가! 그런데 우리는 정말로 기도를 잘 이해했는가? 이는 깊이 생각할 만한 주제이다. 기도를 제대로 이해하기 위해 우리의 마음이 걸을 수 있는 길이 두 갈래 있다.

첫 번째 길은, 먼저 "가까이 가지 못할 빛에 거하시고"(딤전 6:16) 멀리 떨어져 계시는, 무한하고 영원한 창조주 하나님의 위대함에 대해 생각하는 것이다. 솔로몬의 질문을 생각해보라. "하나님이 참으로 사람과 함께 땅에 계시리이까? 보소서 하늘과 하늘들의 하늘이라도 주를 용납하지 못하겠거든…"(대하 6:18). 그러나 이어서 하나님이 솔로몬에게 하신 대답에 해당하는 다음 말씀을 생각해보라. "지극히 존귀하며 영원히 거하시며 거룩하다 이름하는 이가 이와 같이 말씀하시되 '내가 높고 거룩한 곳에 있으며 또한 통회하고 마음이 겸손한 자와 함께 있나니 이는 겸손한 자의 영을 소생시키며 통회하는 자의 마음을 소생시키려 함이라"(사 57:15).

그 다음, 이 약속은 하나님이 죄로 죽을 수밖에 없는 우리 죄인들, 통회하고 겸손히 자기 죄의 대가를 인정하며 믿음으로 피난처가 되시는 예수께 피하는 우리 죄인들의 아버지가 되실 때, 가장 깊은 차원에서 성취된다는 것을 자신에게 상기시켜라. 이 두렵고 거룩하고 초월적인 하나님이 사랑으로 자기 몸을 낮추시어 우리를 웅덩이에서 건져내신다. 말하자면, 우리를 양자로 삼으시고, 자기와 무한한 친교를 나눌 수 있도록 자신을 내어주셔서 우리를 영원히 풍성하게 하신다.

두 번째 길은 하나님의 아버지 되심을 생각하고, 이어서 그분은 "하늘에"(우리가 '하늘의' 아버지라고 부르듯) 계심을 상기하는 것이다. 이는 육신의 아버지에게 나타나는 모든 한계와 부족함과 흠이 하나님께는 전혀 없으며, 하나님의 아버지 되심은 모든 관점에서 완전히 이상적이며 완벽하고 영광스럽다는 것을 의미한다. 창조주 하나님보다 자기 자녀의 행복에 더 깊이 헌신한 부모, 더 나은 아버지가 없다는 사실, 또는 자녀의 행복을 증진시키는 면에서 더 지혜롭고 너그러운 아버지가 없다는 사실을 곰곰이 생각해보라.

그분은 나의 아버지이고, 그분은 하늘에 계신 하나님이다. 그분은 하늘에 계신 하나님이고, 그분은 나의 아버지이다! 이것은 믿기 어렵지만 사실이다! 이 진리를 파악하라. 아니, 이 진리가 당신을 붙잡게 하라. 그리고 당신이 느낀 바를 하나님께 아뢰라. 이것이 우리 주님이 유발하고 싶은 예배이다. 우리 주님은 자신의 아버지요 우리의 아버지이신 하나님을 우리가 부르게 하려고 이런 생각을 선사하신 것이다.

더 읽을 말씀

• 초월적인 하나님과의 접촉

이사야 40

복습과 적용

1. 우리가 기도하는 대상인 하나님이 하늘에 계시다는 사실은 왜 중요한가?

2. 하나님은 "우리와 다른 장소에 계시는 것이 아니라 다른 차원에 계신다"는 말은 무슨 뜻인가? 이 말은 하나님에 관해 무엇을 말해주는가?

3. 하나님의 위대하심을 알면 어떤 반응을 보여야 마땅한가?

5

이름이 거룩히 여김을 받으시오며

우리를 그냥 내버려두었다면 우리가 드린 기도는 '우리 자신'으로 시작해서 '우리 자신'으로 끝났을 것이다. 우리의 선천적인 '자기중심성'은 끝이 없기 때문이다. 그런데 소위 그리스도인이란 사람들 사이에서도 이런 종류의 이교도적인 기도가 드려지곤 한다. 영적 절름발이나 다름없는 우리에게 주님의 기도는 목발이자 길이며 걸어 다니는 교훈이다. 첫째 교훈은 하나님이 우리보다 무한히 더 중요한 분임을 파악하는 것이기 때문이다. 따라서 '아버지의'가 처음세 가지 간구의 핵심단어이다. 첫째 간구는 "(아버지의) 이름이 거룩히 여김을 받으시오며"이다. 이는 가장 크고 가장 기본적인 요청이다. 이 점을 이해하고 당신도 이렇게 기도하라. 그러면 당신이 기도와 삶의 비밀을 열어젖힌 셈이다.

▌하나님께 영광을!

"(아버지의) 이름이 거룩히 여김을 받으시오며"라는 기도는 무엇을 요청하는가? 성경에서 하나님의 '이름'은 하나님이 드러내신 자신의 인격을 의미한다. "거룩히 여김을 받다"는 말은 거룩한 존재로 알려지고 인정되고 존중된다는 뜻이다. '거룩함'은 하나님과 우리를 구별짓는 모든 것을 가리키는 성경의 단어로서, 특히 하나님의 놀라운 권능과 고결함을 지칭한다. 따라서 이 간구는 성경의 하나님, 오직 그분에 대한 찬양과 공경이 모든 것의 쟁점이 되어야 한다고 말한다.

"오직 하나님께만 영광"이 존 칼빈과 그의 추종자들을 구별짓는 모토라는 생각은 그들에게 불명예가 아니라 다른 모든 교파들에 대한 간접적인 비판이다. 사실상 정통 기독교 사상을 견지하는 모든 학파는 다소 차이가 있지만 우리 자신을 높이는 것이 아니라 하나님을 찬양하는 것이 인생의 올바른 목적이라고 주장한다. "여호와여 영광을 우리에게 돌리지 마옵소서…주의 이름에만 영광을 돌리소서"(시 115:1).

▌방향 감각

누가 이런 기도를 드릴 수 있을까? 삶 전체를 이런 관점에서 보는 사람만이 가능하다. 그런 사람은 하나님의 창조세계를 경시하고 하나님의 구속에만 집중하는 초(超)영성의 덫에 빠지지 않을 것이다.

이런 사람은 아무리 헌신적이고 선한 의도를 가졌더라도 비현실적이 되어 그 자신의 인간성마저 해치고 만다. 그 대신, 전자는 모든 것이 궁극적으로 창조주의 손에서 유래한다고 보기 때문에 사람이 무엇(신학과 교회와 관련된 것들에 못지않게 아름다움, 섹스, 자연, 자녀, 예술, 공예, 음식, 게임 등)을 만들든지 근본적으로 선하며 매력적이라고 여긴다. 그러면 그는 감사와 기쁨에 넘쳐 다른 사람들 역시 자기처럼 인생의 가치들을 발견하고 그로 인해 하나님을 찬양하도록 도울 것이다. 극도로 따분한 이 시대에 하나님의 이름을 거룩히 여기는 일은 창조의 선함에 감사하는 태도와 함께 시작된다.

그러나 여기에서 그치지 않는다. 하나님의 이름을 거룩히 여기는 일은 하나님의 구속사역의 선하심과 위대하심을 찬양하는 것도 요구한다. 하나님의 구속사역에는 하나님의 지혜, 사랑, 정의, 권능, 신실함이 결부되어 있다. '지혜'로 하나님은 불의한 사람을 의롭게 할 방법을 찾아내셨다. '사랑'으로 하나님은 자기 아들을 내어주셔서 우리를 위해 죽음의 고통을 겪게 하셨고, '공의'로 하나님은 그 아들을 우리의 대속물로 삼으셔서 그분이 우리의 불순종이 초래한 사형선고를 감수하게 하셨다. '권능'으로 하나님은 우리를 그리스도의 부활에 연합시키고 우리 마음을 새롭게 하시며, 우리를 죄의 속박에서 풀어주시고, 우리를 감동시켜서 회개하고 믿게 하신다. '신실함'으로 하나님은 약속하신 대로 우리를 쓰러지지 않게 지키셔서 마침내 최후의 영광에 이르도록 하신다(요 10:28 이하; 고전 1:7 이하; 벧전 1:3-9을 보라).

우리는 우리 자신을 구원하지 못한다! 아버지의 구원의 은혜도, 아들의 구원사역도, 구원에 이르도록 하는 우리의 믿음도 우리에게서 비롯된 것이 아니다. 이 모든 것이 다 하나님의 선물이다. 구원은 처음부터 끝까지 주님께 속해 있다. 하나님의 이름을 거룩히 여기는 일은 이런 사실을 인정하고, 그로 인해 하나님을 찬양하고 경배할 것을 요구한다.

이것이 전부가 아니다. 하나님의 이름이 온전히 거룩해지는 것은 그분이 그의 백성의 궁극적인 유익을 위해 모든 것을 섭리하시고(참고. 롬 8:28), 모든 신자가 하나님의 기록된 말씀이 진리임을 믿기 때문에 그 말씀을 "내 발에 등이요 내 길에 빛이라"(시 119:105)고 고백해서 그분이 경배를 받을 때이다. 시편 기자는 "주께서 주의 말씀을 주의 모든 이름보다 높게 하셨음이라"(시 138:2)고 말한다. 따라서 우리도 그렇게 반응해야 한다. 그러나 아버지가 세상의 통제권을 잃으시기라도 한 듯 자녀가 두려움 가운데 산다면, 또 자녀들이 맏형(그리스도)의 본을 따르지 못하고 성경의 가르침과 약속을 아버지의 가르침으로 받아들이지 못한다면, 하나님의 이름은 결코 존귀하게 여김을 받지 못할 것이다. 불행하게도 오늘날 하나님의 이름은 거룩히 여김을 받지 못하고 있다.

하나님의 이름을 시종일관 거룩히 여기는 일은 감사하는 것이다. 하나님의 이름을 더럽히는 것은 감사하지 않는 태도이다. 바울은 이것을 하나님에게서 떨어져나가는 근본원인이라고 지적한다 (롬 1:20 이하). 우리가 창조주를 공경하고 영화롭게 하는 것은 단지 지식만 쌓는 게 아니라 감사하고, 감사를 순종으로 표현할 때이다. "이름이 거룩히 여김을 받으시오며"라는 기도는 우리 자신과 모든 이성적인 존재가 이런 식으로 하나님께 영광을 돌리고 싶다는 마음을 표현하는 것이다.

성경은 하나님의 이름을 거룩히 여기는 사람을 주님을 '경외하는 자'라고 부른다. 이로써 하나님의 위엄에 대한 경외심과 겸손한 신뢰(그렇다, 불신이나 두려움이 아닌 신뢰)를 나타낸다. 이에 대한 고전적인 본문이 시편 111편이다. "여호와께 감사하리로다…여호와께서 행하시는 일들이 크시오니…그의 행하시는 일이 존귀하고 엄위하며…진실과 정의이며 그의 법도는 다 확실하니…그의 언약을 영원히 세우셨으니 그의 이름이 거룩하고 지존하시도다. 여호와를 경외함[이 시편에 따르면, 하나님의 사역과 말씀을 찬양함]이 지혜의 근본이라."

존경의 옛 표현인 '하나님을 경외함'(이 말을 적용할 대상이 별로 없어서 오늘날에는 거의 사용되지 않는다)이라는 말은 경건함과 더불어 분별력과 성숙한 인간성을 의미했고, 이는 우리의 아버지가 그 둘이 함께하는 것임을 알고 계셨음을 보여준다. 하나님의 이름을 진정으로 존경하면 현실적이고 명민한 지혜를 얻게 된다. 어떤 그리스도인이 어리석고 얄팍해 보인다면 그 사람이 과연 하나님의 이름을 거룩히 여긴다는 말의 뜻을 배웠는지 물어볼 필요가 있다.

▌인간의 최고 목적

웨스트민스터 소요리 문답에서는 "사람의 최고 목적은 하나님을 영화롭게 하고 영원토록 그분을 즐기는 것이다"라고 한다. 여기서 목적이 복수가 아니라 단수임에 주목하라. 두 활동이 하나라는 것이다. 하나님이 하시는 모든 일의 목적, 즉 하나님의 최고 목적도 그분의 영광이다. (이보다 더 높은 목적이 있겠는가?) 하나님이 우리를 그런 목적으로 만드셨기 때문에 우리는 찬양과 순종과 섬김으로써 그분의 이름을 거룩히 여기는 일에서 최고의 성취감과 기쁨을 찾게 된다. 하나님은 잔혹한 분이 아니다. 하나님의 창조 원리는 우리의 의무와 관심과 기쁨이 완벽하게 일치하는 것이다.

오늘날 많은 그리스도인은 하나님의 뜻이 항상 마음에 안 든다는 이교적인 생각(하나님을 모욕하는 생각이다)에 젖어서 그 뜻을 행하는 사람은 순교자나 다름없다고 여기기 때문에 그리스도인의 의무와 기쁨이 함께한다는 진리를 처음에는 미처 깨닫지 못할 것이다. 그러나 이 둘은 정말로 함께한다! 다가올 삶에서는 훨씬 분명히 드러날 것이다. 우리가 '하나님의 이름을 거룩히 여기는 일'을 평생 과업으로 삼는다면 삶은 점차 더 즐거운 여정이 될 것이다. 이것을 당신은 믿을 수 있는가? 백문이 불여일견이다! 시도해보라. 그러면 알게 되리라.

더 읽을 말씀

• 하나님의 이름이 영화롭게 됨

　　시편 148

복습과 적용

1. 우리를 그냥 내버려두면 어떤 기도를 드릴 것 같은가? 그 기도문과 주기도문이 어떻게 다를지 말해보라.

2. 하나님의 이름을 거룩히 여긴다는 것이 어떤 의미인지 당신의 말로 표현해보라.

3. 모든 것이 결국 하나님에게서 나온다는 믿음은 당신의 인생관에 어떤 영향을 미치는가?

6

나라가
임하시오며

하나님이 세계를 다스리는 주권자라는 의미에서 "주님은 왕이다"라는 진리는 성경 전체에 전제되어 있다. 그러나 하나님의 왕권과 하나님의 왕국(나라)은 다르다. 전자가 보통 '섭리'라고 불리는 창조와 관련된 실재라면, 후자는 '은혜'라고 불려야 마땅한 구속과 관련된 실재이다.

이 차이점은 본질적으로 성경적이지만 성경의 어휘는 이를 보여주지 않는다. '나라'(kingdom)는 구약과 신약에서 하나님의 우주적인 주권과 예수 그리스도를 통한 하나님의 각 사람과의 구속적 관계 둘 다를 나타내기 위해 사용되었다. 주님의 기도에 나오는 "나라가 임하시오며"에서 '나라'는 후자의 뜻으로 사용되고, "나라가…아버지께 영원히 있사옵나이다"에 나오는 '나라'는 전자의 의미로 사용되었다.

주권자 하나님은 일부러 자기에게 불순종하는 사람들을 포함한 모든 사람의 삶과 행동을 지배하신다. 끔찍한 경쟁의식에 사로잡혔던 요셉의 형들은 요셉을 노예로 판 뒤에 그가 죽었다고 아버지 야곱에게 말했다. 그러나 하나님의 지배로 말미암아 요셉은 나중에 이렇게 말할 수 있었다. "당신들은 나를 해하려 하였으나 하나님은 그것을 선으로 바꾸사"(창 50:20). 예루살렘의 유대인들은 "법 없는 자들의 손을 빌려[예수님을] 못 박아 죽였으나," 하나님의 지배로 말미암아 예수님은 "하나님께서 정하신 뜻과 미리 아신 대로 내어준 바 되었고," 그 죽음에 의해 세계가 구속되었다(행 2:23).

그러나 이러한 하나님의 다스림은 하나님의 은혜의 통치, 즉 하나님 앞에 참회하며 악으로부터의 구원과 의로운 길로의 인도를 바라는 사람의 마음과 삶에 임하는 은혜로운 통치와는 다르다. 그리고 이런 일은 우리가 예수님을 왕으로 모실 때 일어난다.

▎예수와 하나님의 나라

따라서 하나님의 나라는 어떤 장소가 아니라 오히려 관계이다. 그 나라는 사람들이 예수님을 그들의 삶의 주인으로 모시는 곳이면 어디에나 존재한다. 예수께서 "하나님 나라가 가까웠으니"라고 전파하기 시작하셨을 때, 그 말씀은 오랫동안 이스라엘이 기다려온 하나님의 구원의 기쁨에 지금 당장 들어갈 수 있다는 뜻이었다(막 1:15). 어떻게 거기에 들어갈 수 있을까? 사복음서는 이 질문에 충분한 답변을 주고 있다. 예수님의 제자가 됨으로써, 그분께 온 마음을 바침으로써, 그분이 그들의 삶을 개조하도록 허락함으로써, 그분께 죄 사함을 받음으로써, 우리의 관심을 그분의 관심사에 일치시킴으로써, 그분을 전폭적으로 사랑함으로써, 그분의 요구사항을 최우선으로 삼음으로써. 요컨대, 바울이 말한 "사랑을 통해 일하는 믿음"(갈 5:6)을 나타냄으로써, 즉 베드로의 말을 빌리면 예수 그리스도를 "주님이자 구원자"(벧후 1:11, 2:20, 3:2, 18)로 인정하고 받아들이는 믿음을 드러냄으로써 그 나라에 들어갈 수 있다.

예수님은 니고데모에게 이 믿음을 가리키며(요 3:13-15) 성령에 의한 근본적인 내적 변화를 겪지 않고서는 아무도 그 나라에 들어갈 수 없다고 말씀하셨다. 이런 경험을 '거듭나다'라는 말로 표현하셨다(3-8절). 이 대목은 성령의 도움이 없이는 아무도 하나님 나라에 들어갈 수 없음을 가르쳐준다. 따라서 우리는 그 도움을 요청하지 않을 만큼 교만해도 안 되고, 하나님의 뜻대로 변화되는 일을 거부해서도 안 된다.

하나님의 나라는 예수와 더불어 왔다. 하나님의 아들이 육신을 입고 오셨기 때문에 예수님이 곧 하나님 나라라고 말할 수도 있다. 그리스도인을 다스리는 예수님의 통치는 성경적인 의미에서 볼 때 왕권에 해당하고, 인격적이고 직접적이고 절대적이다. 그분의 요구는 사람의 요구를 압도하는 하나님의 요구이다. 그러나 그분의 통치는 폭정이 아니다. 왕이신 예수님은 자기 백성을 보호하고 부요하게 하기 위해 모든 것을 섭리하시는 종이요, 목자요, 옹호자이기 때문이다. "내 멍에는 쉽고 내 짐은 가벼움이라"(마 11:30).

또 예수님은 왕족 가운데 그들의 맏형이다. 그렇지만 그분은 지상에서 "상관을 모시는 사람"(마 8:9)으로 사셨다. 그분은 자신이 요구받은 것 이상을 우리에게 요구하지 않으신다. 그분의 통치는 독재가 아니라 목자의 돌봄의 성격을 지니고 있다. "나는 선한 목자라 내가 내 양을 알고 양도 나를 안다"(요 10:14).

'위대한 다윗의 더 위대한 아들'이 그 제자들에게 베푸신 가장 우선적이고 근본적인 섬김은 하나님의 약속에 따라 그들을 죄와 사망에서 구원하는 일이다. 따라서 하나님 나라는 죄로 인해 우리가 입은 해악을 치료하는 은혜의 영역이다. 은혜의 복음이야말로 하나님의 나라가 무엇인지 판명해준다.

▎현재와 미래

어떤 의미에서 하나님 나라는 지금 여기에 있으며, 그리스도인은 그 나라 안에 있다. 그러나 하나님의 은혜가 완전히 드러나는 것이 하나님 나라의 의미라면, 그 나라는 아직 도래하지 않았고 그리스도의 재림을 기다린다. "나라가 임하시오며"란 바로 그 재림의 날을 기대하는 것이다. 그러나 하나님 나라의 의미는 여기에 한정되지 않는다. 교회를 갱신하고, 죄인을 회심시키며, 악을 막고, 이 세상에 선을 불어넣는 하나님의 은혜로운 주권이 새롭게 드러나기 원하는 모든 요구가 "나라가 임하시오며"라는 간구에서 나올 수 있다. 주님의 기도에서 총체적인 간구가 무엇이냐고 묻는다면 바로 "나라가 임하시오며"라고 답할 수 있다. (그리고 왜 다른 사람을 위해 간청해야 하느냐고 물으면, 주께서 "나라가 임하시오며"라는 기도를 가르쳐주셨기 때문이라고 답할 수 있다.)

▍개인적인 도전

"나라가 임하시오며"라고 기도하는 것은 부담스러운 일이다. 왜냐하면 "나와 함께 시작하소서. 나를 충실히 순종하는 당신의 백성으로 만들어주소서. 나에게 '하나님의 나라를 위한 일꾼들'(골 4:11) 가운데 나의 자리를 보여주소서. 내가 그 기도에 응답하는 수단이 되게 하시고 하나님 나라를 확장하기 위해 나를 사용하소서"라고 덧붙일 준비가 되어 있어야 하기 때문이다. 진실하게 이 기도를 드린다는 것은 자기를 부인하고 자기 십자가를 지며, 또 복음을 위해 자기 인생을 포기하라고 요구하시는 구주께 자신을 전적으로 맡기는 것이다. 우리는 정말로 이것을 추구하는가? 이런 도전에 직면한 적이 있는가? 각 사람은 자신을 돌아보아야 한다. 그럴 때에만 주님의 기도로 기도하자.

더 읽을 말씀

- 하나님의 나라(=하늘)

  마태복음 13:1-52

복습과 적용

1. "하나님 나라는 장소가 아니라 관계이다"라는 말에 당신도 동의하는
   가? 그 이유는 무엇인가?

2. 예수님은 폭군이 아니라 왕이셨다(그리고 왕이시다)라고 말할 수 이유
   는 무엇인가?

3. "나라가 임하시오며"라는 기도가 오늘날에는 어떤 의미를 지니는가?

7

뜻이
이루어지이다

주님의 기도에 나오는 모든 단어는 우리가 마땅히 어떤 삶을 살아야 할지에 대한 주님의 시각을 반영하고 있다. 그 마땅한 삶이란 하늘에 계신 우리 아버지의 사랑에 한결같이, 전폭적으로 반응하는 삶을 말한다. 그래서 우리는 날마다 매 순간 하나님의 영광을 구하고, 그분의 돌보심을 신뢰하고, 그분의 말씀에 순종해야 한다. 그러므로 주님의 기도를 이해하고 성실히 기도하려면, 우리는 이런 주님의 시각을 우리의 것으로 삼아야 한다. 그리하여 내가 "이름이 거룩히 여김을 받으시오며, 나라가 임하시오며"라고 기도할 때, 마음속으로는 "내 안에서, 나를 통해"라는 말을 덧붙여야 하고, 가능하면 하나님의 기도응답의 수단이 되기 위해 자신을 하나님께 새롭게 드려야 한다. 그리고 "뜻이 이루어지이다"라는 기도는 하나님의 다른 백성과 더불어 자신도 순종을 배우겠다는 의미여야 한다.

기도의 목적이 이보다 더 쉽고 명백하게 드러나는 곳은 없다. 즉, 하나님이 나의 뜻을 이루어주시는 것이 아니라(이는 마법을 행하는 것이다) 내 뜻을 하나님의 뜻에 맞추는 것이다(이것이 바로 참된 신앙을 실천하는 길이다).

❙ 내 뜻이 아니라

이렇게 이해하면 아버지의 "뜻이 이루어지는" 일에도 기도가 필요하다. 우리의 일상생활을 진지하게 들여다보라. 그러면 우리가 하고 싶은 일이나 이루어지길 바라는 일이 하나님의 뜻이 아니라 우리의 뜻임을 알게 된다. 따라서 나를 부인하지 않고는 진심으로 하나님의 뜻이 이루어지기를 바랄 수 없다. 그리고 사탄이 "임금"(요 14:30) 노릇을 하는 이 타락한 세상에서 일상적으로 마주치는 모든 반대에도 불구하고, 언제나 하나님께 충실하기로 헌신하지 않고서는 이렇게 기도할 수 없다.

루터는 이 기도를 다음과 같이 설명했다. "오 아버지여, 마귀의 뜻이 아니라 당신의 뜻을, 당신의 거룩한 말씀을 던져버리거나 당신의 나라가 도래하는 것을 방해하는 사람의 뜻이 아닌 당신의 뜻을 이루소서. 그렇게 되기 위해 우리가 견뎌야 할 모든 것을 인내하고 극복하게 하셔서 우리의 연약한 육체가 나약함이나 게으름에 굴복하거나 무너지지 않게 하소서." 천사들 가운데 하나님의 뜻이 이루어지듯, 땅에서 영위되는 우리의 삶에서도 하나님의 뜻이 이루어지려면 우리는 상당한 싸움을 치르지 않으면 안 된다.

예수께서 겟세마네에서 이 기도를 드릴 때 그것이 무슨 뜻이었는지 보라(마 26:42). 성육하신 주님은 압도적인 공포에 사로잡혀 있었는데, 그것은 육체적 고통이나 외적인 수치를 예상하고 느낀 공포였을 뿐 아니라 (강인한 사람은 바른 목적을 위해서라면 법석을 떨지 않고도 이런 고통을 견딜 수 있다) 스스로 죄가 되어 십자가에서 하나님께 버림받을 것을 예상한 데서 오는 공포였다. 이것이 바로 루터가 "이 사람만큼 죽음을 두려워한 사람은 없었다"라고 말한 이유이다. 주님의 전 존재가 공포로 위축되었다. 그런데도 그분의 기도는 여전히 "나의 원대로 마시옵고 아버지의 원대로 하옵소서"였다 (마 26:39). 그렇게 기도하기 위해 주님께서 어떤 대가를 치르셨는지 우리는 모른다. 우리 역시 하나님의 뜻을 수용하기 위해 무슨 대가를 치러야 할지 알 수 없다.

▎ 하나님의 뜻을 수용함

주님의 기도에 나오는 "(아버지의) 뜻이 이루어지이다"와 겟세마네 기도에 나오는 "(아버지의) 원대로 하옵소서"에 해당하는 헬라어는 "일어나다"란 뜻으로 어떤 사건에 대한 하나님의 목적과 자기 백성에게 주신 하나님의 명령을 모두 가리킨다. 전자와 관련해서, "(아버지의) 뜻이 이루어지이다"는 하나님이 무엇을 보내시든 않든 그것을 불평하지 않고 수용하는 온유한 정신을 표현한다. 후자와 관련해서는, 우리가 해야 할 모든 것을 가르쳐달라고, 그리고 그 과업을 기꺼이 수용할 수 있게 해달라고 하나님께 요청하는 것이다.

▎하나님의 뜻을 찾음

하지만 하나님이 우리에게 원하시는 것을 우리가 어떻게 알 수 있을까? 하나님의 말씀과 우리의 양심에 주의를 기울임으로써, 우리의 상황 인식과 옳은 것에 대한 통찰력을 점검하기 위해 충고를 받아들임으로써 알 수 있다. 하나님의 뜻과 관련된 문제는 대체로 다른 그리스도인들의 반응을 살펴보면 명확해진다. 물론 자신의 내적 상태도 중요하다. "사람이 하나님의 뜻을 행하려 하면," 예수와 예수님의 가르침이 하나님께로부터 왔다는 것을 깨닫게 될 뿐 아니라(요 7:17), 자기가 바른 길에서 벗어났는지도 알게 된다. "너희가 오른쪽으로 치우치든지 왼쪽으로 치우치든지 네 뒤에서 말소리가 네 귀에 들려 이르기를 '이것이 바른 길이니 너희는 이리로 가라' 할 것이며"(사 30:21). 당신이 하나님께 마음을 열어놓으면 그분이 당신을 인도하실 것이다. 이것은 약속이다!

하나님의 뜻이 명확하지 않을 때는 가능하면 기다려라. 반드시 행동해야 한다면, 당신이 생각하기에 최선의 결정을 내려라. 당신이 옳은 길로 가지 않는다면 하나님이 그 사실을 곧 일러주실 것이다.

▌하나님과 맺은 언약

이 점을 명확히 전달하기 위해 감리교의 탁월한 '언약예배'에서 발췌한 것으로 마무리할까 한다. 하나님은 새 언약으로 "예수 그리스도 안에서 선포하신 모든 것"을 우리에게 약속하셨으며, 우리는 "더 이상 이기적인 삶을 살지 않겠다"라고 서약했음을 상기시킨 후, 인도자는 다음과 같이 기도한다.

"오 주 하나님, 그리스도를 통해 우리를 불러 이 은혜로운 언약의 당사자가 되게 하신 거룩한 아버지, 우리는 즐거이 순종의 멍에를 메며, 당신을 사랑하여 당신의 완전한 뜻을 알고 행할 것을 약속합니다."

이 기도가 끝나면 예배에 참석한 모든 이들이 존 웨슬리가 이런 목적으로 1775년에 리처드 얼레인이라는 청교도의 글에서 발췌한 글을 읽는다.

"나는 더 이상 나의 것이 아니며 당신의 것입니다. 나를 당신이 원하시는 곳에 두시며 당신이 원하시는 사람들과 있게 하소서. 나로 일하게 하시고 고통 받게 하소서. 나로 당신을 위해 취직하게, 당신을 위해 실직하게 하소서. 당신을 위해 높아지고 당신을 위해 낮아지게 하소서. 나로 배부르게 하시고 나로 굶주리게 하소서. 나로 모든 것을 소유하게 하시고, 아무것도 소유하지 않게 하소서. 나는 모든 것을 당신의 기뻐하심과 처분에 기꺼이 맡깁니다."

"오, 영화롭고 거룩한 하나님, 성부, 성자, 성령이시여, 이제 당신은 나의 하나님이시며, 나는 당신의 것입니다. 참으로 그러합니다. 내가 땅에서 맺은 언약을 하늘에서 비준해주시기를 원합니다. 아멘."

더 읽을 말씀

• **하나님의 뜻**

사도행전 20:16-21:14

복습과 적용

1. 기도의 참된 목적은 무엇인가? 그것이 당신이 기도하는 이유인가?

2. 기도는 우리 자신을 부인하는 것과 어떤 관계가 있는가?

3. 우리 삶을 향한 하나님의 뜻을 발견하는 것과 관련된 문제들은 무엇
   인가? 그 문제들을 어떻게 다루어야 하는가?

8

하늘에서 이루어진 것과 같이 땅에서도

주님의 기도에는 세 가지 교리의 진술이 결합되어 있다. 처음 두 가지는 하나님을 부르는 말에 나타난다. 하나님은 그리스도인들의 아버지이며 하늘에 계신다는 것이다. 세 번째 진술은 처음 세 가지 간구를 마무리하는 것으로서 하나님의 뜻이 하늘에서 이루어진다는 것이다. 첫 번째 진술은 십자가를 통해 우리를 구속하시고 우리를 하나님의 가족으로 영입하신 하나님의 선하심을 선포한다. 두 번째와 세 번째 진술은 자기 뜻을 성취하시는 하나님의 위대하심과 권능을 선포한다. 이 세 가지 진리는 모두 그리스도인의 소망을 강조한다. 하나님은 우리의 아버지로서 영원히 우리를 사랑하고 이롭게 하시겠다고 서약하셨다.

┃ 하늘

하늘에서 다스리시는 창조주로서, 즉 이 땅의 시간과 공간에 구애받지 않으시는 분으로서 하나님은 자기 의도를 완전히 성취하신다고 우리가 믿을 수 있다. 당신과 나는 아무리 간단한 일이라도 실패할 수 있지만, 하나님은 아무리 어려운 일이라도 행하기로 결정한 모든 일을 성취하실 수 있다. 이것이 하나님의 영광이다.

> 하나님의 자비하심으로 시작하신 일을
> 하나님의 강한 팔로 완수하신다.
> 하나님의 약속은 '예'요, '아멘'이며
> 이행되지 않은 적이 한 번도 없다.
> 장래 일이나 현재 일이나
> 위의 것이나 아래 것이나
> 그분의 목적을 저버리게 할 수 없고
> 내 영혼을 그분의 사랑에서 끊을 수 없다.

그러나 예수님이 하나님의 뜻이 "하늘에서 이루어진 것같이"라고 말씀하실 때, 그분은 우리 아버지의 초월성을 생각하기보다 우리 같은 영리한 피조물들의 공동체가 하나님께 더 가까이 살고(우리가 이 세상에서 하나님을 즐거워할 수 있는 것보다 그들이 하늘에서 하나님을 더욱더 즐거워할 수 있다는 의미에서), 황홀하게 전심으로 하나님을 섬기는 모습을 염두에 두신다. 이것이 그리스도인들이 죽을 때 '가는' 하늘, 가장 일반적인 의미의 '하늘'이며, 이생은 내세를 위한 준비와 훈련의 기간이라 할 수 있다.

이런 의미의 하늘은 현재의 삶보다 무한히 더 중요하다. 현세의 삶은 일시적인데 비해 하늘의 삶이 영원하기 때문일 뿐 아니라 현세에서 누리는 어떤 관계도 장차 누리게 될 관계처럼 완벽하고 즐거울 수 없기 때문이다. 현대 심리학자들의 통찰력에 못지않게 성 삼위가 궁극적 실재라는 사실로부터도 우리는 '관계'─단순한 의식과 구별되는 진정한 삶─가 삶의 모든 것임을 배운다. 그리고 성부와 성자와 성도들의 관계가 하늘의 모든 것이다. 신약에서 하늘을 도시로(계 21장), 혼인잔치로(마 8:11; 눅 22:29 이하; 계 19:9), 예배하는 회중으로(히 12:22-24; 참조. 계 7:9-17) 표현한 것은 우연이 아니다. 이런 그림들은 하늘이 다함께 하는 경험, 즉 하나님과 함께하든, 동료 신자들과 함께하든, 지금까지 알았던 그 어떤 경험보다 더 가깝고 더 기쁜 경험일 것임을 알려준다.

C. S. 루이스는 「천국과 지옥의 이혼」(홍성사)이라는 책에서, 지옥을 사람들이 가능한 한 서로 멀리 떨어지려고 흩어지는 나라로 상상한다! (사르트르는 「출구는 없다」에서 지옥을 끔찍하게 행동하는 사람들로부터 아무리 멀어지려고 해도 멀어질 수 없는 곳으로 묘사했다.) 그러나 하늘에서는 성도들이 성부와 성자와, 그리고 서로서로 기꺼이 가까워질 것이다. 그리고 그 친밀함은 기쁨을 안겨 주리라.

성경은 하늘의 삶이 지상의 삶보다 모든 점에서 더 좋고 더 영화롭다고 강조한다. 그러나 우리가 어떤 면에서 그러한지 물으면 성경은 우리에게 이렇게 대답한다. "기다렸다가 보라(참조. 롬 8:24). 그것은 현재 경험을 훨씬 뛰어넘기 때문에 상상조차 할 수 없다."

하늘은 시간과 공간에 매이지 않으며, 우리가 육체적 본성에 묶여있는 이 세상에 있지 않고, 이 세상에 의해 한정될 수도 없다. 우리가 확신하는 바는, 하늘에 거주하는 자들('하나님을 섬기는 영들'인 천사들과 '완전하게 된 의로운 인간의 영들')에게 하늘은 하나님 및 하나님께 속한 이들이 누리는 완벽한 사귐과 완전한 만족이 있는 상태라는 것이다. 이것이 성경이 황금도성과 큰 잔치로 묘사해서 전하려고 했던 진리이다.

그러나 완전한 사귐을 위해서는 하나님께서 무한정 베푸셔야 할 뿐만 아니라 천사와 인간 등 그분의 종들도 주저 없이 반응해야 한다. 즉, 그들 안에서, 그들을 통해 하나님의 뜻이 완전히 이루어진다는 뜻이다. 그러므로 하나님의 뜻이 실행되는 것이 하늘의 정의(定義)의 일부이고, 그것은 하나님이 그 뜻을 실행할 능력을 지닌 자들에게 주시는 하늘의 영광이다.

❙ 찬양

왜 예수님은 "뜻이 하늘에서 이루어진 것같이"에 이어서 "땅에서도 이루어지이다"라고 기도하셨을까? 두 가지 이유가 있다.

첫째, 예수님은 이 지점에서 소망을 불러일으키길 원하신다. 땅의 혼돈은 그 간구를 비웃는다. 그러나 예수님은 하나님이 이미 하늘에서 자기 뜻을 완전히 이루셨음을 우리에게 상기시킴으로써 우리가 땅에서도 위대한 일을 보길 바라는 소망을 불러일으키신다. "여호와께 능하지 못한 일이 있겠느냐?"(창 18:14).

이것이 전부가 아니다. 예수님의 두 번째 목적은 찬양을 일깨우는 것이다. 간구가 고갈되면 찬양이 힘을 북돋운다. 예수님은 힘겨운 두 가지 간구("나라가 임하시오며"와 "[뜻이] 땅에서도 이루어지이다") 사이에 잠깐 쉬면서 찬양을 드린다. "아버지, 하늘에서 당신의 뜻이 이미 이루어졌습니다! 할렐루야!" 이것은 중간 휴식 때의 영적인 원기회복과 같아서 중보의 싸움을 위한 힘을 다시 얻는 순간이다. 여기에서 예수님은 찬양이 기도할 힘을 주고 기도를 갱신시킨다는 값진 교훈을 주신다. 그분의 말씀대로 하라!

- **땅과 하늘**

히브리서 12

1. 하나님이 시간과 공간에 제약을 받지 않는다는 사실은 왜 중요한가?

2. 하나님과의 완벽한 교제에 필요한 요소들은 무엇인가?

3. "간구가 고갈되면 찬양이 힘을 북돋운다"는 말의 뜻은 무엇인가?

주님의 기도는 하나님의 이름, 나라, 뜻에 초점을 맞춘 뒤에 우리의 양식에 주의를 돌린다. 이것은 일종의 후퇴인가? 전혀 그렇지 않다. 오히려 진정한 전진이다. 그 이유는 이렇다.

첫째, 하나님께 처음 세 가지 간구를 드리는 사람들은 전적으로 하나님을 위해 살기로 헌신한다. 그에 따른 논리적이며 자연스런 요청은 이런 삶을 사는 데 필요한 양식을 달라는 것이다. 존슨 박사는 위장에 많은 신경을 쓴다는 비판을 받자 위장의 요구를 무시하는 사람은 곧 다른 아무것에도 관심이 없는 상태에 빠지고 만다고 대답했다. 기독교 현실주의? 그렇다. 바로 그것이다.

둘째, 사실 우리는 한순간도 우리의 아버지-창조주에게 의존하지 않을 때가 없다. 그분은 우리를 비롯한 우주의 모든 것을 존재하게 하시며, 자연의 일정한 작용으로 심고 거두는 일이 가능하도록 하시며, 우리가 상점에서 필요한 식량을 구할 수 있게 하신다 (참조. 창 8:22). 우리가 기도할 때 이런 우리의 의존성을 규칙적으로 시인하는 것은 옳은 일이다. 특히 자연이 자율적으로 움직인다고 생각해서 하나님의 실재를 인식하지 못하는 우리 시대에는 더욱 그렇다.

어떤 사람들은 물질적 필요에 대한 간구를 저급한 기도로 여긴다. 마치 하나님이 삶의 신체적 측면에는 관심이 없기 때문에 우리도 그래야 하는 것처럼 말이다. 그러나 그런 과도한 영성은 실제로 비(非)영적인 자기도취일 뿐이다. 바울은 골로새서 2:23에서 인위적인 금욕주의는 육신(죄악된 본성)의 탐닉을 중단시키지 못한다고 경고한다. 하나님을 인간의 모든 필요를 공급하시는 유일하고 전능한 원천으로 믿고 그분께 간구하는 것이 옳다. 우리의 자기 충족성을 부인하는 것이 우리를 겸손하게 하는 것처럼, 우리의 생존이 하나님께 달려 있음을 인정하는 것은 하나님을 영화롭게 한다. 일용할 양식을 구하는 기도가 죄 사함을 위한 기도만큼 필요하며 중요하다는 것을 이해할 수 없다면, 우리의 마음과 정신은 올바른 상태가 아니다.

셋째, 예수께서 4천 명과 5천 명을 먹이신 일이 보여주듯이, 하나님은 자신을 섬기는 자들에게 필요한 양식에 정말 관심이 많으시다. 하나님은 영적인 필요만큼 신체적인 필요에도 관심을 기울이신다. 하나님은 인간의 모든 필요에 관심이 많다는 말이다.

┃ 몸

이 간구는 우리 몸을 어떻게 대해야 할지 보여준다. 그리스도인은 현대의 이교도들처럼 건강과 미(美) 자체를 목적으로 삼아 몸을 신성시하거나 고대의 일부 이교도들처럼 아예 몸을 멸시하고 꾀죄죄한 것을 미덕으로 삼으면 안 된다. 우리는 자신의 몸을 하나님의 선한 창조의 일부로 받아들이고, 그 몸의 청지기와 관리인으로 행동하며 감사하는 태도로 몸을 즐겨야 한다. 이로써 우리는 몸의 창조주를 영화롭게 한다. 몸을 즐기는 것은 결코 비(非)영적인 것이 아니라 구원처럼 주님이 주신 값없는 선물이다.

성경은 침울한 금욕주의에 반대한다. 성경의 입장은 건강, 식욕, 민첩성, 결혼 등을 모두 받은 것으로 여기며 즐길 뿐 아니라, 더 나아가 그것들을 기뻐해야 한다는 것이다. 그런 기쁨은 우리의 의무이자 하나님을 섬기는 방법의 하나이다. 그런 기쁨이 없으면 우리는 좋은 선물에 감사하지 않는 존재가 되기 때문이다. C. S. 루이스의 「스크루테이프의 편지」(홍성사)에서 스크루테이프(마귀)가 (역겨워하며) "그는 내심 쾌락주의자야"라고 말하는데, 이는 그 사람이 즐거움을 소중히 여기고 또 즐거움을 베푸는 것이 그의 즐거움이란 뜻이다. 어떤 랍비들은 "심판석에서 하나님은 우리에게 주신 즐거움 중에 우리가 무시한 것에 대해 책임을 물으실 것"이라고 가르친다. 우리는 하나님의 영광을 위해 우리 자신—그렇다, 신체적으로도—을 즐기는 법을 알고 있는가?

▌물질적 필요

우리는 **우리**의 일용할 양식을 위해 기도해야 한다는 점에 주목하라. 여기에는 자신을 위해 기도하는 일은 물론 다른 그리스도인을 위해 간구하는 일도 포함된다. 여기서 '양식'은 모든 생필품과 그 공급 수단을 가리키므로 모든 식품을 망라한다. 그래서 이것은 농부를 위한 기도이고, 기근을 반대하는 기도이다. 또한 옷과 피신처, 육신의 건강을 구하는 기도이자 사회 복지와 의료 혜택을 간구하는 기도가 된다. 아울러 돈과 돈을 벌 힘을 달라는 기도이자, 가난과 실직을 모면하려는 간청이며, 이 양자를 초래하거나 방관하는 국가 정책에 반대하는 탄원이 된다. 루터는 통치자들이 국민의 복지를 최우선으로 생각하기 위해 문장(紋章)에 사자가 아니라 빵을 새겨 넣기를 바랐다. 또 루터는 국가의 통치자를 위한 기도를 넣기에 가장 적절한 곳이 바로 이 대목이라고 주장한 바 있다.

▌일용할

J. B. 필립스는 이 구절을 "이날 우리에게 필요한 양식을 주옵소서"(Give us this day the bread we need)로 번역했다. 이스라엘 민족이 그날 필요한 만나를 그날 거두라는 말씀을 들었듯이, 지금 우리도 그날 필요한 양식을 구하라는 말씀을 듣는다. 그리스도인의 삶은 하루하루 계속해서 하나님께 의존하는 삶이다. 또한 우리는 우리에게 필요한 양식, 즉 없어도 살 수 있는 사치품이 아닌 생활필수

품을 구해야 한다. 탐욕은 정당화될 수 없다! 따라서 우리는 우리가 구했지만 실제로는 전혀 필요 없기 때문에 하나님이 섭리로 주지 않으신 것을 그분의 응답으로 받아들여야 한다.

이제 당신의 믿음을 시험할 때가 되었다. 그리스도인인 당신은 오늘의 양식을 위해 기도했다. 당신이 받은 것이 많든 적든 그것을 (마태복음 6:33의 약속에 따른) 하나님의 응답으로 믿겠는가? 그리고 당신은 자족하며 감사하겠는가? 이제 당신이 대답할 차례다.

• **하나님이 공급하신다**

시편 104, 마태복음 6:19-34

복습과 적용

1. 하나님은 영적인 필요만큼 물질적인 필요에 대해서도 관심이 있다는 말에 동의하는가? 그 이유는 무엇인가?

2. 선한 청지기로서 우리는 우리의 몸에 대해 어떤 태도를 취해야 하는가?

3. 그리스도인은 그날 필요한 것을 그날 구하며 살아가게끔 되어 있다. 왜 그런가? 어떤 의미에서 그런가?

10

우리 죄를
사하여 주소서

그리스도인은 죄 사함을 받으면서 살아간다. 이것이 믿음에 의한 칭의의 핵심이다. 하나님의 아들이 우리 죄의 형벌을 짊어져서 우리가 해방되지 않았다면, 우리는 하나님과 관련된 어떤 삶이나 소망도 없었을 것이다. 그래도 그리스도인들은 여전히 부족하고 날마다 용서가 필요하다. 그러므로 예수님은 두 번째 단락에서 물질의 공급과 영적인 보호에 대한 간구 사이에 죄 사함에 대한 간구를 포함시켰다. 그러나 예수님이 기도할 때는 자신의 죄 사함을 구하는 내용이 전혀 없다. 예수님은 그 자신에게 죄가 없음을 아셨기 때문이다(참조. 요 8:46). 여기에 나오는 용서를 위한 기도는 우리를 위한 것이다.

▎빚

그리스도인은 자신의 죄를 어떻게 봐야 하는가? 성경은 죄를 율법 위반, 탈선, 결점, 반역, 오염, 목표달성의 실패 등으로 묘사하는데, 이것은 모두 하나님과 관련되어 있다. 그러나 주님의 기도가 죄를 바라보는 특별한 시각이 있다. 죄를 '갚지 않은 빚'으로 보는 것이다. 한 영어 성경(RSV)은 마태복음 6:12를 "우리가 우리에게 빚진 자를 용서한 것 같이, 우리의 빚을 용서해 주시옵고"로 번역한다 (누가복음 11:4과 마태복음 18:23 이하의 두 빚진 자의 비유도 참조하라). 반면에 누가복음 11:4를 반영하여 빚 대신에 '무단침입'(trespasses)으로 번역하는 교파들은 불행하게도 이 점을 놓치고 있다. 예수님은 우리에게 하나님께 완전히 충성할 의무가 있다고 생각한다. 즉, 예수처럼 날마다 하루 종일 하나님과 사람들을 열렬히 사랑할 의무가 있는데, 우리의 죄는 이 의무를 다하지 못하는 것이다.

영국국교회 기도서는 작위(commission)의 죄에 앞서 부작위 (omission)의 죄를 고백하고 있다("우리는 마땅히 해야 할 것들을 하지 않고 내버려 두었습니다"). 그리스도인은 자신을 점검할 때 제일 먼저 자신이 하지 않은 죄를 살펴보아야 한다. 그러면 가장 슬픈 죄가 선을 행하지 않은 채 내버려둔 것임을 알게 된다. 대주교 어셔는 죽어가면서 "주님, 무엇보다도 저의 부작위의 죄를 용서해주소서" 라고 기도했다. 그는 영적 실재에 대한 참다운 인식을 보여주었다.

죄를 범하는 자녀들

여기에서 의문이 하나 생긴다. 그리스도의 죽음이 과거, 현재, 미래의 모든 죄를 대속했다면, 그리고 믿는 자들을 의롭다고("예수 때문에 나는 너를 의로운 자로 받아들인다") 하신 하나님의 평결이 영원히 유효하다면, 도대체 왜 그리스도인은 날마다 하나님께 죄를 고백해야 하는가? 답변은 심판자 하나님과 아버지 하나님을 구별하고, 의롭다고 인정된 죄인과 양자(養子)를 구별하는 데 있다. 주기도문은 입양된 하나님의 자녀들이 아버지 하나님께 드리는 가족의 기도이다. 물론 그 자녀들이 날마다 저지르는 잘못이 그들의 칭의를 뒤집어버리지는 못하지만 그들이 아버지께 "죄송합니다"라고 말씀드리며 실망시킨 것을 간과해달라고 빌지 않는다면 아버지와 자녀 사이가 원만할 수 없을 것이다. 그리스도인이 매번 돌아온 탕자로 하나님 앞에 나오지 않는다면, 그 기도는 예수님의 비유에 나오는 바리새인의 기도처럼 진실하지 못한 기도일 것이다.

견딜 수 없는 것

여기에서 한 가지 교훈을 얻을 수 있다. 그리스도인은 기꺼이 스스로를 점검하고, 다른 사람들도 그 자신의 잘못을 날마다 간파하게 할 필요가 있다. 청교도들은 양심을 '찢는' 설교자들을 높이 평가했다. 특히 오늘날에는 그런 설교가 더 많이 필요하다. 자기 점검의 훈련이 우리의 자존심에 거슬리더라도 꼭 필요한 것은 우리

부모는 자녀의 잘못을 종종 눈감아주지만 하늘에 계신 거룩한 우리 아버지는 그렇게 하지 않을 것이기 때문이다. 따라서 우리가 저지른 잘못이 무엇이든지 참회하고 용서를 구하려면 하나님이 우리 죄에 대해 아시듯이 우리도 알 필요가 있다.

그리스도인의 결함이 하나님께 매우 거슬리는 이유는 그들이 죄악을 피할 수 있는 가장 분명한 이유(그리스도 안에 있는 하나님의 사랑)와 가장 많은 자원(내주하시는 성령)을 가지고 있기 때문이다. 그리스도 안에서 자신의 죄를 용서받았기 때문에 굳이 하나님의 법을 지킬 필요가 없다고 생각하는 사람들은 심각하게 오해하는 것이다(로마서 6을 보라). 한 남자에게 이웃집 여자가 바람피우는 것보다 자기 아내가 바람피우는 것이 훨씬 화나는 일인 것처럼, 하나님도 자기 백성이 신실하지 않을 때 가장 노여워하신다(호세아서의 예언을 보라. 특히 1-3장). "하나님의 뜻은 이것이니 너희의 거룩함이라"(살전 4:3).

1662년 영국국교회 기도서의 성찬식사(辭)는 그리스도인들에게 자기 죄의 '짐'(죄의식)을 "견딜 수 없는 것"이라고 부르도록 가르친다. 이 말은 하나님 가족의 죄가 하나님께 견딜 수 없는 슬픔을 안겨준다는 뜻이다. 우리는 이 점에 얼마나 민감한가? 그리고 하나님의 자녀로서 가능한 한 죄를 짓지 말아야 한다는 것을 얼마나 유념하고 있는가? 참된 그리스도인은 자기 성찰을 통해 자기 죄를 찾아내어 그것에 직면할 뿐 아니라 "영으로써 몸의 행실(죄에 물든

옛 자아의 습관)을 죽이기 위해" 평생 애쓸 것이다(롬 8:13).

▍용서하는 자만 용서받는다

하나님의 용서를 바라는 사람이라면 예수께서 말씀하셨듯이, 자기에게 빚진 자들을 용서했다고 하나님께 말할 수 있어야 한다. 이것은 우리의 공로로 죄 사함을 얻는 문제가 아니라 회개에 의해 죄 사함의 자격을 갖추는 문제이다. 회개―마음의 변화―는 자비와 관용 중심의 새로운 삶의 방식을 가능케 한다. 하나님의 용서에 의지해 살아가는 사람은 그 용서를 본받아야 한다. 하나님이 자기 잘못을 추궁하지 않길 바라는 사람은 다른 사람이 자기에게 지은 잘못을 추궁할 권리를 포기한다. 여기서는 대접을 받고자 하는 대로 남을 대접하라는 말씀이 그 원칙이다. 용서하지 않는 그리스도인은 스스로 위선자임을 시인하는 사람이다. 죄 사함은 공로와 상관없이 오직 그리스도를 믿는 믿음에 의해 얻는 것이지만, 회개는 믿음의 열매이다. 회개가 수반되지 않는 믿음의 고백은 엉터리이다. 예수님은 마태복음 6:14 이하와 18:35에서 용서하는 사람만 용서받을 것이라고 역설하셨다.

그렇다면 다시 의문이 생긴다. 내가 주님의 기도로 기도할 수 있을까? 당신은 어떤가? 우리는 다음의 시를 우리 자신의 기도로 삼는 것이 좋겠다.

"우리가 우리에게 죄 지은 자를 사하여준 것같이 우리 죄를 사하
 여 주옵소서."

주님, 당신은 우리에게 이렇게 기도하라고 가르치셨습니다.
기도하는 대로 살 수 있도록,
우리에게 은혜를 주실 분은 당신뿐입니다.

다른 이의 잘못을 되새기고,
옛 원한을 떨쳐버리지 못한 채,
용서하지 못하는 사람이
어떻게 당신의 용서와 복을 받을 수 있겠습니까?

강렬한 불빛으로 당신의 십자가는 드러냅니다.
우리가 희미하게 알았던 진리를,
사람들이 우리에게 진 빚이 얼마나 작은지를,
우리가 당신에게 진 빚이 얼마나 큰지를.

주님, 우리 영혼 깊숙한 곳에 있는 것들을 씻어주소서.
분노를 멈추라고 명하소서.
그러면 하나님과 사람과 화해한
우리의 삶이 당신의 평안을 널리 전할 것입니다.

더 읽을 말씀

• **죄 사함을 구함**

시편 51

• **죄 사함을 받을 자격**

마태복음 18:23-35

복습과 적용

1. 주기도문은 죄를 어떻게 정의하는가? 이런 죄는 우리의 일상생활에서 어떻게 나타나는가?

2. 우리는 그리스도인이 된 뒤에도 왜 날마다 죄를 고백해야 하는가?

3. 타인을 용서하지 않는 그리스도인은 위선자로 불리는 것이 마땅하다. 왜 그런가?

양식과 죄 사함을 위한 기도를 드린 후에 보호를 요청하는 부르짖음이 나온다. 이는 우리에게 세 번째로 필요한 것이다. 이 문장은 양분되어 있다. "우리를 시험에 들게 하지 마시옵고, 다만 악(죄나 곤경, 또는 둘 다, 또는 죄짓게 하려고 곤경을 꾸미는 '그 악한 존재')에서 구하시옵소서."

그러나 이 둘은 모두 한 가지 생각을 나타낸다. 즉, "삶은 영적 지뢰밭이며, 그 위험 한가운데 있는 우리는 감히 자신을 신뢰하지 않사오니, 아버지여, 우리를 안전하게 지키소서"라는 기도이다. 여기에서 주님의 기도는 시편 전체에 흐르는 인생관과 연결된다. 이 기도를 관통하는 현실주의, 자기 불신, 하나님을 겸손히 의지함은 우리 모두 배울 필요가 있는 것들이다.

┃ 시험

"시험에 들게 하지 마시옵고"라는 어구가 가정하듯, 하나님이 그리스도인을 시험에 들게 할 수 있다는 생각은 많은 사람에게 당혹감과 충격을 주었다. 그러나 여기에서 시험의 뜻을 바로 이해한다면 사정은 달라진다. 이 단어는 당신이 잘못된 길로 빠지지 않고 바른길을 따라 얼마나 잘 갈 수 있는지 드러내는 '시험', 곧 '테스트'를 의미한다. 각 상황에서 자동차를 잘 조작할 수 있는지 측정하기 위해 고안한 운전면허 시험이 바로 이런 의미의 시험이다. 모든 교육이나 훈련 프로그램은 진보를 측정하기 위한 정기적인 시험을 반드시 포함한다. 그런 시험을 치르고 통과하는 경험은 훈련생에게 큰 격려가 될 수 있다.

그리스도인의 영적 교육과 성장을 위한 하나님의 프로그램에도 이 점이 적용된다. 하나님은 우리 속에 무엇이 있는지, 또 얼마나 많이 진전되었는지 입증하기 위해 규칙적으로 우리를 시험하신다. 이 시험의 목적은 우리를 강건하게 하고 전진하도록 돕는 것인만큼 건설적이다. 하나님은 아브라함에게 이삭을 희생 제물로 바치라고 말씀함으로써 그를 시험하셨다. 그리고 아브라함이 하나님의 말씀을 "준행"하였으므로(창 22:18), 그 시험 이후 하나님은 그에게 큰 복을 약속하셨다.

시험은 소풍이 아니다

그런데 시험이 유익하다면, 우리는 왜 시험을 면하게 해달라고 간구해야 하는가? 다음 세 가지 이유 때문이다.

첫째, 하나님이 우리를 이롭게 하기 위해 시험하실 때마다 '유혹하는 자' 사탄은 그 상황을 이용하여 우리를 파멸시키려고 한다. "근신하라 깨어라 너희 대적 마귀가 우는 사자같이 두루 다니며 삼킬 자를 찾나니"(벧전 5:8). 예수님은 자신의 광야 경험에서 사탄이 얼마나 비열하고 교활한지 아셨고, 그래서 아무도 그를 과소평가하거나 그와의 만남을 구하지 않기를 바라셨다. (현대의 강신술사들은 이 점을 명심하는 게 좋겠다.)

둘째, 시험을 받을 때 느끼는 압박감이 어마어마하기 때문에 정신이 온전한 그리스도인도 암에 걸린다는 생각을 하면 마음이 위축되듯이 위축될 수밖에 없다. 이 두 가지 이유 때문에 예수님은 겟세마네 동산에서 "이 잔을 내게서 지나가게 하옵소서"라는 말로 기도를 시작했다가 "나의 원대로 마시옵고 아버지의 원대로 하옵소서"라고 기도를 마치셨다(참조. 마 26:39). 시험은 한가로운 소풍이 아니다!

셋째, 우리는 우리의 약점과 어리석음에 대해 잘 안다. 우리가 영적인 문제에 전반적으로 취약하고, 사탄은 우리의 강점과 약점을 이용해서 정면 공격과 매복과 침투 등 복합적인 전술을 쓰는 걸 알기 때문에 우리가 한 가지 위험을 피하다가 다른 위험에 희생되는 수가 많다. 그러므로 우리는 우리 자신을 불신하고 겸손히 이렇게 부르짖을 수밖에 없다. "주님, 할 수만 있으면 제발 시험에 들게 하지 마소서! 나 자신을 상하게 할 위험을 감수하기 싫고 넘어져서 당신의 명예를 실추시키고 싶지 않습니다!" 시험이 우리의 몫일지 몰라도 바보가 아닌 다음에야 시험을 좋아할 사람은 없다. 바울이 영적으로 무모한 이들에게 한 훈계에 귀를 기울이도록 하라. "그런즉 선 줄로 생각하는 자는 넘어질까 조심하라"(고전 10:12).

▎깨어 기도하라

예수께서 겟세마네에서 잠들어 있는 제자들에게 이렇게 말씀하셨다. "시험에 들지 않게[굴복하지 않게] 깨어 기도하라 마음에는 원이로되[하나님의 뜻을 행하기 원하되] 육신[인간 본성]이 약하도다"(마 26:41).

예수께서 이렇게 말씀하시게 된 것은 다음 두 가지 때문이었다. 먼저 그 자신의 육신이 갈보리를 예상하고 뒷걸음질치는 바람에 그 자신과 싸운 것이고, 다른 하나는 피곤하더라도 깨어서 그 자신과 함께 기도하며 도우라고 당부한 제자들이 어느새 잠이 든 것이었다. 우리는 "시험에 들게 하지 마시옵고"라는 간구가 우리도 모르는 채 시험을 당하지 않도록 "깨어 기도할" 준비를 하겠다는 뜻임을 알아야 한다.

'깨어'는 적의 공격을 조기에 발견하려는 경계병을 연상시킨다.

우리는 어떤 상황과 사람들과 영향이 우리를 시험에 노출되게 하는지 주목하고 어디서든 그런 것을 피함으로써 깨어 있을 수 있다. 루터가 말한 것처럼 당신은 새가 머리 위로 날아가는 것을 막을 수는 없지만, 새가 당신의 머리에 둥지를 트는 것은 막을 수 있다. 당신이 약한 불장난이 무엇인지 알아내라. 그리고 그 불장난을 하지 말라!

"기도하라"는 것은 예수께서 방금 하신 것과 같은 기도를 하라는 말이다. 이는 우리를 빗나가게 하는 내적 갈등과 유혹에도 불구하고 자기가 아는 바 옳은 것을 행할 힘을 구하는 기도이다.

이와 관련된 올바른 마음 상태에 대해 찰스 웨슬리처럼 잘 표현한 사람은 없다. 그는 "예수, 나의 힘, 나의 소망, 당신께 내 걱정을 맡깁니다"로 시작하는 찬송가를 썼다.

나는 경건한 두려움과

빨리 식별하는 눈을 원하네.

죄가 가까이 있을 때 당신을 바라보는 눈,

유혹하는 자가 날아오는 모습을 보는 눈을.

여전히 준비를 갖추고

방심하지 않는 영,

늘 경계를 유지하고

깨어서 기도하는 영을 원하네.

결론은 이렇다. 우리는 그리스도인으로서 성장해야 하기 때문에(참조. 약 1:2-12) 모든 시험을 면할 수는 없다(참조. 고전 10:13). 그러나 시험에 들지 않기를 구하고, 상황을 악용하여 우리를 타락시키려는 사탄의 시도에 대항해서 깨어 기도한다면, 우리는 예전보다 덜 시험을 받을 것이고(참조. 계 3:10), 시험이 닥쳐도 잘 대처할 수 있게 될 것이다(고전 10:13).

그러므로 시험에 대비하지 않을 만큼 비현실적이 되지 말고, 일부러 시험을 불러올 만큼 무모하지도 말라. 다만 시험이 오더라도 악에서 구출하시고 "넘어지지 않게 지켜주시는"(유 1:24, 새번역) 하나님의 능력을 의심하지 말라. 시험을 의식하지 않을 때는 "시험에 들게 하지 마소서"라고 기도하라. 또 시험을 의식할 때는 "악에서 구하소서"라고 기도하라. 그러면 당신이 살리라.

더 읽을 말씀

- **하와의 시험**

  창세기 3:1-7

- **아브라함의 시험**

  창세기 22:1-19

- **예수님의 시험**

  누가복음 4:1-15

복습과 적용

1. 여기에 사용된 '시험'(temptation)이란 무엇인가?

2. 하나님이 우리를 테스트하시는 목적은 무엇인가? 그런 테스트에 당신은 어떻게 반응하는가?

3. 왜 우리는 시험에 들지 않게 해달라고 기도해야 하는가?

12

우리를
구하소서

우리가 주님의 기도로부터 배우는 인생관은 세 가지 차원을 갖고
있다. 그것은 헌신하는 삶, 의지하는 삶, 위험한 삶이다. "악에서 우
리를 구하시옵소서"는 위험에 직면하여 보호를 구하는 기도이다.
이 위험은 그리스도를 믿는 자들을 끊임없이 위협하는 것으로 신
약 전체에 나타난다.

┃ 위험

우리가 안락한 삶을 살 때는 스스로 위험에 처했다고 생각하지 않
는다. 그러나 우리는 위험에 처해 있으므로 마땅히 이렇게 생각해
야 한다. 영국국교회 기도서는 우리에게 다시 한 번 통찰력을 제공
해준다. 연도(Litany, 목회자가 읊은 기도를 신도들도 따라 읊는 형식의
기도 ─옮긴이)에는 "악에서 우리를 구하시옵소서"라는 기도를 다

섯 가지 간구로 확대했는데, 거기에 명시된 악 가운데는 환경적 어려움과 나란히 이런 것들이 나온다.

"(1) 죄로부터, 마귀의 술책과 공격으로부터… (2) 마음의 무분별로부터, 자만, 허영, 위선으로부터, 질투, 증오, 악의, 무자비함으로부터… (3) 음란을 비롯한 모든 치명적인 죄로부터, 세상, 육신, 마귀의 모든 기만으로부터… (4) 갑작스러운(뜻밖의, 준비되지 않은) 죽음으로부터… (5) 완고함, 그리고 하나님의 말씀과 계명을 경멸하는 죄로부터, 우리를 구하소서. 선하신 주여."

이제 우리는 우리의 심각한 죄가 무엇인지, 그리고 그 죄가 어디에서 비롯되는지 안다. 우리는 불리한 환경에서 구출될 필요가 있을 뿐 아니라 불리한 환경과 유리한 환경 모두를 공격의 발판으로 삼는 우리 내면의 영적인 악에서 구출될 필요도 있다. 우리 마음속의 죄는 하나님의 뜻 이외의 온갖 것에 끌리는 성향과 하나님보다 다른 것이나 다른 사람을 더 사랑하는 성향 때문에 위험의 근원이다. 우리는 언제 어디서나 내주하는 죄 때문에 그릇된 길로 나갈 위험이 있다.

기만

다시금 연도에서 인용한 내용을 보라. 그 인용문에 열거된 모든 악은 타락한 인간의 마음에서 자발적으로 나오는 것이다. 사탄은 그 악들을 어떤 순서로 공연할지 결정하는 지휘자라고 볼 수 있다. 그는 그 악들을 우리의 시스템에 주입시킬 필요가 없다. 우리 안에 이미 있기 때문이다. 그리고 죄는 대부분 기만에 의해 작동한다. "마음의 무분별, 기만, 완고함"은 죄의 방법을 가리키는 핵심단어들이다. "자만…위선…무자비함"은 죄의 현현을 가리키는 핵심단어들이다. 그러나 자만과 무자비함은 하나님, 하나님의 진리, 하나님의 교회를 향한 열성인 척할 것이며, 다른 도덕적·영적인 악들은 우리가 다른 곳으로 주의를 돌리는 동안 몰래 침투한다. 청교도들은 이것을 가리켜 '자기기만의 신비'라고 불렀고, 히브리서는 "죄의 속임수"(히 3:13, 공동번역)라고 부른다.

현명한 사람은 위험에 직면했을 때 침착하고 방심하지 않은 채 조심스럽게 한 걸음씩 나아가면서 난관을 발견하는 즉시 "도움"을 요청한다. 현명한 그리스도인 역시 죄의 유혹에 빠지지 않기 위해 깨어서 기도할 터이고(마 26:41을 보라) 자주 악에서 구해달라고 외칠 것이다. 그러면 그 사람은 도움을 받아 안전할 것이다.

Ⅰ 구출

"이것이 당신의 인생이다"라는 TV 프로그램은 출연자 개인의 역사를 그의 업적과 친구들의 견지에서, 외부로부터 조명했다. 그러나 어떤 사람이 당신에게 "당신의 인생은 무엇입니까"라고 묻는다면, 당신은 내부로부터 말하면서 더 깊이 들어갈 것이다. 당신은 목적을 지닌 피조물이다. 따라서 당신은 당신의 목표와 도전, 갈등,

좌절, 그리고 진도의 견지에서 자신의 인생을 묘사할 것이다.

세속적이고 사람중심적인 방식은 업적의 유무, 성공과 실패를 평가하는 것이다. 유명한 인물의 회고록과 전기는 이런 식으로 그들의 경력을 회고한다. 그러나 성경의 저자들, 성경의 인물들, 성경적인 그리스도인들은 다르게 평가한다.

먼저 그들은 자신의 인생을 하나님 중심으로 본다. 하나님의 행동이 그의 인생을 빚어내는 결정적인 요인이 되었고, 또 하나님을 그의 업적을 평가할 수 있는 유일한 분으로 본다. 그들은 하나님의 행동을 두 가지 중요한 개념에 비춰 인식한다.

첫째, **자비**이다. 인생은 그들에게 찬송가의 가사처럼 처음부터 끝까지 자비로 채색된 듯이 보인다.

둘째, **구출**이다. 그들은 하나님을 섬기는 일과 하나님과의 교제를 방해하는 모든 문제와 어려움으로부터 거듭 구출을 받았다고 생각한다. 바울은 이렇게 말했다. 하나님은 "이같이 큰 사망에서 우리를 건지셨고 또 건지실 것이며 이후도 건지시기를 그에게 바라노라"(고후 1:10). 이러한 바울의 정서는 성경 전체에 나타나는 인생관의 전형이다. 이에 따르면, 자비를 바라는 소망과 악―내면의 죄와 외부의 폭풍―으로부터의 구출은 우리 신앙에 필수 요소이다. 잠깐이라도 짬을 내어 성경에서 "구출하다"와 "구출"이 어떻게 쓰였는지 성구사전을 찾아보라. 그러면 당신은 이 점을 확신할 수 있을 것이다.

당신은 이제 당신의 삶이 온갖 악에게 위협을 받아 위험에 처했다는 사실을 보고, 따라서 매 순간 하나님의 구출이 필요하다는 것을 인식할 수 있는가? 만약 그렇지 않다면, 당신은 아직 당신이 쳐다보는 것을 볼 수 없는 상태이다. 당신은 차들이 오가는 도로 한복판에서 눈가리개를 하고 헤매는 사람과 다를 바 없다. 당신의 삶에서 실제로 일어나는 일이 무엇인지 주님의 기도로부터 배우라. 점점 더 위험을 분별할 수 있게 되면, 우리를 구하시는 위대한 분을 더욱더 의지하라. "그가 나를 사랑한즉 내가 그를 건지리라 그가 내 이름을 안즉 내가 그를 높이리라"(시 91:14). 이것은 하나님이 각 성도에게 하신 약속이다. 이 약속을 당신의 것으로 주장하라. 당신을 위한 약속이기 때문이다.

• **구출의 노래**

사무엘하 22(=시편 18)

복습과 적용

1. 우리는 영적인 보호를 위한 기도를 규칙적으로 드려야 한다. 이 사실은 우리의 삶에 대해 무엇을 말해주는가?

2. "불리한 환경과 유리한 환경 모두를 공격의 발판으로 삼는 우리 내면의 영적인 악"이란 어구는 무슨 뜻인가?

3. '자기기만의 신비'라는 청교도들의 말은 무슨 뜻인가?

13

악에서

첫째, 악은 실제로 존재한다. 따라서 우리는 그런 것이 없는 척하면 안 된다. 힌두교 신비주의자들처럼 크리스천 사이언스들도 악을 환영(幻影)으로 생각하고 싶어 한다. 어떤 이들은 악을 만들어지고 있는 선, 또는 오해된 선이라고 생각한다. 그러나 성경에서 악은 선과 마찬가지로 실제로 존재하며, 그 둘의 차이는 궁극적이다.

둘째, 악은 비합리적이고 무의미한 실재이고, 이치에 맞지 않고, 선이 왜곡된 것으로 정의될 수밖에 없다.

셋째, 하나님이 악을 다루신다. 갈보리 희생의 대가로 하나님은 악에서 선을 끌어내는 책임을 다하셨다. 하나님은 이미 악을 이기셨고, 결국 악을 제거하실 것이다. 그리스도인이 악에 대해 생각한다고 해서 염세주의자인 것은 아니다. 언젠가 선을 파괴하는 이미친 실재가 파멸되리라는 것을 알기 때문이다. 그리스도는 십자가에서 우주적인 악을 정복하심으로써 이를 보증하셨다(참조. 골 2:15). 그리고 다시 오실 때 마침내 그 악을 근절하실 것이다.

재림의 날에, 그리스도인은 그의 안팎에서 악에 휘말린 것이 그에게 더 큰 유익으로, 하나님께 더 큰 영광으로 드러나게 되길 기대한다. 그때가 되면 이 세상에 악을 그토록 오래 허용하셨던 하나님의 선하심과 지혜가 증명될 것이다.

▌두 종류의 악

악은 선(바르고, 가치 있고, 유쾌한 삶을 성취하는 것)을 파괴하거나 황폐시키거나 배제시키는 효과를 지닌 나쁨을 의미한다. 악은 두 가지 형태를 취한다.

첫째, 우리 바깥의 악이다. 즉, 환경의 나쁨, "난관, 슬픔, 궁핍, 질병, 그 밖의 여러 역경" 등이다. 환경은 우리가 취하는 방식에 의해 선으로 바꿀 수 없을 만큼의 고통과 좌절을 안겨준다면 악이 된다. 사실, 환경은 종종 그 정도로 나쁘지는 않다. 베토벤은 청각 상실의 좌절과 외로움의 고통을 영웅적인 음악으로 바꿀 수 있었다. 수많은 병약자들이 만성적인 질병에도 불구하고 품위와 마음의 평정을 이룰 수 있었다. 시편 기자는 말했다. "고난당한 것이 내게 유익이라 이로 말미암아 내가 주의 율례들을 배우게 되었나이다"(시 119:71). 그러나 때때로 일어나듯이, 크나큰 고통 때문에 비명만 지르다가 탈진하여 기절한다면, 그것은 분명히 악이다.

둘째, 우리의 내면에 악이 있다. 타락의 나쁨이다. 이것은 나쁜 사람들과 타락한 천사들의 악이다. 한 관점에서 보면 선의 결여이고, 다른 관점에서 보면 선이 잘못된 것이다. 이는 마귀 안에, 아담 안에, 당신과 내 안에도 있다. 선이 타락한 이유와 방식은 성경이 설명하지 않는 것이고 우리도 이해할 수 없는 것이지만, 분명히 발생한 사건이다. 우리는 첫 번째 종류의 악에 대해서는 수동적이며 그 악 때문에 고통을 겪는 데 비해, 두 번째 종류의 악에 대해서는 능동적이며 그 악을 행하고 있다. 바울도 "원하지 아니하는 바 악은 행하는도다"(롬 7:19)라고 말한다. 정직한 사람이라면 모두 이 말에 "맞다. 나도 그렇다"라고 반응할 것이다.

┃ 구출하는 하나님

그리스도인들은 자기 안팎의 악을 경시해서도, 마음대로 행해서도 안 된다. 그들은 "악에게 지지 말고 선으로 악을 이기기 위해"(롬 12:21) 부름을 받았기 때문이다. 이는 악이 그리스도인을 이길 수 없다는 것을 전제로 한다. 여기서 주님의 기도가 다시 들어온다.

예수님은 우리에게 "악에서" 구해달라고 하나님께 요청하라고 말씀하신다. 이 헬라어가 일반적인 '악'을 의미하는지 '악한 존재' (사탄)를 의미하는지는 중요하지 않다(후자에 더 가깝지만). 첫 번째 번역은 "세상에 있고, 우리 속에 있고, 다른 사람들 속에 있고, 사탄과 그의 군대 속에 있는 모든 악으로부터 우리를 구하소서"라는 의미일 테고, 두 번째 번역은 "우리를 멸망시키려는 사탄으로부터, 그리고 사탄이 그런 목적으로 이용하는 모든 것, 즉 세상의 불경건함, 우리 육신의 죄악된 본성, 온갖 영적인 악으로부터 우리를 구하소서"라는 의미일 것이다. 두 가지 번역 모두 같은 내용이다.

중요한 점은 이것이다. 예수께서 우리에게 이 기도를 주신 것은 우리가 악에서 구해달라고 요청하면 그렇게 될 것이라는 암묵적인 약속이라는 점이다. 우리가 "구하시옵소서"라고 외치는 순간, 하나님의 구출작전이 시작될 것이다. 어떤 형태의 악이 우리를 위협하든 우리가 그에 대처할 수 있도록 도움의 손길이 찾아올 것이다.

더 읽을 말씀

• 악에서 구출됨

고린도후서 1:3-11, 12:1-10

복습과 적용

1. 하나님은 지금 악에 대해 무엇을 하고 계시는가? 궁극적으로 무엇을 하실 것인가?
2. 나쁜 상황이 우리에게 유익을 줄지, 해를 줄지는 무엇이 좌우하는가?
3. 하나님은 누구를 악에서 구출하시는가, 그리고 왜 구출하시는가?

14

나라와 권세

음악이 인간 감정의 모든 범위를 표현할 수 있는 것처럼, 주님의 기도 역시 그리스도의 제자가 접하는 삶의 모든 범위를 포괄한다. 우리의 구속에 대한 찬양(아버지), 하나님의 초월적인 위대함에 대한 경배(하늘에 계신), 하나님의 영광에 대한 열정(이름이 거룩히 여김을 받으시오며), 하나님의 승리에 대한 갈망(나라가 임하시오며), 하나님께 자신을 바침(뜻이 이루어지이다) 등이 모두 전반부에 나타나 있다. 일반적인 기도의 요소들에 해당하는 '경배', '성별', '감사', '간구' 중에 간구만 빼면 모두 전반부에 나온다.

후반부에 나오는 간구는 물질적인 필요와 관련해 하나님에 대한 의존(우리에게 일용할 양식을 주시옵고), 신실하지 못한 데 대한 회개와 자비롭지 못한 삶의 방식 포기(우리가…사하여준 것같이…사하여 주시옵고), 그리고 우리가 영적인 원수들 앞에서 연약하다는 인식(우리를 시험에 들게 하지 마시옵고, 다만 악에서 구하시옵소서)을 표현했다. 이제는 끝으로 전통적인 기도 형식에 따라 다시 찬양으로 돌아간다.

주님의 기도를 마무리하는 송영(doxology)은 고대 전승을 따른 것으로서 최상의 성경 사본들에는 없다(한글 성경은 괄호로 표기했다—옮긴이). 송영(하나님의 영광에 대한 찬양)은 성경 곳곳에 나타나 있으며, 앞에서 우리는 개인적 경배에서 찬양과 기도가 서로에게서 나오고, 서로에게 이끌어주고, 서로를 불러일으킨다는 것을 살펴보았다. 각 송영의 주요 동기는 하나님께서 필요한 것들을 채워주신 데 있다. 하나님의 성품과 사역을 찬양하는 행위는 하나님이 행하실 일에 대한 소망을 북돋워준다. 따라서 찬양을 하면 할수록 기도에 필요한 힘이 더 많이 생기고, 기도를 하면 할수록 찬양할 거리가 더 많아진다.

▎기도와 찬양

기도와 찬양은 새의 두 날개와 같다. 두 날개를 다 퍼덕여야 당신은 날아오를 수 있다. 한쪽이라도 작동하지 않으면 땅에 묶이게 된다. 새가 땅에 묶이면 안 되듯이 그리스도인도 찬양이 없으면 안 된다. 주님의 기도 첫머리의 "하늘에 계신"과 중간에 나오는 "뜻이 하늘에서 이루어진 것같이"는 찬양하기 위해 잠시 숨을 돌리는 부분이다. 그리고 이 마지막 송영은 예수께서 직접 하신 말씀이 아니라고 해도 분명 그분의 마음을 반영한다.

송영은 접속사(for, 왜냐하면)에 의해 앞의 기도와 연결된다("for thine is the kingdom, and the power, and the glory…"). 우리는 하늘에 계신 아버지께 공급, 용서, 보호를 담대하게 요청할 수 있다. 한편, 하나님은 그분의 자녀들에게 이런 것을 베풀 능력이 있다는 것을 우리가 알기 때문이고, 다른 한편, 그것은 하나님이 사람을 다룰 때 보이시는 성품과 일치하기 때문이다. 이것이 그분의 영광이다. 이 송영은 기도의 근거가 되는 하나님의 권세와 영광에 대한 찬양의 실제적인 사례이다.

▌나라와 권세

이 송영에서 하나님께 돌리는 나라와 권세는 두 단어지만 한 가지 생각을 나타내는 말이다. (문법학자들은 이것을 중언법[重言法]이라고 부르는데 고대 문헌에 흔히 사용되었다.) 이 두 단어에 담긴 생각은 '전능하신 통치'이다. "나라"는 시편 103:19 —"'그의 왕권'으로 만유를 다스리시도다"—에서도 사용되었다. 이는 하나님께서 창조질서를 모두 다스리신다는 뜻이며, 다른 간구, 즉 하나님의 구속이 모든 것에 영향을 미침을 뜻하는 하나님 나라가 "도래하는" 것의 전제가 된다. 그러나 죄로 인해 교활하지만 지성이 타락한 사탄은 이런 의미에서 하나님이 왕이신 것을 인정하지 않는다. 더 나아가 이 송영을, 그리고 모든 송영을 거짓으로 치부하려고 한다. 그러나 그리스도인들은 그만큼 어리석지 않아서 하나님을 찬양하는 것이다.

"권세"는 태풍 또는 광포한 코끼리 또는 미친 독재자처럼 제멋대로 휘두르는 권력이 아니라 하나님의 통치가 보여주는 실제적인 지배권을 말한다. 하나님은 이 권세로 '우리와 모든 인간에게' 자비와 인자하심을 충만히 베푸신다. 하나님은 이 권세로 모든 이에게 은총을 베푸시고, 이스라엘을 애굽에서 구하시고, 예수 그리스도를 죽은 자들 가운데서 다시 살리셨다(참조. 엡 1:19-22 등).

이 기도에 있는 "나라와 권세"를 가장 잘 설명해주는 것은 하나님을 천하무적의 은혜로운 왕으로 선포하는 시편들이다(시편 47, 93, 97, 145 등). 이 시편들을 읽고 곰곰이 생각해보고 그 내용을 가슴에 새겨라. 그래서 기쁨과 환희로 가득 찬 그리스도인이 되라! "할렐루야 우리 하나님을 찬양하는 일이 선함이여 찬송하는 일이 아름답고 마땅하도다"(시 147:1).

더 읽을 말씀

• 보좌에 앉으신 하나님

　다니엘 4, 시편 145

복습과 적용

1. 찬양과 기도는 어떻게 서로에게 이끌어주고 서로를 격려하는가?

2. '전능하신 통치'란 무엇인가? 오늘날 이 세계에서 하나님은 어떻게 그
　통치력을 발휘하시는가?

3. 하나님의 권세는 어떤 것과 비슷한가?

15

그리고 영광

신약성경에서 '영광'이라는 단어는 서로 맞물려 있는 두 가지 뜻을 갖고 있다. 첫 번째 의미는 창조주가 받으실 만한 찬양이고, 두 번째 의미는 그래서 피조물이 드리는 찬양이다. 어떤 의미가 먼저인지는 언급하는 내용에 달렸다. 즉, 하나님이 갖고 계시고 보여주시고 베푸시는 영광을 언급하는지, 또는 그분이 받으시는 영광을 언급하는지에 달려있다. 우리가 우리를 은혜롭게 축복하신 하나님께 감사로 찬양을 드리면, 이것은 지금도 우리를 그리스도의 형상으로 빚으시는 하나님께 영광을 돌려드리는 일이 된다(고린도후서 3:18과 에베소서 1:3을 보라. 로마서 1:21과 8:17, 30을 비교하라). 인간이 하나님께 영광을 돌리게 되는 계기는 항상 영광스러운 어떤 것이다. 반면에 하나님이 사람에게 보여주시는 영광은 항상 찬양을 촉구하게끔 되어 있다.

▎ 보이시는 영광

구약에서 하나님은 두려움을 일으키는 밝은 빛(후대 유대교는 이것을 '세키나'라고 불렀다)이란 전형적이고 가시적인 형태로 자신의 영광을 나타내셨다. 이것은 하나님이 성막과 성전에서 그의 자비로운 임재를 나타내는 표징이었다(출 40:34; 왕상 8:10 이하).

그러나 하나님의 영광을 본질적으로 또 영구적으로 드러낸 것은 하나님의 정당한 심판과 과분한 사랑의 행동과 그의 "이름"이다. 그의 "이름"은 하나님의 본성과 성품을 드러내기 때문이다. (현대 신학자들이 '야훼'로 번역하는) '여호와'라는 이름은 "스스로 있는 (그리고 있을) 자"(출 3:13-15)라는 뜻이다. 하나님의 이름에 대한 온전한 진술은 그분이 누구이고 어떤 존재가 될 것인지를 정확하게 선포한다. 모세가 하나님께 "주의 영광을 내게 보이소서"라고 요청했을 때 하나님은 이렇게 이름을 밝히셨다. 이때 하나님은 가시적으로 나타나셨을 뿐 아니라 다음과 같이 선포하셨다. "…내가 여호와의 이름을 네 앞에 선포하리라…이름을 선포하실 새…여호와로라 여호와로라 자비롭고 은혜롭고 노하기를 더디하고 인자와 진실이 많은 하나님이라 인자를 천 대까지 베풀며 악과 과실과 죄를 용서하리라 그러나 벌을 면죄하지는 아니하고…보응하리라"(출 33:18-34:7). 이런 도덕적 성품이 하나님의 본질적인 영광이다.

그래서 말씀이 창조 이전에 아버지와 함께 누렸던 영광을 비우고 육신이 되셨을 때, '세키나'의 찬란함은 감춰졌고, 오직 변화산에서 잠깐 보였을 뿐이다. 그러나 예수님의 제자들은 그분에게서 "은혜와 진리가 충만한" 하나님의 영광을 "보았다"고 증언할 수 있었다(요 1:14, 17:5; 참조. 빌 2:7). 세키나의 물리적 영광이 크긴 크지만, 하나님의 구속적 사랑이 지닌 도덕적 영광은 그보다 더 크다. 오늘날 하나님께서 마음을 밝혀서 복음을 깨닫게 하시는 이들은 결코 세키나는 보지 못하지만, 예수 그리스도의 얼굴에 있는 하나님의 영광을 본다(고후 4:6).

┃ 받으시는 영광

우리가 주기도문의 송영으로 하나님께 왕권과 더불어 영광을 영원히 돌릴 때, 우리는 하나님께 다음과 같이 말하는 것(그리고 우리 자신에게 상기시키는 것)과 다름없다.

첫째, 하나님, 당신은 우리를 만드시고 구원하신 분으로서 행하시는 모든 일에서, 특히 은혜로운 행위에서 영화로우시고 언제나 영화로우실 것입니다("주의 크신 영광을 인하여 주께 감사드립니다").

둘째, 우리는 그 모든 것을 인하여 지금과 항상 주님을 예배하고 경배하기로 약속합니다("지극히 높은 곳에서는 하나님께 영광이 있을지어다").

이와 같이 송영은 주님의 기도를 찬양으로 끝맺도록 한다. 그리스도인의 삶도 그러할 것이다. 간구는 현세의 삶과 함께 끝나지만 하나님께 영광을 돌리는 복된 일(찬양)은 영원히 지속될 것이기 때문이다.

┃ 영광을 누구에게?

이제 우리의 영적 자질을 시험해보자.

죄(인간 안에 있는 마귀의 형상)의 원리는 이렇게 말한다. "영광은 하나님의 것이 아니라 내 것이다."따라서 우리는 사람들로 하여금 우리에게 영광을 돌리게 하려고 우리의 자랑거리를 과시하고 있다. 이것이 허영이라 불리는 자만의 한 단면이다. 허영심이 많은 사람들은 용모, 몸매, 옷, 기술, 지위, 영향력, 집안, 두뇌, 사교력 등 가장 자랑할 만한 것을 뽐내며 다른 사람들의 칭찬을 기대한다. 그리고 사람들이 자신을 칭찬하지도 않고, 자신에게 감명을 받지도 않으면 분개하고 상처를 받는다.

그러나 그리스도인들은 허영이 거짓임을 안다. 허영심의 실체는 무엇인가? 바로 자신이 찬양과 동경의 대상이라고 생각하는 것이다. 기독교는 허영심 있는 사람처럼 행동하지 말고, 우리가 가진 모든 것이 하나님의 선물이며, 따라서 찬양과 동경을 받을 분 역시 우리가 아니라 하나님임을 인정하라고 가르친다.

우리의 영적 자질을 테스트할 수 있는 간단한 방법은, 당신이 아니라 하나님이 찬양을 받으실 때 혹은 하나님이 아니라 당신이 찬양을 받을 때, 당신의 기분이 어떤지—유쾌해지는지 불쾌해지는지—자문해보는 것이다. 성숙한 그리스도인은 영광이 자신에게 주어지지 않는 것에 만족하며, 사람들이 하나님을 영화롭게 하지 않으면 마음이 불편해진다. 청교도이자 저명한 기독교 저술가였던 리처드 백스터는 그가 죽기 직전에 사람들이 그를 찾아와 그의 여러 저서에 대해 칭찬했을 때 마음이 편치 않았다. "나는 하나님의 손에 들린 펜일 뿐이었습니다. 펜에게 무슨 칭찬을 돌립니까?"라고 속삭였다고 한다. 이 말에서 우리는 성숙한 그리스도인의 의식구조를 엿볼 수 있다. 성숙한 그리스도인들은 매 순간 이렇게 외치고 싶다. "영광을 하나님께 돌리시오! 영광은 하나님께 돌려야 하고 오직 그분의 것입니다!"

이 테스트는 우리 자신에 대해 무엇을 말해주는가?

더 읽을 말씀

• 송영의 방법

로마서 11:33-36, 에베소서 3:20 이하, 디모데전서 6:13-16, 히브리서
13:20 이하, 유다서 24, 요한계시록 1:4-7

복습과 적용

1. '영광'이라는 단어의 두 가지 의미는 무엇인가? 그리고 두 의미는 어
   떤 관계가 있는가?
2. 하나님의 성품과 하나님의 영광은 어떤 관계가 있는가?
3. '세키나'가 없다고 해서 하나님의 영광을 볼 수 있는 우리의 능력이
   제한되는가? 그 이유는 무엇인가?

16

아멘

주기도문을 포함해 우리는 기도할 때 "아멘"으로 끝맺는다. 이 말의 의미는 무엇인가?

| 예, 정말로 그렇습니다!

'아멘'은 구약과 회당예배에서 사용되다가 기독교 용어로 편입된 히브리어다. 성경에서 아멘은 그 기도가 들려지기를 간절히 바라는, 기도를 끝내는 말일 뿐 아니라, 다윗 왕의 명령(왕상 1:36)과 하나님의 강한 경고(민 5:22; 신 27:17-26)와 같은 것을 받아들인다는 것을 표현한다. 아멘의 기본적인 의미는 "진실한, 확고한, 확실한"이며, 말해진 내용에 대한 강한 긍정을 나타낸다. "확실히 그렇습니다" 또는 "정말로 그렇습니다"라는 뜻이다. 일반적으로 '아멘'을 "그렇게 되기 바랍니다"로 풀어쓰는데, 이는 너무 약하다. '아멘'은 단순한 '바람'이 아니라 확고한 신념, 즉 "그렇게 될 것입니다"라는 뜻을 담고 있다.

'아멘'은 어떤 말끝에 오거나 말 앞에 온다(예수께서 말씀하실 때 50회 이상 사용하신 표현 "진실로 내가 이르노니"에 있는 '진실로'는 히브리어로 '아멘'이다). '아멘'이 말끝에 오든 말 앞에 오든, 그것은 그 언설이 화자가 공감하는 중요한 것임을 강조한다. 고린도후서 1:20에서 바울은 하나님의 약속에 대해 "아멘"으로 화답하는 그리스도인들에 관해 말하면서 "그 이름이 아멘이신 하나님", "그 말씀이 참되신"(사 65:16; 삼하 7:28) 하나님을 참되고 믿을만한 분으로 영화롭게 한다고 한다. 또 고린도전서 14:16에서 바울은 공적 예배에서 드린 감사의 기도에 그리스도인들이 "아멘"으로 화답하는 것을 머릿속으로 그려본다. 우리가 입술과 더불어 마음으로 "아멘"이라고 말하면, 우리는 그 약속과 기도를 우리의 것으로 만들어 그 둘에 동참하게 된다.

▮ 당신의 기도는?

전통적인 송영은 우리에게 주님의 기도를 '아멘'으로 마무리하라고 가르친다. 이것은 옳다. (크고 강한) "아멘"이란 말은 우리가 진심으로 기도했다는 고백이고, 기도가 표명한 태도, 소망, 목표에 완전히 공감한다는 고백이다. 기도에 대한 이 간략한 공부를 끝내기에 가장 좋은 방법은 이와 관련된 중요한 사항을 체크해보는 것이다. 이

제 내가 당신에게 묻겠다.

1. 당신은 예수 그리스도를 당신의 구주로 믿으며, 그분을 통해 하나님을 당신의 하나님으로 믿는가? 우리가 다같이 "우리 아버지여"라고 부르는 것처럼 모든 그리스도인을 하나님의 가족의 일원으로, 즉 당신의 형제로 인정하는가?

2. 하나님의 이름이 당신 안에서, 당신을 통해 거룩히 여겨지는 것을 그 대가가 어떠하든 간에 당신 인생의 목적으로 삼는가? 하나님이 그의 나라에서 승리하시고, 그의 완전한 뜻에 맞지 않는 모든 것이 끝장나는 것을 보고 싶은가?

3. 당신은 필요하다면 하나님 나라를 위해 고난을 받겠는가? 그리하여 하나님께 가는 문이 닫혀 있는 사람과 상황에 하나님 나라를 가져오는 수단과 그 대리인이 되겠는가?

4. 하나님의 뜻이 담긴 계명을 당신의 원칙으로, 하나님의 뜻대로 일어난 사건들을 당신의 운명으로 기꺼이 받아들이는가? 이 둘이 지극히 선한 것임을 (믿음으로) 알고 즐거이 받아들이는가?

5. 당신이 충실하게 지키는 다른 원칙들이 있다는 핑계로 하나님의 뜻이 담긴 계명을 제대로 지키지 않는 어떤 문제가 있는가? 그렇다면, 지금 당신은 그 문제를 어떻게 할 것인가?

6. 만일 하나님이 오늘 당신에게 필요한 양식을 주지 않고, 오늘 당신의 죄를 용서하지 않고, 오늘의 시험에서 당신을 보호하지 않

는다면, 당신이 버림받은 존재라는 것을 알겠는가?

7. 하나님이 언제나 당신에게 용서하는 자비를 베풀어주시기 때문에 당신도 다른 사람에게 원한을 품지 않고 항상 용서하는 자비를 보이겠다고 다짐하는가?

8. 당신이 피해를 입은 후에 아직까지 용서하지 않은 사람이 있는가? 이 순간 당신의 태도를 바꾸고 그 사람과 바른 관계를 회복할 수 있게 도와달라고 주님께 요청하겠는가?

9. 당신은 시험에 들지 않으려고 깨어 기도하는 것을 습관으로 삼는가? 지금부터 그렇게 하기로 결심하겠는가?

10. 주님의 기도가 참으로 당신 마음속에 있는가? 주기도문에 대해 "아멘"으로 화답할 때, 그 말에 진심이 담겨 있는가?

"오 하나님, 우리 내면의 마음을 깨끗케 하옵소서. 당신의 거룩한 영을 우리에게서 거두지 마옵소서." 주님, 내게 살아가는 법을 가르치심으로써 기도하는 법을 가르치소서. 예수님의 이름으로 기도합니다. 아멘.

더 읽을 말씀

• **위선의 위험**

　전도서 5:1-6, 사도행전 5:1-11

복습과 적용

1. '아멘'이란 무슨 뜻인가?

2. 하나님은 왜 '그 이름이 아멘이신 분'이라고 불리는가?

3. 주기도문에 대해 '아멘'이라고 말하는 것은 어떤 의미를 지니는가?

제4부

십계명

하나님이 이 모든 말씀으로 말씀하여 이르시되

나는 너를 애굽 땅, 종 되었던 집에서 인도하여 낸

네 하나님 여호와니라

너는 나 외에는 다른 신들을 네게 두지 말라

너를 위하여 새긴 우상을 만들지 말고 또 위로 하늘에 있는 것이나

아래로 땅에 있는 것이나 땅 아래 물 속에 있는 것의

어떤 형상도 만들지 말며

그것들에게 절하지 말며 그것들을 섬기지 말라

나 네 하나님 여호와는 질투하는 하나님인즉 나를 미워하는 자의

죄를 갚되 아버지로부터 아들에게로 삼사 대까지 이르게 하거니와

나를 사랑하고 내 계명을 지키는 자에게는 천 대까지

은혜를 베푸느니라

너는 네 하나님 여호와의 이름을 망령되게 부르지 말라

여호와는 그의 이름을 망령되게 부르는 자를 죄 없다 하지 아니하리라

안식일을 기억하여 거룩하게 지키라

엿새 동안은 힘써 네 모든 일을 행할 것이나

일곱째 날은 네 하나님 여호와의 안식일인즉 너나 네 아들이나

네 딸이나 네 남종이나 네 여종이나 네 가축이나

네 문안에 머무는 객이라도 아무 일도 하지 말라

이는 엿새 동안에 나 여호와가 하늘과 땅과 바다와

그 가운데 모든 것을 만들고 일곱째 날에 쉬었음이라

그러므로 나 여호와가 안식일을 복되게 하여

그날을 거룩하게 하였느니라

네 부모를 공경하라

그리하면 네 하나님 여호와가 네게 준 땅에서 네 생명이 길리라

살인하지 말라

간음하지 말라

도둑질하지 말라

네 이웃에 대하여 거짓 증거하지 말라

네 이웃의 집을 탐내지 말라

네 이웃의 아내나 그의 남종이나 그의 여종이나 그의 소나

그의 나귀나 무릇 네 이웃의 소유를 탐내지 말라

―출애굽기 20:1-17

들어가는 말

자동차는 복잡한 장치이다. 수천 개의 부품으로 이루어져 있어서
고장 나기 쉽다. 그러나 제작사의 핸드북을 읽으면 최소한의 수고
로 만족스러운 결과를 얻을 수 있다. 따라서 당신이 차를 잘못 다
뤄서 고장이 났다고 해도 그에 대한 경고를 듣지 못했다고 항의할
수 없다. 차가 고장 났을 때 역시 제작사가 제공한 수리 설명서에
따라 고칠 수 있다. 하지만 당신이 그 지시를 따르지 않으면 어려
움을 면할 수 없을 것이다.

자동차 얘기를 한 것은 우리를 자동차로 비유하기 위해서다. 우
리 또한 훌륭하게 만들어졌다. 우리는 육체적으로 복잡하지만 심
리적으로 또 영적으로는 훨씬 더 복잡하다. 우리에게도 창조자의
핸드북, 즉 삶의 방식을 요약한 핸드북이 있다. 바로 '십계명'이다.
우리가 한 인간으로서 성장하고 번성할지, 아니면 위축되고 시들

어버릴지, 우리 인격이 하나님을 닮을지, 아니면 마귀를 닮을지는 우리가 십계명에 따라 사는지 여부에 달렸다. 성경의 나머지 부분은 죄로 손상된 인간의 본성을 복구시키는 하나님의 수리설명서라고 부를 수 있다. 은혜의 복음을 자세히 설명하고 있기 때문이다. 그러나 만족스러운 삶으로 이끄는 기본 행동방식은 십계명에 나와 있다. 하나님이 은혜로 우리를 구출해서 수선하시는 이유도 바로 이렇게 살도록 하기 위해서다.

어떤 사람이 "나는 십계명을 진지하게 대하고 그 계명대로 살려고 애쓰는데, 꼭 곤경에 빠지고 말아! 매일 무언가 어기게 돼. 어떻게 하지?"라고 말한다고 가정하자. 이 질문에 대한 대답은 이렇다. "당신은 이제 당신의 연약함과 죄성을 안다. 그러니 하나님과 그 아들 예수 그리스도께 용서와 능력을 구하라. 그리스도는 당신을 새로운 삶으로 인도하실 것이다. 당신의 마음은 하나님의 길로 걷기를 무척 갈망할 것이며 순종은 더 이상 짐이 되지 않을 것이다." 십계명을 삶의 규범으로 삼는 사람들은 구주 그리스도가 그들의 통치자이심을 깨닫고, 그런 삶을 영위하기 위해 기도하고 노력할 것이다.

하나님의 사랑이 우리에게 복음을 주신 것과 마찬가지로 우리에게 율법도 주셨다. 복음은 예수 그리스도를 가리키고 있고, 우리가 그리스도의 능력으로 율법을 지키고 율법이 요구하는 하나님과 이웃에 대한 사랑을 실천하려고 노력하지 않는다면, 우리는 영적으로 건강할 수 없다.

많은 사람들이 다음과 같이 말하기 시작했다고 가정해 보자. "하나님의 도우심으로 나는 지금부터 날마다 십계명을 따라 살겠습니다. 하나님을 경외하고 하나님께 순종하겠습니다. 하나님이 말씀하신 모든 것에 주의를 기울이겠습니다. 매주 예배를 드리기 위해 교회에 나가겠습니다. 간음하지 않을 것이며, 정욕에 빠지지도 않고 다른 사람의 정욕을 자극하지도 않겠습니다. 도둑질하지 않을 것이며, 정직한 길에서 벗어나지도 않겠습니다. 거짓말하거나 속이지 않겠습니다. 시기하거나 남의 것을 탐내지 않겠습니다." 이렇게 되면 공동체의 삶이 변화될 것이고, 국가의 엄청난 문제들이 하룻밤 사이에 해결될 것이다. 이를 위해 우리는 더욱 기도하고 노력해야 한다.

모든 교회와 교인이 하나님을 향한 열정으로, 개인의 성결을 향한 열정으로, 국가의 정의를 향한 열정으로 타오른다고 가정해보자. 그것이 바로 부흥이 아니겠는가! 부흥은 하나님이 교회 공동체를 방문하신 결과이다. 부흥이 가져오는 도덕적인 힘은 비할 데가 없다. 하나님이 교회에 활기를 불어넣으시면, 정화하는 힘이 넘쳐흘러 다른 무엇도 할 수 없는 방식으로 사회의 도덕적 분위기를 변화시킨다. 우리에게 부흥이 필요하다는 것은 의심의 여지가 없다. 부흥을 위해 기도해야 한다는 것 역시 의심할 필요가 없다.

율법의 도덕적 절대성이 존중되지 않으면, 사람들은 그 자신이

나 서로를 존중하지 않으며, 인간성은 비뚤어지고 사회는 서로 착취하고 자기탐닉으로 치닫는 타락의 길로 빠지고 만다. 현대에 사는 우리는 이런 도덕적 질병에 대해 잘 안다. 이런 질병이 치료되면 사회가 어떤 모습으로 변할지 한번 생각해볼 만하지 않은가? 누가 알겠는가? 우리가 그런 모습에 매력을 느끼는 은혜를 받을지도 모른다.

1

**행동을 위한
청사진**

삶은 하나님과 사람, 사물과의 관계를 의미한다. 관계를 올바로 맺는다면 삶이 기쁨이지만 그렇지 않다면 삶은 짐이 된다. 삶을 사랑하는 것은 자연스러운 일이며, 삶을 끝내고 싶어 하는 것은 본성을 거스르는 일이다. 그러나 기독교가 처음 태동했을 때 그랬듯이, 오늘날에도 많은 사람이 삶을 무의미한 불행으로 경험하면서 심각하게 자살을 고려한다. 무엇이 잘못된 것일까? 아마 관계가 잘못되었을 것이다. 우울증은 신체적 원인이 있어서 신체적 치료를 받아야 할지 모르지만, 보통은 손상된 관계가 적어도 그 원인의 일부라서 온전한 치료를 원한다면 관계를 바로잡아야 한다.

관계를 바로잡으려면 어떻게 해야 할까? 사회복지사들은 의미 있는 인간관계를 맺지 못할 경우 사람이 황폐해진다는 것을 알고 있다. 그래서 이런 점에 도움을 주기 위해 노력한다. 그러나 그것만으로는 반쪽 치료밖에 되지 않는다. 참된 기쁨은 하나님과의 의미 있는 관계를 통해서만 얻을 수 있다. 하나님의 사랑을 맛보고 그리스도의 길로 걸을 때만 기쁨을 누릴 수 있다. 이것이 참으로 멋지고 좋은 삶이다.

| 잊힌 지혜

모든 시대의 인생을 위한 청사진이 십계명에 나타나 있다. 하나님은 이 십계명을 주전 약 13세기에 시내산에서 모세를 통해 유대인에게 주셨다. 과거의 그리스도인들은 십계명을 '평범한 사람의 윤리 안내서'(윌리엄 바클리의 십계명 강해 제목)로 생각했다. 그런 생각은 옳았다. 오늘의 세계는 물론이고 심지어 오늘의 교회조차 대체로 십계명을 잊고 말았다(당신은 십계명을 암송할 수 있는가?). 이는 우리의 어리석음이자 손실이다. 우리에게 필요한 지혜가 여기에 통째로 들어 있기 때문이다.

성경은 하나님의 십계명을 '율법'으로 부르기 때문에 우리는 십계명이 공공질서를 위해 개인의 자유를 제한하는 세상의 법률과 비슷하다고 생각한다. 그러나 이렇게 비교하는 것은 옳지 않다. 토라('율법'에 해당하는 히브리어)는 좋은 부모가 자녀들에게 주는 일종의 교훈을 뜻한다. 잠언 1:8과 6:20은 실제로 '토라'를 부모의 가르침을 가리키는 말로 사용한다.

지혜로운 사람이 아들에게 주는 잠언 1:8-8:36의 말씀을, 하늘에 계신 우리 아버지께서 우리에게 주시는 말씀이라고 생각해 보라(아우구스티누스가 "성경의 말씀은 하나님이 주시는 말씀이다"라고 표현했듯이…). 그러면 율법의 본질과 목적에 대해 바른 생각을 갖게 될 것이다. 율법은 자기표현을 꺾으려는(자녀들은 규율과 훈계를 싫어해서 때로는 그렇게 느낄 수 있다!) 것이 아니며 가장 좋은 길로 우리를 인도하기 위한 것이다. 하나님 아버지의 율법은 아버지의 사랑을 나타낸다.

❘ 신약보다 열등한가?

어떤 사람들은 구약을, 신약이 싹 제거해버리는 원시적인 어림짐작을 담은 책으로 읽는다. 그러나 "하나님은 옛날에는 예언자들을 통하여 말씀하셨고"(히 1:1, 새번역), 그 가운데 가장 큰 예언자는 모세였다(신 34:10-12을 보라). 그리고 모세를 통해 주신 하나님의 계명은 삶을 위한 도덕적·영적 표준을 제시했고, 그것은 경질되지 않았으며 영원히 하나님의 권위를 지니고 있다. 예수님의 두 가지 사랑의 계명은 십계명을 요약한 것이며, 그 이중적 계명은 하나님이 모세에게 가르치신 내용에 근거를 두고 있다. "네 하나님을 사랑하라"는 신명기 6:5에서, "네 이웃을 사랑하라"는 레위기 19:18에서 나온 것이다.

　(구약의 은혜의 계시와는 구별되는) 구약의 도덕적 가르침이 우리 시대의 인습적 기준은 말할 것도 없고 신약의 도덕적 가르침보다

도 열등하지 않다는 것은 아무리 강조해도 지나치지 않다. 현대의 세속사회만이 무법적인 섹스, 폭력, 착취, 야비한 상술, 계급투쟁, 가족에 대한 경시 등을 용인한다. 그러나 우리가 원시적이라고 추정하는 구약과 특히 삼천 년이나 된 십계명이 바로 이런 것들을 막는 방어벽이다.

당신은 이렇게 말할지도 모르겠다. "그렇게 말하는 것은 구약을 그리스도 위에 두는 것이 아닙니까? 그것이 옳습니까? 그리스도보다 천삼백 년이나 오래된 가르침이니 그분의 가르침보다 열등한 것이 틀림없지 않습니까? 십계명은 항상 '하지 말라'고만 하는 지나치게 부정적인 계율이 아닙니까? 우리는 온전한 표준을 다른 곳에서 찾아야 하지 않을까요?" 괜찮은 질문이다. 두 가지 답변이 있다.

첫째, 그리스도는 산상수훈에서 율법을 폐지하기 위해서가 아니라 성취하게 하기 위해 오셨다고 말씀하셨다(마 5:17). 즉, 하나님이 십계명에서 요구하신 모든 것을 성취하기 위해 오셨다는 것이다. 예수께서 폐지하신 것은 율법 자체가 아니라 율법에 대한 부적합한 설명이었다(마 5:21-48, 15:1-9). 예수님은 율법을 바르게 설명하심으로써 사실상 율법을 다시 선포하신 셈이다. 산상수훈 자체가 십계명의 주제들을 기독교적 맥락에서 개진한 것이다.

둘째, 십계명의 부정적 형식("…하지 말라")은 긍정적인 의미를 함축하고 있다. "죄가 금지된 곳에는 그 반대의 의무가 있다"(웨스트민스터 대요리문답 99문항). 부정적 형식은 당시에 시내 광야에서

(오늘날의 서양도 마찬가지다) 경건함과 민족의 삶을 위협했던 무법함을 억제하기 위해 필요했다. 그러나 거기에는 그리스도가 강조한 적극적인 내용, 즉 모든 것을 다해 하나님을 사랑하고, 이웃을 내 몸과 같이 사랑하라는 내용이 확실히 담겨 있다. 이제 그것을 살펴볼 차례이다.

더 읽을 말씀

• **그리스도와 율법**

  마태복음 5:17-48, 12:1-14, 15:1-9, 22:34-40

• **새로운 백성을 위한 새로운 삶의 방식**

  에베소서 4:17-5:14

복습과 적용

1. 우리의 삶에서 관계가 왜 그토록 중요한가? 하나님의 관계는 어디에 위치하는가?

2. 예수께서 "율법을 다시 선포하신 셈이다"라고 저자가 말하는데, 그 의미는 무엇인가?

3. 율법은 일련의 금지명령의 형식을 띠고 있다. 그러나 거기에는 부정적인 내용이 아닌 긍정적인 내용이 담겨 있다. 이 점을 설명해보라.

2

나와 너

우리의 삶을 이루는 관계에는 인격적인 관계와 그렇지 않은 관계가 있다. 인격적인 관계는 '내'가 말을 건네는 '너'와의 관계다. 비인격적인 관계는 인격이 없는 객체, 즉 '그것'과의 관계이다. 예를 들어, 자동차, 집, 오븐, 컴퓨터 등과의 관계는 비인격적인 관계이다. 우리가 거기에 애칭을 붙인다고 해도 그렇다. 애칭을 사용하는 것은 편의상 우리 자신을 표현하고 우리 계획을 실행하는 수단으로 그렇게 한다. 이는 합당하다. 그러나 그런 식으로 사람을 다루는 것은 옳지 않은 파괴적인 행동이다. 사람은 사물로 다뤄지는 것을 참지 못하기 때문이다. 사람은 그 자체로 가치가 있고 그 자체가 목적이다. 사람은 사람으로 존중을 받아야지 물건처럼 이용되어서는 안 된다.

이를 긍정적으로 표현하면, 사람은 권리를 주장한다고 할 수 있다. 그들은 자기 의견을 전달하고 또 상대에게 의견을 묻는다. 참으로 인격적인 관계에서는 각자가 타인을 사랑하고 공경하고 섬기며, 서로 반응하는 것이 삶의 원칙이다. 이 타락한 세상에서는 내가 나의 신(神)이며, 당신은 당신의 신인 경우가 너무 많아서 심지어 가족과 친구 간에도 인격적 관계가 드물다. 우리는 서로를 이용하고 서로를 지독히 무시한다. "아무도 나를 인격으로 대우하지 않습니다. 아무도 나를 돌보지 않습니다." 이것이 우리 시대의 부르짖음이다. 그러나 이것은 인류의 역사만큼 오래된 문제이다.

❘ 하나님과의 인격적 관계

창조주 하나님과 그리스도인의 관계는 처음부터 끝까지 '나와 너'의 인격적 관계이다. 그리스도인에게 하나님은 일부 사람들이 생각하는 것처럼, 우리가 이용할 우주적인 힘이나 알라딘에 나오는 램프의 요정이 원하는 것을 요구하는 무한한 '그것'이 아니다. 그리스도인들은 하나님이 그들을 서로 사랑하고 섬기는 관계, 서로에게 귀 기울이고 반응하는 관계, 서로 요청하고 주고받고 나누는 관계로 부르셨다는 것을 안다. 그리스도인들은 이 사실을 복음서 이야기에서 성육하신 하나님을 보고 들음으로써, 선지자와 사도들을 통해 주신 하나님의 초청과 명령과 약속의 말씀에 주목함으로써 알게 된다. 또 두 번 진술된 십계명의 문구(출 20:1-17; 신 5:6-21)에도 이 점이 분명히 드러나 있다.

십계명은 하나님이 사랑하고 구원한 사람들에게 하신 칙령이라서 각 조항마다 '나와 너'의 용어로 되어 있다. "나 여호와는 너를 애굽에서 인도해낸 하나님이니…너는…을 하라."

십계명은 인간의 삶을 향한 창조주의 의도를 구체화한 열 가지 명령이며, 하나님의 은혜로 이미 주어진 구속된 관계를 유지하는 수단으로 제시되어 있다. 그리고 오늘의 그리스도인들에게는 시내 산의 유대인에게와 같이, 이 율법을 지키는 것(하나님에 대한 요구를 만족시키는 것, 1-4계명; 이웃에 대한 요구를 만족시키는 것, 5-10계명)이 하나님을 감동시켜 우리에게 빚지게 하기 위해서가 아니다. 그분의 사랑에 감사하여 개인적으로 반응하는 것이다.

우리는 유대교도와 이슬람교도와 유니테리언교도가 생각하듯, 우리의 창조주를 단일한 분인 것처럼 거론했다. 그러나 지금은 그리스도인들이 한 하나님이 세 위격이심을 알고 있고, 성자 하나님이 지상에서 보여주신 성부 하나님과의 사귐을 본받아 구원받은 죄인들로서 성령을 통해 성부와 성자와 사귀도록 부름을 받았다는 것도 잘 알고 있음을 지적할 순간이다. 예수님은 하나님께 순종하고 기쁘게 충성하셨으며 온 마음으로 헌신하셨다. 성부와 성자에 대한 우리의 태도도 그와 같아야 한다. (성령에 대한 우리의 태도도 성부와 성자를 대할 때처럼 직접 대할 수 없다는 점만 빼면 똑같아야 한다.) 성삼위 하나님에 대한 우리의 태도는 성삼위 하나님 사이에 나누는 사랑의 관계를 본받아야 한다. 이런 관계는 지금까지 인간이 알고 있었던 그 어떤 관계보다 더 깊고 더 버겁고, 삶을 변화시키는 효과가 더 크다.

인간관계가 더 발전하려면 쌍방 간에 다섯 요소가 필요하다. 수용, 요구, 약속, 기뻐함, 그리고 필요하다면 사과 등이다. 하나님이 우리를 그의 가족으로 받아들이실 때, 그분은 그리스도의 속죄를 통해 우리를 수용하시고, 우리의 삶으로 하나님을 섬기도록 요구하시고, "보배롭고 지극히 큰 약속을 우리에게 주사"(벧후 1:4) 우리를 보호하고 부양할 것을 보증하시며, 우리를 하나님의 충만한 기쁨 속으로 인도하셔서 우리를 기쁘게 하기로 다짐하신다. (여기에는 사과가 전혀 필요 없다! 모두 크고도 영화로운 은혜뿐이다.)

우리 편에서는 삼위일체 여호와를 우리 하나님으로 받아들이고, 우리에게 필요한 모든 것을 하나님께 의지하여 날마다 요구하고, 신실하게 순종하기로 서약하고 그 약속을 하나님의 능력으로 지키고, 수행하는 모든 일로 그분을 기쁘게 하며, 우리의 죄를 고백하고 사과하고, 더 나아가 죄를 포기하고 죄에서 구해달라고 요청하는 것이다. 우리가 사랑하는 가족의 바람에 주의하는 것처럼, 우리는 율법의 주님을 사랑하는 마음에서 주님의 율법에 주의를 기울인다.

바리새인들은 사랑 없이 율법을 행함으로써 하나님을 섬긴다고 생각했지만, 모든 관계를 탈인격화했고 그들 자신을 비인간화했다. 예수께서 그들을 비난한 것은 바로 그 때문이었다. 하나님을 위해 하나님 및 사람과 사랑의 관계를 맺는 것이 십계명에 제시된 대로 하나님을 온전히 섬기는 일이다. 그분께서 "나 여호와는…이니 너는…하라"고 선포하시듯이, 그분의 사랑에 사랑으로 응답하는 것이 율법을 지키는 진정한 비결이다. 우리는 이 비결을 배웠는가?

더 읽을 말씀

- **사랑으로 율법을 지킴**

  신명기 11

- **사랑 없이 율법을 지킴**

  마태복음 23

복습과 적용

1. 사람을 이용하는 것은 왜 나쁜가? 우리는 어떤 상황에서 그렇게 하는가?

2. 우리가 십계명에 어떻게 반응할지를 결정할 때 하나님과 우리 사이의 관계는 왜 중요한가?

3. 바리새인들은 모든 관계를 탈인격화했고 그들 자신을 비인간화했다. 이 말은 무슨 뜻인가?

3

나를 사랑하고
내 계명을
지키는 자

오늘날 십계명은 별로 인기가 없다. 왜 그런가? 해야 할 것과 하지 말아야 할 것들을 규정한 율법이라는 데 부분적인 이유가 있다. 사람들은 율법을 싫어하고(이것은 우리에게 죄성이 있다는 표시이다), 그리스도인들은 사랑을 따라야지 율법을 따라서는 안 된다는 생각이 널리 퍼져 있다.

▌상황윤리

이런 생각의 현대판은 '상황윤리'인데, 이는 십계명 등 성경의 모든 행동규범을 사랑의 표현방식에 대한 유서 깊은 경험법칙(하나님의 가르침이 아닌 인간의 규범)에 불과하다고 생각한다. 상황윤리론자들은 모든 규범에는 예외가 있고 더 많은 사람에게 더 많은 유익을 준다면 십계명을 무시해도 괜찮다고 말한다. 따라서 각 상황에서 율법을 지키는 것이 과연 최선인지 물어야 한다고 주장한다. 그래서 도덕적 삶은 악보에 따라 연주되기보다 언제나 스스로 즉석에서 행하는 즉흥적인 재즈 연주처럼 된다는 것이다.

간통에서 정권전복에 이르기까지 선한 명분으로 행했다는 이유로 그런 행위를 상황윤리의 견지에서 정당화하려는 시도가 많이 있었다. 상황윤리는 목적이 수단을 정당화한다고 말한다.

▎잘못된 대립구도

'사랑이냐 율법이냐'라는 식의 대립구도는 율법을 비하하는 것만큼 잘못이다. 사랑과 율법은 함께 참된 도덕의 축을 이루는 동맹관계이지 적대관계가 아니기 때문이다. 율법을 실행하는 데는 사랑이 필요하다. 그렇지 않다면 사람보다 원칙을 앞세우고, 실제로 자신의 이웃을 사랑하지 않고도 완벽하게 선할 수 있다고 말하는 바리새인으로 전락하고 만다. 상황윤리를 제대로 보는 방법은 실제의 혹은 가상의 바리새주의에 대항하는 반동으로 보는 것인데, 아무리 그렇더라도 그것은 프라이팬에서 뛰쳐나와 불로 뛰어드는 격이 되고 만다. 의도가 아무리 선해도 율법을 없애기보다는 차가운 율법이라도 있는 편이 낫다. 성적인 에로스든 기독교적인 아가페든 사랑은 눈이 멀기 때문에 사랑의 눈이 되는 율법이 필요하다. 누군가를 그리스도인답게 사랑하고 싶다고 해서 그 방법을 저절로 터득하게 되는 것은 아니다. 오직 하나님의 율법에 정한 기준을 지킬 때만 사람들에게 유익을 줄 수 있다.

두 가지 진리를 염두에 두라. 첫째, 하나님의 율법은 하나님의 성품을 나타낸다. 율법은 그분의 행동을 반영하며, 그분이 우리에게서 보고 싶은 것과 보기 싫은 것을 일러준다. 그것은 사람 속에 있는 하나님의 참 형상인 거룩함, 즉 하나님을 닮아가는 데 필요한 처방이다.

둘째, 이러한 하나님의 율법은 인간의 본성에 꼭 들이맞는다. 휘발유 자동차는 휘발유를 넣어야 움직이듯이, 우리는 율법을 잘 지켜야 보람 있는 삶을 살 수 있다. 우리가 창조되고 구속받은 것은 이런 삶을 살기 위해서다.

▌허용적이 되라고?

상황윤리는 세속적인 윤리이다. 이는 방종으로 들어가는 문을 열어줄 뿐만 아니라 기독교 도덕을 퇴폐적인 서양 세속주의의 '허용적인' 모델에 끼어 맞추기 때문이다. 현대 세속주의는 모든 외적 권위의 제약을 거부하며, 우리는 눈으로 보기만 해도 가장 좋은 것을 알 수 있을 만큼 지혜롭고 선하다고 확신한다. 그러나 성경의 표준에 의하면, 이런 확신은 하나님을 모독하는 마귀적인 교만이 낳은 많은 환상 가운데 하나로 타락한 모든 피조물을 오염시킨 것이다.

성육하신 하나님의 아들 예수 그리스도는 "나는 아버지를 사랑하며…항상 그가 기뻐하시는 일을 행한다"(요 14:31, 8:29)고 말할 수 있었던 완벽한 사람이었다. 십계명의 단점을 찾아내고 그보다 더 좋은 계명으로 인도할 자격이 있는 사람이 있었다면, 그런 사람은 오직 예수뿐이었다. 그런데 예수께서 하신 일은 무엇인가? 그분은 십계명이 영원한 권위를 지녔으며(마 5:18-20) 참된 신앙의 중심이 된다고 단언하셨다(19:17-19). 그리고 십계명이 금지하는 그릇된 행동뿐 아니라 그릇된 태도까지 자세히 설명하시면서 이를 회피하지 못하도록 못 박으셨다(5:21-30, 제6계명과 제7계명; 15:3-9, 제5계명; 23:16-22, 참조. 5:33-36, 제3계명). 또 예수 자신도 십계명을 지켰다고 말씀하셨다(눅 6:6-10, 제4계명). "하나님을 사랑하는 것은 이것이니 우리가 그의 계명들을 지키는 것이라"(요일 5:3)는 요한의 말은 예수께서 사랑과 제자도를 그의 계명을 지키는 것으로 규정했을 뿐 아니라 그것을 예수님의 신앙으로도 묘사한 것이다(요 14:15, 21-24; 참조. 마 28:19, 20). 계명을 지키는 것은 성부 하나님과 성자 하나님을 사랑하는 유일하고 참된 길이다.

그리고 그것이 이웃을 사랑하는 유일하고 참된 길이기도 하다. 바울은 "남을 사랑하는 자는 율법을 다 이루었느니라"(참조. 롬 13:8, 10)라고 말하면서 이웃에 대한 사랑은 간음, 살인, 도둑질, 질투 등에 대한 세부적인 금지조항을 모두 포함한다고 설명한다. 그는 이웃에 대한 사랑이 그 금지조항들을 폐기시킨다고 말하지 않는다. 팝송 가사처럼 이웃 사람이 "우리 동침해요!"라고 하거나 함께 다른 죄를 짓자고 말할 때, 나는 그 말에 동의해야 상대방을 사랑하는 게 아니라 요셉처럼 그 유혹을 뿌리치고 거절하는 이유를 분명히 알림으로써 상대방에 대한 사랑을 보여주게 된다(창 39:8).

도덕적 허용은 자유롭게 하는 게 아니라 상처를 입히고 파멸을 초래한다. 그것은 매번 그 인격이 천박해지는 무법적인 사람을 파괴할 뿐 아니라 (하나님의 율법이 보호하는) 사회마저도 해치고 파괴한다. 최초로 도덕적 허용을 옹호한 존재가 바로 사탄이었다. 하나님의 법을 어기는 자는 하나님과 같이 된다는 그의 약속은 거짓말이었다. 이 옛적 거짓말을 쉽게 받아들이는 현대 세계에서 그리스도인이 이웃에게 진정한 사랑을 베푸는 길은, 인간을 참된 삶으로 인도하는 안내자인 하나님의 율법을 받드는 것이다.

더 읽을 말씀

• 사랑과 계명

  요한일서 2-3장, 갈라디아서 5:2-6:10

복습과 적용

1. 상황윤리론자들은 다른 사람들이 잘못이라고 생각하는 행동을 어떤
   식으로 정당화하는가? 당신은 그들의 논리에 동의하는가? 그 논리를
   반박할 수 있는가?
2. "사랑과 율법은 동맹관계이지 적대관계가 아니다." 어떤 면에서 그러
   한가?
3. 하나님의 율법은 인간의 본성에 대해 무엇을 보여주는가? 이 사실은
   우리에게 어떤 도움을 주는가?

네 하나님
여호와

하나님은 시내산에서 이스라엘 백성에게 십계명(출 20:1-17)을 주셨을 때 그 자신을 소개하면서 십계명을 전달하셨다. "하나님이 이모든 말씀으로 말씀하여 이르시되 나는 너를 애굽 땅, 종 되었던 집에서 인도하여낸 네 하나님 여호와니라 너는…하지 말라"(1-2절).

하나님이 어떤 분이고 어떤 일을 하셨는지에 따라 그 백성의 마땅한 모습과 해야 할 일이 결정된다. 그러므로 우리도 십계명이 소개하는 하나님이 어떤 분인지 살펴보는 것으로 십계명에 대한 공부를 시작해야 한다.

첫째, 그분은 **창조와 언약의 하나님**이다. 제4계명은 "나 여호와가 하늘과 땅과 바다와 그 가운데 모든 것을 만들었다"고 말한다(11절). 따라서 당신과 나를 포함한 모든 것은 독자적으로 존재하는 것이 아니라 하나님의 뜻과 능력에 의해 존재한다. 다섯 번(2, 5,

7, 10, 12절) 나오는 "네 하나님 여호와(야훼)"라는 표현은 언약에 대한 헌신을 드러낸다.

하나님은 이스라엘이 자신을 '여호와'(야훼)라는 이름으로 알기 원하셨다(3:15을 보라). 그 이름은 "존재하다"(to be)라는 동사에서 비롯된 말이다. 그 이름에 대한 하나님의 설명은 "나는 나이다"(I am what[who] I am, 개역한글성경에는 "나는 스스로 있는 자"로 번역됨 — 옮긴이) 또는 "나는 나일 것이다"이다(I will be what I will be). 어느 것이든 여호와란 이름은 하나님이 스스로 존재하시는 분, 영원하신 분, 주권자이심을 강조한다. 하지만 덧붙여진 어구 '네 하나님'은 일반적으로 성경에 '언약'으로 표현된 특별한 관계를 가리킨다.

▎언약

'여호와'는 하나님의 언약의 이름이다. 성경은 하나님의 언약을 남편의 혼인 서약에 비유한다. 남자는 '내 아내'라고 부르는 배우자, 그 자신을 '당신의 남편'으로 묘사하는 배우자를 값없이 사랑하고 보호하며 부양할 책임을 스스로 떠안는 존재이다. "너를 지으신 이가 네 남편이시라"(사 54:5), "나는 네 하나님"(창 17:7), "내가 너희와 함께하노라"(학 1:13, 예수께서도 마태복음 28:20에서 이렇게 말씀하셨다), "하나님이 우리를 위하시면"(롬 8:31)이라는 말씀과 함께 "네 하나님"이란 이 간단한 어구는 구속받은 우리와 하나님의 사랑의 관계를 가장 잘 선포하고 있다. 전치사와 인칭대명사만으로도 아주

많은 것을 표현할 수 있다!

창조와 언약으로 하나님은 우리에게 순종을 요구할 만한 두 가지 권한을 갖게 되셨다. 그 권한은 아버지 되심(창조자라는 의미에서 아버지 되심)과 혼인관계(언약의 관계)에서 나온다. 구약시대에 이삭과 야곱으로 이어진 아브라함의 자손을 향한 창조주의 언약은 믿음으로 그리스도를 통해 아브라함의 후손이 된 모든 이들을 포함하고 있다. 따라서 예수 그리스도를 구주로 믿는 우리는, 예수님이 중재하는 언약에 따르면, 하나님이 '그리스도 안에서 모든 영적인 복'을 우리에게 약속하셨음을 깨달아야 한다(엡 1:3; 참조. 롬 8:32). 그리스도를 통해 아버지가 되시고, 언약 안에서 남편이 되신 하나님께 순종하고 충성하는 일이 이후 우리 삶의 원칙이 되어야 한다.

▌자유

둘째, 하나님은 **구속하는 분**이며 **보상하는 분**이다. 구속은 대가를 지불함으로써 다른 존재로부터 소유권을 되찾는 것을 의미한다. 유대인을 애굽의 노예 상태에서 구속하신 하나님은 갈보리 십자가의 대가를 지불하고 그리스도인들을 죄와 사탄의 속박에서 구속했다. 이렇게 얻은 자유는 하나님의 율법을 지킴으로써 보존될 수 있다.

하나님의 율법을 지킴으로써 자유가 보존된다는 이치는 이스라엘 민족에게도 적용되었다. 하나님은 이스라엘 민족에게 순종하면 사로잡히는 것이 아니라 "네 하나님 여호와가 네게 준 땅에서"(출 20:12) 오래 살리라고 말씀하셨다. 하나님을 사랑하고 하나님의 "계명을 지키는 자에게는 천 대까지 은혜를" 베푸시는 것처럼 말이다 (6절).

그러나 현대의 그리스도인들뿐만 아니라 당시 이스라엘 민족을 위한 더욱 심오한 진리가 있다. 하나님의 율법을 지키면 더 큰 자유(내적 만족)를 얻게 된다는 진리이다. 십계명은 우리에게 이것을 목적으로 삼으라고 말한다. 이것이 야고보가 십계명을 "자유롭게 하는 온전한 율법"(약 1:25)이라고 부른 이유다. 율법의 준수는 우리가 본성상 어울리지만 죄로 인해 어긋났고 은혜로 다시 맞춰진 삶이다. 그리고 하나님이 보고 싶고 또 보상하고 싶은 삶이다. 그러한 삶을 가리키는 적절한 이름이 '자유'이다.

▍질투

셋째, 하나님은 **질투하는 분**이며 **심판하는 분**이다. 하나님의 질투는 '질투'라는 단어가 풍기는 도덕적 결함이 아닌 도덕적 탁월성이다. 하나님의 질투는 아내가 자신만을 사랑하기 바라는 남편의 질투와 같은 것이다. 하나님의 사랑을 거부하고, 하나님의 뜻을 업신여기며, 하나님의 충절을 배신하는 곳에는 하나님이 심판하는 분으로 '방문'하신다(5절). 하나님은 자신이 심판자로 방문할 사람들을 가리켜 각 세대마다 나를 "미워하는" 사람들이라고 말씀하신다. 하나님을 "미워한다"는 것은 하나님이 실제로 계신다는 것을 알면서도 하나님의 법을 모독하고, 하나님이 죽기를, 또는 하나님이 다른 모습이기를 바라며, 하나님의 요구와 경고를 지독히 불경스럽게 무시하는 것을 가리킨다. 하나님이 그런 사람들을 심판하시는 것을 의아하게 여길 수 있는가?

우리는 율법을 주신 하나님을 있는 그대로 인정하는가? 바울은 로마서 11:22에서 복음에 대해 언급하며 "그러므로 하나님의 인자하심과 준엄하심을 보라 넘어지는 자들에게는 준엄하심이 있으니 너희가 만일 하나님의 인자하심에 머물러 있으면 그 인자가 너희에게 있으리라…"고 말한다. 십계명에는 하나님의 인자하심과 준엄하심이 같이 나타나 있다. 우리는 지혜롭게 그 두 증언에 주의를 기울여야 한다.

더 읽을 말씀

• **언약과 계명**

신명기 29-30

복습과 적용

1. 십계명에 소개되고 있는 하나님은 어떤 분인가? 우리는 왜 이 점을 살피면서 십계명 공부를 시작해야 하는가?

2. 결혼은 자기 백성과 맺은 하나님의 언약에 관해 무엇을 가르쳐주는가?

3. 하나님의 율법을 지키는 것이 어떻게 자유를 가져다주는가?

5

너는
나 외에는

"너는 나 외에는 다른 신들을 네게 두지 말라"는 순서뿐 아니라 중요도에서도 첫째이고 다른 모든 것의 기본이 되는 근본적인 계명이다. 참된 신앙은 이 계명을 삶의 원칙으로 받아들이는 데서 출발한다.

❙ 충성

당신이 사랑하고 찾고 예배하고 섬기는 것, 당신을 지배하도록 허용하는 것이 있다면, 그것이 곧 당신의 신이다. 이런 의미에서, 당신이 집, 땅, 장신구, 돈, 지위, 성공 등을 탐낸다면 그것도 신이 될 수 있다. 바울은 이런 탐심을 "우상숭배"(골 3:5)라고 부른다. 당신을 만들고 구원하신 분을 당신의 신, 곧 당신의 하나님으로 삼는다는 것은 하나님의 사람으로서 그분께 성실하고 충성스럽게 순종하며 사는 것을 의미한다. 하나님의 말씀에 따라 예배하고 섬기면서 하나님께 충성을 바치는 태도는 하나님을 경외하는 것(공포를 느끼는 게 아니라 존경하는 것!)이다. 이렇게 하나님을 경외하는 것이야말로 지혜의 시작이며 본질이라고 성경은 말한다(욥 28:28; 시 111:10; 잠 1:7, 9:10). 마음의 충성은 실로 거룩한 삶이 자라는 토양이다.

┃ 다른 신들

사람이 여호와 외에 다른 어떤 신들을 둘 수 있을까? 무척 많다. 이스라엘 민족에게는 가나안의 신 바알들이 있었다. 이 신들에 대한 예배는 고고학과 호세아 4:11-14로 알 수 있듯 진탕 먹고 마시고, 종교의식으로 매춘하는 것이었다. 우리에게도 섹스, 돈, 음식('자아'라는 신을 구성하는 부정한 삼위일체)이라는 큰 신들이 있다. 쾌락, 소유, 지위는 우리를 노예로 만드는 또 다른 삼총사로서 요한일서 2:16에는 "육신의 정욕과 안목의 정욕과 이생의 자랑"으로 묘사되어 있다. 어떤 사람들에게는 축구, 회사, 친구, 또는 가족 역시 하나의 신이다. 실로 하나님 이외의 다른 신들은 헤아릴 수 없을 정도로 많다. 본인 인생을 좌우하도록 허용하는 것이면 무엇이든 그 사람의 신이 되기 때문이다. 우리에게 충성을 요구하는 유혹거리는 많은 머리가 달린 괴물이다.

| 하나님을 첫 자리에

예수께서 말씀하신 제일 큰 계명은 네 마음을 '다하고' 목숨을 '다하고' 뜻을 '다하여' 주 너의 하나님을 사랑하라는 것이다(마 22:37, 막 12:30에는 '힘을 다하여'가 추가되었다). 신명기 6:4 이하에서 인용된 이 말씀은 하나님에 대한 충성이 무엇을 요구하는지 우리에게 알려준다. 그 본문은 여호와는 '한 분', 곧 '유일한 분'이시라는 것을 상기시키는 말씀과 함께 나온다. (유일한 분이란 첫째, 주변의 다른 어떤 신도 하나님과 동일시될 수 없고, 둘째, 하나님은 우리의 예배와 섬김을 요구할 수 있는 단 한 분이라는 뜻이다.)

이 계명은 당신을 만들고 구원하신 하나님의 사랑에 당신이 사랑으로 응답하기를 요구하며, 오직 주님을 기쁘게 하고 영화롭게 하는 것이 당신이 행하는 모든 일의 목적이 되어야 한다고 요구한다.

바울은 "병사로 복무하는 자는 자기 생활에 얽매이는 자가 하나도 없나니 이는 병사로 모집한 자를 기쁘게" 하기 위해서라고 했다(딤후 2:4). 비즈니스 영역에서도 고용주는 직원이 한눈팔지 않고 성실히 일할 것을 기대하는데, 우리도 고용주의 그런 권리를 인정한다. 그렇다면 하나님의 권한은 그보다 얼마나 더 크겠는가! 우리는 하나님이 요구하시는 대로 전폭적으로, 전심전력을 다해 하나님께 충성을 바치고 있는가? 당신의 삶에서 하나님을 정말로 첫 번째 자리에 모시고 있는가?

하나님을 첫 자리에 모신다는 것은 실제로 무엇을 의미할까? 내가 날마다 해야 할 101가지 항목(율법의 전체 조항), 내가 충족시켜야 할 101가지 요구사항은 사랑으로 하나님을 섬기는 모험으로 접근해야 마땅하다. 나는 모든 일에서 그분을 위해 최선을 다해야 한다. 조지 허버트가 말했듯이 "단조로운 일을 신성하게 만드는 태도, 방을 청소하는 일도 그대의 율법처럼 훌륭하게 수행하는 사람"을 말한다.

그러면 성령의 은밀한 사역을 통해 하나님을 기쁘게 하려는 내 목적이 이 모든 과업과 관계에 필요한 새로운 에너지를 나에게 공급하는 것을 경험하게 되리라. 그 시인은 "나는 사랑받은 만큼 그대를 사랑하지도 존경하지도 못했습니다"라고 고백했다. 우리가 하나님을 "존귀한 자리"에 모시면 그리스도인의 이웃 사랑에 대한 깊은 진리를 깨닫게 된다. 하나님을 첫 자리에 모시면, 자기 자신만 생각하여 일어나던 분노가 사라지고, 삶의 열정, 일하는 행복, 다른 사람에 대한 사랑이 모두 자라게 된다.

그런즉 깨어서 당신의 하나님을 높은 보좌에 모셔라. 그러면 살리라!

더 읽을 말씀

- **잘못된 우선순위**

  학개 1

- **하나님을 멸시하고 싫증내고 도둑질하다**

  말라기 1-4

복습과 적용

1. 사람은 무엇이든, 누구든 자기 신으로 삼을 수 있다. 당신은 어떤 신 (또는 하나님)을 섬기는가?

2. "마음의 충성은 실로 거룩한 삶이 자라는 토양이다"라고 말하는 이 유는 무엇인가?

3. 하나님 외에 다른 신들을 두지 않는다는 것은 실제로 무엇을 뜻하는 가?

6

우상을
만들지 말고

청년 시절 들었던 팝송 중에 이런 가사로 시작하는 곡이 있다. "상상은 재미있다. 상상은 흐린 날을 화창한 날로 만들어준다…" 상상은 굉장한 것이다! 상상은 무언가를 만들어낸다. (「반지의 제왕」, 셰익스피어의 희곡, 베토벤의 교향곡 등을 생각해 보라.) 상상은 다른 사람이 어떻게 생각하고 느끼는지 보여주기 때문에 관계를 지탱해준다. 우리 속에 있는 하나님의 형상의 일부인 상상은 좋고 필수적인 것이다. 상상력이 없는 사람은 무언가 결핍된 사람이다. 그러나 모든 좋은 것이 그렇듯이 상상도 나빠질 수 있다. 현실을 멀리하고 환상에 빠지게 한다면 파멸을 초래할 수 있다. 아이들은 가장(假裝)하기 좋아하나 성인의 관계는 현실적일 필요가 있다. 다른 사람을 그의 실상과 다르게 상상하면 문제가 발생한다. 심리치료사와 결혼상담가는 이 점을 잘 안다. 이것은 인간관계에 적용되지만 우리와 하나님의 관계에도 적용된다.

하나님에 대한 상상

우리는 하나님에 대해 어떻게 생각해야 하는가? 하나님은 모든 면에서 우리의 이해를 뛰어넘기 때문에 우리는 하나님을 제대로 상상할 수 없다. 그리고 우리가 하나님에 대해 상상한 어떤 것도 감히 믿어서는 안 된다. 우리의 타락한 정신에 내장된 습관이 하나님을 축소할 수 있기 때문이다. 죄는 "너희가 하나님과 같이 된다"(창 3:5)는 유혹에 대한 반응으로 시작되었고, 우리가 하나님과 같은 수준이 되고자 했으나 그 결과는 오히려 하나님을 우리 수준으로 끌어내리는 것이 되고 말았다. 우리의 상상력이 권좌에 앉으면 이런 일이 벌어진다.

제2계명은 "너를 위하여 새긴 우상을 만들지 말고⋯어떤 형상도 만들지 말라"이다. 이 계명은 많은 신들을 예배하지 말라는 것(이는 첫 계명에서 다뤘다)이 아니라 참된 하나님을 당신 자신이나 열등한 존재로 상상하지 말라는 것이다. 실제로 하나님이 공격하시는 것은 정신적 형상이다. 금속으로 만든 형상은 원인이 아니라 정신적 형상의 결과이기 때문이다. 이스라엘 민족이 황금 수송아지 형상 아래서 하나님을 예배했다는 것은 그들이 하나님의 순결함을 도외시한 채 하나님을 힘 있는 분으로만 상상하고 있었음을 보여준다. 이것이 이스라엘 민족의 기본적인 죄였다. 우리가 하나님에 대한 생각을 우리의 상상력에만 맡긴다면 결국 엉뚱한 길로 빠질 것이다. "나는 하나님을 이런 식으로 생각하고 싶다"라는 진술로 시작되는 말은 결코 믿으면 안 된다. 우리가 상상한 하나님은 정도의 차이는 있을지 몰라도 언제나 가상의 하나님일 뿐이다.

▐ 진정한 하나님

당신이 어떤 사람의 생각이 잘못되었음을 지적했는데, 그 사람이 당신 말을 듣지 않고 여전히 같은 실수를 반복한다면 어떨까? 정말 화가 나지 않을까? 이에 비추어, 하나님이 그 자신을 우리에게 보여주셨는데도 우리가 알아채지 못한다면 그분은 얼마나 분개하시겠는가?

하나님은 성경에 기록된 그분의 말씀과 행동으로, 무엇보다도 하나님의 형상 그 자체인 예수 그리스도, 곧 하나님의 성육하신 아들의 삶을 통해 우리에게 그 손길과 마음을 보여주셨다(골 1:15; 참조. 히 1:3; 요 14:7-10). 성부 하나님은 전적으로 예수와 같으시다! 이것은 역사상 가장 놀라운 소식이다. 그런데 우리는 그 계시된 진리에 주목하고 있는가? 그렇지 않은 것 같다. 다시금 우리의 상상력이 작동한다.

우리는 무슨 상상을 하는가? 구약 여러 부분에 묘사된 하나님의 모습과 구약 전체에 묘사된 하나님의 모습 및 우리 상상 속의 예수님의 모습이 서로 상충된다고 생각한다. 당신은 예수님을 어떤 분으로 생각하는가? 부드럽고 온화하며 따뜻한 분? 친절하며, 끊임없이 우리의 간구를 듣고, 용서하실 준비를 하고 계신 분? 그렇다. 그러나 이는 반쪽 진리일 뿐이다. 반쪽짜리 진리를 완전한 진리로 간주하면 그것은 거짓이 되고 만다. 당신은 예수께서 성전에서 장사하는 자들을 채찍으로 쫓아내신 일(막 11:15-17; 요 2:14-16), 유명한 유대교 지도자들에게 독설을 퍼부으신 일(마 23장), 무화과나무를 신실하지 않은 이스라엘에게 내려질 심판의 징표로 저주하신 일(막11:12-14, 20 이하)을 잊었는가? 성경 전체에 나오는 하나님의 자기계시와 마찬가지로, 예수님에게도 연민과 순결, 열정과 능력, 더디 노하심과 가혹한 심판의 조합이 나타나고, 이런 예수님의 성품은 우리를 참으로 겸손하게 하며 날마다 자비를 구하게 해야 마땅하다. 하지만 우리는 이런 실상을 볼 수 있을 만큼 현실주의자인가? 아니면, 우리의 상상력이 다시금 우리를 속이지 않았는가?

우리는 과연 하나님을 사랑이면서도 빛이시고(요일 1:5, 4:8), 인자하면서도 두려운 분이라고(느 1:5) 생각하길 좋아하는가? 아마 그렇지 않을 것이다. 그러나 하나님은 그런 분이다. 우리가 어리석고 부주의해서 하나님을 그와 다른 존재로 상상한다면 우리에게 화가 미칠 것이다.

하나님은 자기의 진정한 본성, 즉 완전한 충성을 요구하는 질투하는 하나님, 그의 대적을 마땅히 심판하는 공의로운 하나님, "나를 사랑하고 내 계명을 지키는 자에게는 천 대까지 은혜를 베푸는" 은혜로운 하나님임을 상기시킴으로써 제2계명(출 20:5 이하)을 끝맺는다. 그러면 우리는 이 계명을 어떻게 지켜야 하는가? 혼란스런 우리의 상상력을 제어하고, 하나님의 말씀에 따라 그분을 있는 그대로 겸손히 받아들여야 한다.

그런데 우리는 그럴 준비가 되어 있지 않고 얼마나 느린지 모른다! 그러나 우리는 그렇게 하는 법을 배워야 한다. 우리가 장밋빛 환상을 버리고 실상을 받아들일 때에만 진정한 예배―진리 안에서의 예배―가 시작될 수 있기 때문이다.

더 읽을 말씀

- **금송아지와 하나님의 생각**

  출애굽기 32

복습과 적용

1. 왜 인간의 상상력은 하나님을 제대로 그릴 수 없는가?

2. 하나님의 이미지들을 마음대로 꾸며내도록 부추기는 진짜한 죄는 무엇인가? 당신은 이런 죄를 짓지 않는가? 만일 그렇다면 그 문제를 어떻게 할 것인가?

3. 하나님은 어떤 분인가? 당신의 말로 묘사해보라.

7

**여호와의 이름을
망령되게
부르지 말라**

어떤 냉소적인 외교관은 이렇게 말했다. "말의 목적은 생각을 숨기는 데 있다." 이 말은 실제로 우리가 말하는 방식을 지적하는 것이다. 이는 정곡을 찌르는 말이다. 종종 우리는 마음에도 없는 말을 주고받고 아무런 의도가 없다고 안심시킨다. 그래서 종종 "진심입니까?"라고 되물을 필요가 있다.

우리의 말을 우리의 보증으로 취급하길 꺼리는 태도, 즉 우리가 실제로 한 말에 책임지지 않으려는 태도는 죄의 증상으로서 고결함을 갉아먹는 도덕적 구더기이다. 결혼서약, 고용주와 피고용인의 계약, 일상적인 약속—"이렇게 하겠다," "그 점에 주의하겠다," "오겠다," "가겠다" 등—은 왜 그토록 자주 깨지는가? 왜 우리의 삶은 우리가 지키지 못한 약속들로 어지럽혀져 있는가? 악의, 엉성한 관리, 이기심, 또는 부주의 때문이든, 왜 그런 일이 발생하는가?

우리는 왜 우리의 말을 믿는 사람들을 그토록 자주 실망시키는가? 그것은 우리의 말을 진지하게 여기길 꺼리는 우리의 죄성 때문이다.

▌하나님의 이름을 함부로 부르는 것

그러나 성경은 약속을 매우 진지하게 여긴다. 하나님은 우리에게 서약을 충실히 지킬 것을 요구하신다. 왜 그런가? 믿음직스러움이 그분이 우리 안에서 보고 싶은 그분의 형상의 일부이기 때문이다. 또한 상호신뢰가 없다면 사회가 해체되고 말기 때문이다. 제3계명은 이 점에 대한 하나님의 관심을 강조한다.

"너는 네 하나님 여호와의 이름을 망령되게 부르지 말라."

"망령되게"는 '실제와 다르게'라는 의미이다. 하나님의 이름을 헛되게, 하찮게, 불성실하게 사용하는 것을 금한다는 계명이다. 이는 최소한 세 가지 사항을 의미한다.

첫째, **불경**(不敬)이다. 하나님의 지혜와 선하심을 진지하게 여기지 않아서 그분을 모욕하는 방식으로 하나님을 거론하거나 생각하는 것이다. 욥은 자기 자녀들이 "마음으로 하나님을 욕되게 하였을까"(욥 1:5) 하여 자녀들을 대신해 희생 제물을 드렸다. 자녀들이 죽은 후, 괴로워하는 아내가 "하나님을 욕하고 죽으라"(욥 2:9)고 재촉했을 때도 욥은 하나님을 욕하지 않았다. 우리가 자기도취에 빠지면 우리 자신이나 타인에게 일어난 일 때문에 하나님을 미워하게 되고, 그때마다 제3계명을 어기게 된다.

둘째, **나쁜 말씨**이다. 인간의 나쁜 감정을 나타내기 위해 하나님의 거룩한 이름을 욕설로 사용하는 경우이다. 일상적으로 내뱉는 불경스러운 말―"Oh my God!", "Oh Christ!"―도 최악의 죄는 아닐지라도 제3계명을 위반하는 죄이다. 그런 말투는 믿음을 표현하는 것도, 하나님을 예배하는 것도 아니기 때문이다. 때때로 우리는 분노에 휩싸이기도 한다. 그럴 때 폭력을 행사하는 것보다는 차라리 거친 말이나 욕을 하는 것이 낫다. 그러나 하나님이 우리의 주님이고 모든 것을 우리의 성화를 위해 행하라는 명령(히 12:5-11; 참조. 롬 8:28 이하)을 생각하면, 가장 미칠 것 같은 순간에도 당신이 갈수록 더 "진정할" 수 있음을 알게 되리라. 그것이 최선이다.

셋째, **약속 지키기**인데, 이는 특별히 강조할 필요가 있다. 이 점에서는 우리 모두가 무척 부주의하기 때문이다. 우리의 말에 신빙성을 높이기 위해 하나님의 이름을 거론했다가 그것을 못 지키면, 그것은 굉장히 불경스러운 일이다. "너희는 내 이름으로 거짓 맹세함으로 네 하나님의 이름을 욕되게 하지 말라"(레 19:12; 렘 5:2; 참조. 슥 5:4). 주님은 자기 이름을 함부로 부르는 자를 무죄한 자로 여기지 않으신다. 바리새인들은 하나님의 이름을 명시적으로 언급하지 않는 한, 신성한 것을 두고 맹세한 약속을 죄의식 없이 깰 수 있다고 생각했다. 예수님이 이러한 바리새인들의 생각을 공격하신 것은 인간의 모든 약속에서 하나님을 배제할 수 없기 때문이었다.

하나님은 모든 곳에 계시기 때문에, 하나님의 이름을 언급했든 안 했든 모든 약속은 하나님 앞에서 이루어지는 것이다(마 5:33 이하). 따라서 모든 약속은 신성하며 지켜져야 한다. 아이들은 이 점을 알고 또 매우 강하게 느낀다. 그러나 성인들이 이 사실을 종종 잊어버리는 것은 비극이다.

경건한 사람은 조심스럽게 약속한다. 또 일단 약속을 하면 양심적으로 그것을 지킨다. 약속에 무책임하고 믿을 수 없게 행동하는 것은 중대한 죄임을 알기 때문이다. 이 점을 배우는 게 얼마나 어려운지 모른다! 그러나 반드시 배워야 한다!

더 읽을 말씀

• 말을 조심해야 하는 이유

마태복음 12:22-37

복습과 적용

1. 왜 하나님은 우리의 서원을 지키도록 요구하시는가?

2. 주님의 이름을 함부로 부르는 것은 단지 그 이름으로 약속한 것과만 관련이 있는가? 그 이유는 무엇인가?

3. 하나님의 이름을 구체적으로 거론하지 않은 맹세는 죄의식 없이 깰 수 있다는 바리새인들의 주장을 당신은 어떻게 논박하겠는가?

8

안식일을 기억하여

"안식일을 기억하여 거룩하게 지키라"고 하는 제4계명에 몇 가지 의문을 제기할 수 있다. 첫째, **역사적인** 문제다. 시내산 이전에도 안식일을 지켰는가? "기억하여"라는 단어와 하나님이 제7일에는 만나를 공급하지 않으셨다는 이전의 이야기(출 16:22-30)를 보면 시내산 이전에도 안식일 관습이 있었음을 알 수 있다. 한편 창세기 2:2-3("하나님이 그 일곱째 날을 복되게 하사 거룩하게 하셨으니 이는 하나님이…그날에 안식하셨음이니라")은 안식일 준수를 창조 시점까지 거슬러 올라가게 한다.

| 안식일과 주일

둘째, **세대의** 문제이다. 창조와 출애굽을 기념하는(신 5:15) 한 주의 일곱 번째 날인 구약의 안식일과 예수님의 부활을 기념하는(요

20:19; 행 20:7; 계 1:10) 한 주의 첫 날인 주일은 어떤 관계가 있는가? 토마스 아퀴나스와 웨스트민스터 신앙고백에 따르면, 단지 날을 세는 방식의 차이일 뿐이라고 한다. 따라서 그리스도인은 주일을 지킴으로써 안식일을 지키는 것이 된다. "세계의 시초로부터 그리스도의 부활까지, 하나님은 한 주의 일곱째 날을 안식일로 정하셨고, 이후 한 주의 첫째 날이…그리스도인의 안식일이다"(웨스트민스터 소요리문답).

이 견해는 소수의 증거(앞에 제시한 신약성경 세 구절)를 자연스럽게 해석한 결과이다. 그러나 제칠일안식일예수재림교회는 (안식일에서 주일로의) 변화가 일어났다는 것을 부인하며 토요일을 계속 안식일로 지킨다. 반면에 아우구스티누스를 비롯한 많은 신자는 '안식'은 그리스도 안에서의 안식을 상징하는 것으로 여겨서 이 계명 역시 다른 구약의 상징들과 마찬가지로 이제는 폐지되었다고 결론을 내린다. 그러므로 그들이 주일을 지키는 이유는 하나님의 직접 명령 때문이기보다는 교회의 전통적인 관습이기 때문이다.

셋째, **윤리적인** 문제다. 주일이 기독교의 안식일이라면, 우리는 그것을 어떻게 거룩히 지킬 것인가? 정답은 예수처럼 행동하는 것이다. 예수님의 안식일은 빈둥대며 노는 날이 아니라 하나님을 예배하고 선한 일(웨스트민스터 소요리문답에 따르면 "필요한 일과 자선행위")을 하는 날이었다(눅 4:16, 13:10-17, 14:1-6). 세상의 여러 일에서 자유로우면 주님의 날에 주님을 섬기는 자유를 얻을 수 있다. 매튜

헨리는 안식일은 거룩한 일을 하기 위한 거룩한 휴일이 되었다고 말한다. 이 거룩한 일에서 육체적 레크리에이션과 가족의 놀이가 배제되는 것은 아니다. 그러나 예배와 그리스도인의 사귐이 최우선이다.

당신의 시간은 하나님의 것이다

이 세 가지 의문에서 끌어내는 추론은 논쟁의 여지가 있겠지만 그 저변의 원칙은 명확하다. 그 원칙이란, 우리가 충성으로(제1계명), 사유의 영역에서(제2계명), 말로(제3계명) 하나님을 영화롭게 할 뿐 아니라 수고와 휴식의 리듬을 지키는 시간사용으로도(제4계명) 그렇게 해야 한다는 것이다. 하나님이 요구하시는 안식일 준수는 우리의 모든 시간이 하나님께 돌려드리고 그분을 위해 사용할 하나님의 선물임을 상기시킨다. "내 삶을 받으소서"라는 말은 "나의 모든 순간과 모든 날들을 다 받으소서"라는 뜻이다. 이로부터 제4계명에 대한 진정한 순종이 시작된다.

그리스도인은 하나님이 주신 재능과 돈의 청지기란 진리는 오늘날 잘 알려져 있다. 그러나 시간도 하나님의 선물이며 우리가 시간의 청지기라는 진리는 덜 강조되는 편이다. 우리는 청교도들과 바울에게서 이 진리를 배울 수 있다. 청교도들은 시간의 귀중함을 자주 강조했다. 바울 역시 "그런즉 너희가 어떻게 행할 지를 자세히 주의하여…세월을 아끼라 때가 악하니라"(엡 5:15 이하; 참조. 골

4:5)고 말했다. "세월"(time)은 '순간'이나 '기회'를 의미한다. '아끼라'
는 문자적으로 '낭비나 무용성에서 되찾다'라는 뜻이다. "때"(the
days)는, 바울의 의미로 보면, 여전히 '악하다.' 다시 말해, 사탄의
유혹과 반대로 가득하다(참조. 엡 6:11-17). 사탄은 매순간이 오용되
는 것을 보고 싶어 한다. 그러나 우리는 매 순간을 하나님께 가치
있는 시간으로 만들어야 한다.

어떻게? 미친 듯이 서둘러서 많은 활동을 한다고 되는 것이 아
니다. 취침, 가정생활, 생업, 가사, 기도, 레크리에이션 등에 필요한
시간을 할당하고, 수고와 휴식, 노동과 예배의 리듬을 따라 질서정
연한 생활방식을 영위해서 시간에 지배되는 것이 아니라 시간을
지배함으로써 그럴 수 있다.

제4계명을 합당한 만큼 진지하게 받아들이는 사람은 거의 없
을 것이다. 나 자신도 이 점에서 많은 잘못을 저질렀다. 당신은 어
떤가?

• **하나님께 시간을 바치는 방법**

이사야 58

1. 구약의 안식일과 신약의 주일은 어떤 관계가 있다고 생각하는가? 당신의 견해를 말하고 변호해보라.

2. 이 시대에 우리는 어떻게 안식일을 거룩히 지킬 수 있을까?

3. 실질적으로 말해서, 우리의 모든 시간을 다 하나님께 바친다는 것은 무엇을 의미하는가?

9

네 부모를
공경하라

하나님의 직접적인 요구사항들에 관한 네 가지 계명 다음에는 타인에 대한 여섯 가지 의무가 나온다. 그 의무 가운데 첫째가 "네 부모를 공경하라"이다.

▎부모에 대한 존경

성경은 부모가 자녀를 훈련할 의무와 자녀가 부모를 공경할 의무를 강조한다. 구약에서 부모에게 무례한 것은 중대한 죄였다. 부모를 저주한 사람은 처형될 수 있었다(출 21:17; 레 20:9). 함은 아버지 노아가 독한 포도주를 마시고 잠들었을 때 아버지를 조롱한 일 때문에 벌을 받았다(창 9:20-27). 신약에서 예수님은 바리새인들이 제5계명을 지킨다고 주장하면서 부모를 궁핍한 상태에 내버려 둬서 사실상 그 계명을 어기고 있었기 때문에 그들을 공격하신다

(마 15:3-9). 부모에게 불순종하는 것은 타락과 배교의 전조이다(롬 1:30; 딤후 3:2).

왜 하나님은 (웨스트민스터 요리문답이 명시한 것처럼) "나의 부모를 사랑하고 공경하고 도울" 의무를 강조하시는가? 여러 가지 이유가 있다.

첫째, 가정은 기본적인 사회 단위이다. 가정생활이 약한 국가는 견고하거나 강할 수 없다.

둘째, 가정은 기초적인 영적 단위이다. 하나님은 부모를 자녀들의 목사요 선생으로 삼으신다.

셋째, 자녀들은 수년간 부모의 보살핌과 양육을 받아 부모에게 큰 빚을 진다.

넷째, 자녀들은 그들이 아는 것 이상으로 부모의 지도가 필요하다. 그 지도를 거부하면 허약하게 될 수밖에 없다. 출애굽기 20:12와 신명기 5:16이 부모를 공경하는 사람들에게 약속한 장수는 어느 그리스도인에게나 보장되는 것은 아니지만, 부모를 업신여기는 자녀들이 곤경을 겪는다는 진리는 여전히 유효하다. 그런 자녀들은 인간적 성숙을 어느 정도 상실하게 되고, 하늘에 계신 아버지를 공경하기는 더 어렵게 된다.

다섯째, 사회보장제도가 없던 시대에는 노인이 의지할 대상이 자녀들 밖에 없었다. 복지국가일지라도 노인은 자녀의 사랑어린 관심이 필요하다. 자녀들이 어린 시절에 부모의 보살핌이 필요했듯이 말이다.

▌하나님과 가족

물론 이런 이유 중 어떤 것 때문에라도 부모가 자녀를 학대하거나 소유물로 취급하는 것은 정당화할 수 없다. "아비들아 너희 자녀를 노엽게 하지 말고 오직 주의 교양과 훈계로 양육하라"(엡 6:4; 참조. 골 3:21). 만일 부모가 자녀들이 그리스도의 제자가 되는 것을 방해한다면, 자녀들이 부모에게 불순종하는 것은 필요악이 될 것이다.

그러나 우리 주 예수 그리스도의 아버지이며, 또 그리스도를 통해 모든 그리스도인들의 아버지가 되시는 하나님이 가족들에게 크나큰 관심이 있음을 우리는 깨달아야 한다. 부모와 자녀 모두에게 책임이 따르는 가정생활은 모든 이들을 향한 하나님의 목적의 일부이다. 또 우리가 부모와 자녀로 행동하는 방식은 우리의 인간성과 경건함을 헤아려볼 수 있는 중요한 척도가 된다. 자녀를 존중하고 자녀가 성숙하기를 바라며 자녀를 보살피는 부모의 사랑, 부모를 존경하고 부모가 만족하기를 바라며 부모에게 감사하는 자녀의 사랑은 우리에게 꼭 필요하다.

오늘날 부모와 자녀 모두 그리스도인다운 가정생활 방식을 배우는 것이 얼마나 시급한지 모른다. 과거의 대가족이 현재의 핵가족으로 줄어들었다. 사회보장제도와 공동체의 풍요가 경제단위로서의 가정의 중요성을 축소시켰다. 이런 이유 때문에 가족 관계가 약해졌다. 부모는 너무 바빠서 자녀들에게 시간을 낼 수 없고, 젊은이들은 오늘날의 젊은이 문화에 휩쓸려 이전보다 더욱 부모를 답답하고 시대에 뒤떨어진 사람으로 취급한다. 이런 시기에 제5계명은 우리에게 하나님의 명령을 상기시킨다.

부모에 대한 당신의 태도는 솔직히 그동안 어떠했는가? 또 지금은 어떠한가? 부모를 공경한다는 것은 부모를 존경한다는 뜻이다. 우리가 성직자의 개인적 한계나 사생활을 어떻게 생각하든지, 성직자의 직분과 당신과의 관계 때문에 그를 존경해야 하는 것처럼, 부모의 직분과 당신과의 관계 때문에라도 마땅히 부모를 존경해야 한다는 뜻이다. 나의 대학 동기생 한 명은 뛰어난 학자로서 대성했으나 부모를 수치스럽게 여겨서(그의 아버지는 빵 굽는 사람이었다) 부모를 방문하려고 하지도 않고 부모가 자신을 방문하는 일도 꺼렸다. 연금이 없던 시대에 바리새인들이 사람들로 하여금 부모에 대한 경제적 책임을 회피하게 만들었듯이(이 때문에 예수님은 바리새인들을 맹렬히 책망하셨다. 마가복음 7:6-13을 보라), 오늘날에도 사람들은 더 이상 자립할 수 없는 부모를 돌보는 일을 회피한다. 부모를 경시하면서 이웃 사랑을 한다고 주장할 수 없다. 우리 중 일부는 회개할 필요가 있을 것이다.

더 읽을 말씀

• **가정생활의 지침**

골로새서 3:18-21(참조. 에베소서 5:21-6:4)

• **예수께서 어머니를 공경하신 방법**

요한복음 2:1-11, 19:25-27

복습과 적용

1. 가정생활이 연약하다면 그 국가는 왜 강할 수 없는가?

2. 하나님이 아버지 되심을 아는 것이 부모에게는 어떤 도움이 되는가?

3. 가정은 어떤 면에서 시험의 장(場)인가?

10

살인하지 말라

제6계명(출 20:13; 신 5:17)은 "살인하지 말라"이다. '살인'은 악의에 의해 불법적으로 사람을 죽이는 것을 말한다. (살인자에게) 사형을 집행하는 것과 전장에서 적군을 죽이는 것은 여기에 해당하지 않는다. 하나님은 십계명이 나오는 출애굽기와 신명기에서 실제로 이 둘을 요구하셨다(출 21:12-17; 신 20:10-18).

우리가 사형 제도를 무분별하고 혐오스러운 것으로 생각할지언정(이에 대한 견해는 다양하다) 우리의 논점을 증명하려고 제6계명을 거론해서는 안 된다. 이 계명은 그 문맥상 개인 윤리를 다루고 있기 때문에 그 둘의 문제와는 관련이 없다.

| 하나님의 형상을 지닌 인간

제6계명은 인간의 생명이 신성하다는 원칙에 기초를 두고 있다.

인간의 생명이 신성한 이유는 첫째, 하나님의 선물이기 때문이며, 둘째, 인간은 하나님의 형상을 지니고 있기 때문이다(창 1:27, 9:6). 따라서 인간의 생명은 이 세상에서 가장 소중하고 신성한 것이다. 그 생명을 끝내거나 인생의 종말을 지시할 수 있는 것은 오직 하나님만의 특권이다. 우리는 서로에게 있는 하나님의 형상을 존중함으로써 하나님을 공경한다. 이는 가능한 모든 방법을 이용하여 서로 생명을 보존하고 서로의 복지를 증진시켜야 한다는 것을 의미한다.

항상 살인으로 불리진 않지만 이 계명이 배제하는 것이 몇 가지 있다.

첫째, **악의**이다. 누군가를 쇠약하게 만들고 싶은 욕망, "그놈이 죽는 꼴을 보고 싶어"라고 말할 때의 마음이다. 예수께서 이렇게 말씀하셨다. "형제에게 노하는 자마다 심판을 받게 되고…미련한 놈이라 하는 자는 지옥 불에 들어가게 되리라"(마 5:22). 마음 속 증오 역시 사람을 해치는 폭력에 못지않은 살인이라고 할 수 있다.

둘째, 다른 사람의 생명을 약화시키거나 단축시키는 **학대**나 **폭력**도 배제시킨다. 소위 기독교 국가들에서도 비인도적인 범죄(강도짓과 폭파행위 등)가 증가했고, 고문에 의한 세뇌와 심문이 현대 군사주의의 표준 장치로 자리 잡은 것은 심각한 문제가 아닐 수 없다. 제6계명을 중시했다면 이런 일은 일어나지 않았을 것이다.

▌태아 살해

셋째, **낙태**이다. 유전과학이 말해주듯, 태아는 임신하는 순간부터 태어나는 과정이 있는 인간이다. 여러 달 동안 자궁 밖에서는 생존할 수 없다는 사실 때문에 태아의 인권이 침해되어서는 안 된다. 태아도 다른 사람들과 똑같이 보호받을 권리, 태어난 다음에 얻게 될 보호받을 권리가 있다. 낙태는 임신으로 산모의 생명이 위험해졌을 때에만 (필요악으로서) 정당화될 수 있다. 그러나 의사들이 알듯이, 오늘날은 그런 경우가 드물다. 다른 이유들로 낙태를 합법화하는 것은 사회악이다.

넷째, **자살**과 **안락사**이다. 자살은 혼란스런 정신이 낳는 행위이다. 한때 자살을 하면 하나님의 은혜를 상실하게 된다고 우리가 생각했으나, 설령 그렇지 않더라도 자살은 직접 하나님의 계명을 위반하는 것이다. 안락사도 마찬가지이다. 원격 조정된 자살의 형태를 띠든, 총으로 말을 쏴 죽이거나 약물을 주입해 애완동물을 합법적으로 죽일 수 있듯이 "사람을 고통에서 구하는 것" 역시 합법적이란 생각으로 인한 살인의 형태를 띠든지 그렇다. 그러나 인간을 말이나 애완동물의 범주에 넣을 수는 없다. 고통이 극에 달한 사람이 우리에게 안락사를 요청할지라도 그렇다. 현대 법률이 자살과 안락사를 불법적 행위로 규정하고 있는 것은 옳다.

(의식을 회복할 희망이 없을 경우에 육체를 죽게 내버려두는 것은 안락사가 아니다. 가장 중요한 의미에서 그 사람은 이미 죽은 것으로 여겨져야

한다. 다만 어려운 점은 의식을 회복할 수 없는 상태에 이른 시점을 언제로 판단하느냐이다.)

나치가 수백만 명의 유대인과 장애인을 죽인 것과 러시아 공산당이 수백만 명의 러시아인을 죽인 것은, 인간 생명의 신성함을 부인하면 어떤 결과를 초래하는지 여실히 보여준다. 제6계명은 더욱 참되고 더 나은 길을 제시한다.

┃ 살인자들

범죄소설 작가들이 생각하는 것처럼, 또 우리 대부분이 경험으로 아는 것처럼, 우리는 분노, 공포, 시기, 탐욕, 자만, 냉담, 미움을 품을 능력이 있다. 그래서 적당한 자극만 있다면 우리는 살인자들―유아 학대자, 잔혹한 남편, 살인청부업자―가 될 소지가 있다.

G. K. 체스터턴의 소설에 나오는 브라운 신부는 자신의 수사방법을 이렇게 설명했다. "그 사람들을 모두 죽인 것이 바로 나였소." 그는 그런 범죄 저지르게 한 정신 상태를 알아내기 위해 자기 내면을 살펴보았고, 실제로 자기 내면에서 그런 정신 상태를 찾아냈다는 뜻에서 그렇다. 체스터턴은 브라운의 입을 빌려 이렇게 말한다.

"아무도 자신이 얼마나 악한지 또는 악할 수 있는지 알기까지는, 마치 머나먼 정글의 원숭이들인 듯이 그들에 대해 이야기하고 조롱하며 잘난 척할 권리가 자신에게 얼마나 있는지 알기까지는, 자기 영혼에서 바리새인의 속성을 최후의 한 방울까지 다 짜내기까지는, 자신의 유일한 희망이 어떻게든 한 명의 범죄자를 붙잡아 남몰래 안전하게 또 온전하게 지키는 것일 때까지는 정말로 선할 수 없다."

소설 속 인물이기는 해도 브라운은 사실을 말한다. 보통 사람의 마음속에 있는 분노와 증오의 헤아릴 수 없는 우물에서 그런 것을 퍼낸다면 그 결과는 실로 무시무시하다. "하나님의 은혜가 없다면, 나도 저렇게 되었을 것이다."

오직 우리를 억제시키고 새롭게 하시는 은혜만이 제6계명을 지킬 수 있도록 해준다.

• **살인은 악이다**

창세기 4:1-16, 9:1-7

복습과 적용

1. 왜 미움을 살인과 같은 범주에 넣어야 하는가? 다른 사람에 대한 분노와 증오의 감정이 생길 때 당신은 어떻게 대처하는가?

2. 낙태와 안락사에 대한 저자의 입장에 당신은 동의하는가? 그 이유는 무엇인가?

3. 이 장에서 언급한 '더욱 참되고 더 나은 길'은 무엇인가?

11

간음하지 말라

어린 시절 제7계명을 처음 대했을 때 나는 간음이 성인의 행동방식을 의미하는 줄 알았다. 이후에 어떤 성인들은 혼외정사를 성인이 된 표시로 생각한다는 것을 알게 되었다. '성숙한'이란 단어가 이런 의미로 쓰였는데, 이는 잘못 적용된 것이다. 그러나 "간음하지 말라"는 계명이 우리에게 말하는 것은 첫째, 섹스는 결혼, 오직 결혼생활을 위한 것이며, 둘째, 결혼생활은 평생 정절을 지키는 관계로 보아야 한다는 것이다. 셋째, 섹스를 통해 다른 사람의 결혼관계를 침해해서는 안 된다는 것이다. 이 원칙을 이해하고 이에 따라 사는 것이 참으로 성숙했다는 표시이다.

| 섹스 본연의 자리

그리스도인들은 성적 즐거움에 대해 때때로 결벽증을 보이곤 했지만 성경은 그렇지 않다. 아가서와 잠언은 하나님이 섹스를 고안하셨고 전적으로 긍정하신다는 것—본연의 자리에 있다면—을 보여준다! 그러나 섹스는 곧잘 제자리를 벗어난다. 예를 들어, 스릴을 즐기기 위해, 정신적·신체적 긴장을 풀기 위해, 외로움이나 지루함에서 벗어나기 위해, 남을 통제하고 굴욕감을 주기 위해, 또 상대방의 성적 매력에 단순한 동물적 반응으로 섹스를 행할 때가 있다. 이런 동기들은 섹스를 싸구려로 만들고, (순간적 쾌락에도 불구하고) 섹스를 하찮고 추하게 만들며, 스릴이 끝나면 기쁨보다는 역겨움을 더 많이 남긴다.

그러면 섹스의 합당한 자리와 섹스의 목적은 무엇인가? 하나님의 의도는 이렇다. 아담에게서 하와를 창조한 이야기가 보여주듯이, '한 몸'의 경험은 배우자의 의식을 표현하고 고조시키는 것으로서 서로에게 자신을 내어줌으로써 두 사람은 서로에게 속했으며, 온전함과 완전함을 이루기 위해 서로 필요한 존재임을 나타낸다(참조. 창 2:18-24). 이것이 서로 헌신하는 부부가 짝짓기를 할 때 '만들어내는' 사랑이다. 이러한 관계로부터 자녀가 태어나지만, 이는 부차적인 것이다. 일차적인 목적은 부부가 오로지 서로에게만 속한 사람들임을 반복하여 '알아감으로써' 상호관계를 풍성하게 하는 것이다.

따라서 섹스가 있어야 할 자리는 평생 서로 정절을 지키는 자리, 곧 결혼이라는 자리이다. 거기서 성적 경험은 부부가 서로의 충실함을 더 많이 경험함으로써 더욱 풍성해진다.

❘ 그릇된 길

따라서 혼외정사(상대방이 기혼이면 '간음', 미혼이면 '음행'으로 부른다)
는 정절의 서약이 없기 때문에 하나님의 숭고한 목적을 이룰 수 없
다. 무분별한 섹스를 하는 남자는 상대방을 사랑하는 게 아니라
이용하는 것이고 따라서 남용하는 것이다(아무리 여자가 동의했어
도). 자위행위 역시 하나님이 숭고한 목적을 이룰 수 없다. 섹스는
관계를 위한 것이지 홀로 즐기는 것이 아니기 때문이다. 그리고 하
나님이 의도하신 관계는 이성 간의 섹스뿐이다. 하나님은 동성애
를 금하고 정죄하신다(레 18:22; 롬 1:26 이하). 오늘날에는 우리 중
일부가 하나님으로부터 섹스 행위(킨제이의 표현은 '배출')가 없는 삶
을 받았다고 인정해도, 그런 사람에게 손해가 없고 그 인간성도 위
축되지 않는다고 꼭 말해야겠다. 아니, 외쳐야겠다.

어쨌든 완전한 인간이었던 예수님은 독신이셨다. 바울은 상처
를 했든, 버림받았든, 결혼한 적이 없었든 간에 그의 사역 내내 싱
글로 살았다. 배우자를 원하는 모든 사람이 배우자를 얻을 수 있
는 것은 아니다. 그러나 하나님은 환경을 통해 우리를 어떤 상태로
부르시든지 우리가 감당할 만한 능력을 주신다.

섹스는 이정표이다

오늘날 모든 것을 허용하는 정글에서 섹스의 의미와 목적은 길을 잃었고 섹스의 영광도 실종되고 말았다. 도덕적으로 타락한 우리 사회는 성경과 제7계명이 말하는, 섹스에 대한 고상하고 기품 있는 견해를 시급히 회복해야 한다. 섹스는 완전히 또 영구히 헌신된 관계를 위한 것이고, 이는 애정과 성실성과 생물학이 결합된 관계로서 우리로 하여금 그 관계의 원형을 바라보도록 준비시켜준다는 것이다. 그 원형을 C. S. 루이스는 이렇게 표현했다. "사랑과 기쁨의 황홀경 안에서 하나님, 사람들, 천사들과 자유롭게, 자발적으로 연합하는 행복이며, 이때 느끼는 사랑과 기쁨에 비하면, 이 세상에서 맛보는 남녀 간의 열렬한 사랑은 기껏해야 우유와 물처럼 싱거울 뿐이다."

그것은 재미있는 것일까? 그렇다. 재미도 하나의 특징일 것이다. 그래서 하나님도 그와 유사한 지상의 섹스도 재미있는 것으로 만드셨다. 이 때문에 당신은 섹스를 멸시해서도, 신격화해서도 안 된다. 부부의 관계가 아무리 온전할지라도 결코 완전할 수 없다는 의미에서, 섹스에서 느낄 수 있는 애정의 달콤함은 우리에게 하나님을 가리키는 보석과 같은 이정표이다. 사람들이 로미오와 줄리엣의 마음상태에 빠지면 "이것은 우리보다 더 크다"고 말하는데, 이는 무심결에 진실을 말한 것이다. 그러나 이정표는 그것이 가리키는 방향으로 가려는 사람들에게만 도움이 된다. 당신이 그 멋진 이

정표 곁에 평생 캠핑을 하겠다고 고집한다면, 당신은 어리석은 사람이고 아무 곳에도 도달하지 못할 것이다.

더 읽을 말씀

- **그릇된 섹스**

  잠언 6:20-7:27, 고린도전서 6:9-20

- **성적 사랑의 기쁨**

  아가 1-8장

복습과 적용

1. 성경의 결혼관은 무엇인가? 하나님의 숭고한 목적에 비춰보면, 혼외 정사에 결여되어 있는 것은 무엇인가?

2. 하나님이 정하신 섹스의 일차적인 목적은 무엇인가? 이에 관해 '한 몸'이라는 표현이 시사하는 것은 무엇인가?

3. 누군가 당신에게 동성애 성향이 있다고 고백한다면, 당신은 어떻게 상 담하겠는가?

12

도둑질하지 말라

"당신에게는 당신 자신과 당신의 아내 다음으로 당신이 가진 세상 재물이 중요하다. 하나님은 각 사람의 재산이 보호받기 원하신다. 그래서 아무도 이웃의 재산을 강탈하거나 일부라도 손해를 끼치는 일이 없도록 하라고 명령하신다…이런 행동은 지금 매우 흔한 죄악이다…도둑질이란 금고나 주머니를 터는 행동만 가리키는 것이 아니다. 시장, 상점, 술집, 직장 등 상거래를 하고 상품과 노동에 대해 대가를 지불하는 모든 곳에서 남을 이용하는 일체의 행동이 도둑질이다."

루터는 공평성이란 원칙에 주안점을 두어 제8계명을 이렇게 해설하기 시작했다. 이웃에 대한 사랑은 이웃 사람을 신성하게 여길 것(제6계명)을 요구할 뿐 아니라 이웃의 아내(제7계명), 이웃의 재산과 권리를 신성하게 대할 것(제8계명)을 요구한다.

▌재산

제8계명의 이면에는 재산에 대한 성경의 관점이 있다. 이 관점에 따르면, 소유권은 곧 청지기직이다. 인간의 법은 내 재산을 나의 소유로 여기기 때문에 내가 원하는 대로 처분할 수 있다. 이는 소유주가 정한 조건 아래서 내가 빌린 자나 수탁자로서 사용할 수 있는 허락을 받은 것과 다르다. 그러나 성경을 믿는 자들은 (인간의 법이 말하는 바) 내가 소유한 돈, 물건, 법적 권리, 직함 등을 하나님의 수탁자로서 갖고 있다는 점을 잘 안다. 이런 것들은 예수님의 비유에 나오는 말을 빌리면 달란트이다. 이것들은 하나님을 위해 쓰라고 하나님이 내게 일시적으로 빌려주신 것이다. 언젠가 나는 내게 맡기신 이 달란트를 어떻게 관리했는지 하나님께 보고해야 할 것이다.

타락한 인간은 항상 본능적으로 지금보다 더 많이, 다른 사람들보다 더 많이 갖고 싶어 하기 때문에 재산을 훔치고 싶은 유혹, 즉 다른 사람에게 소유권이 있는 것을 빼앗으려는 유혹을 느낀다. 맹목적인 경쟁심은 맹목적 질투심을 유발한다. 바로 이것이 하나님을 배반했을 때의 마귀의 오만함, 아벨을 죽인 가인의 오만함(창 4:4-8), 에서의 장자권을 훔쳤을 때의 리브가와 야곱의 오만함(창 27장)의 본질이다.

또한 맹목적인 경쟁심은 제10계명이 정죄한 만족할 줄 모르는 탐욕의 본질이며, 이 탐욕은 제8계명이 금지한 도둑질의 원인이 된다. 그러나 우리가 정당한 수단으로 얻을 수 없는 것을 소유하는 일은 하나님의 뜻이 아니다. 다른 사람의 재산을 대하는 올바른 태도는 그 사람의 소유권을 충분히 존중하는 양심적인 배려이다.

▎여러 가지 도둑질

도둑질을 금하는 것은 명백하고 평범한 원칙이다. 어디서나 모든 법률은 하나같이 재산을 보호하고, 도둑질을 정죄하며, 성경이 요구하듯이(민 5:7; 참조. 잠 6:30 이하) 손해배상을 요구했다. 그렇지 않으면 어떻게 사회 질서가 유지될 수 있겠는가? 따라서 아무것도 재고의 여지가 없는 듯이 보일 것이다.

하지만 잠깐만. 그런데 이 원칙을 어떻게 적용할 것인가? 우리의 생각보다 훨씬 폭넓게 적용된다.

예를 들면, 시간의 도둑질이 있다. 이것은 오늘날 가장 흔한 형태의 도둑질이 아닐까? 고용된 사람들은 얼마의 급여에 얼마의 시간 동안 일하기로 계약을 맺지만 그만큼 일하지 않는다. 우리는 늦게 시작하고 일찍 끝내며, 간식 시간과 점심시간을 연장하고 그 사이사이의 시간을 낭비한다. 이것은 도둑질이다.

장사꾼이 돈에 상당하는 값어치의 것을 주지 않는다면, 그것 또한 도둑질이다. 구약은 공정하지 않은 저울과 되를 저주한다(신 25:13-15; 암 8:5). 오늘날에는 다른 사람의 필요를 이용해 지나친 가격을 매기는 일이 이에 해당한다. 부당 이득이나 폭리를 취하는 것도 도둑질이다.

빚을 갚지 않아 채권자가 돈을 쓸 수 있는 권한을 그에게서 빼앗는 것도 도둑질이다. 어떤 사람들은 상습적으로 빚을 갚지 않는데, 성경은 이런 행습을 책망한다. "피차 사랑의 빚 외에는 아무에게든지 아무 빚도 지지 말라"(롬 13:8)고 바울은 말한다. 우리가 참으로 이웃을 사랑한다면 지체하지 않고 그 빚을 갚을 것이다.

끝으로, 어떤 사람 뒤에서 악의적인 험담을 해 그 사람의 신용을 훼손하는 것도 평판을 훔치는 도둑질이다. "어떤 사람이 내 지갑을 훔쳤다면 그는 시시한 것을 훔친 것이다. 그러나 나의 평판에 흠집을 냈다면 나를 가련하게 만든 셈이다"라고 셰익스피어는 썼다. 그러므로 험담은 제9계명을 위반하는 것이며, 그 결과는 제8계명의 위반이 될 것이다.

우리는 "도둑질하지 말라"는 계명이 우리와 상관없는 계명이라고 생각했을지 모른다. 그러나 우리는 이제 다시 생각할 필요가 있다. 바울은 "도둑질하는 자는 다시 도둑질하지 말라"(엡 4:28)고 썼다.

"멈춰라, 도둑아!" 하나님이 당신과 내게 하시는 말씀이 아닐까?

▮ 손해 배상

이제 정직해지자. 우리는 여러 가지 도둑질에 관하여 생각해보았다. 당신이 이런 도둑질을 해왔다는 사실에 충격을 받았는가? 만일 그렇다면, 하나님은 이제 당신에게 회개하고(이는 변화를 뜻한다)

훔친 것을 배상하라고 요구하신다. 강탈의 책략가였던 세리 삭개오는 회개하면서 자신이 부당하게 취한 돈을 모두 네 배로 갚겠다고 약속했다(눅 19:8, 삭개오는 출애굽기 22:1의 훔친 양 한 마리에 양 네 마리로 갚으라는 원칙을 따랐다). 벨파스트 부흥운동(1922-1923)으로 회심한 선착장 노동자들은 '훔쳐갔던' 연장과 물건들을 도로 가져다놓았다. 그 결과 그 물건들을 넣어둘 창고를 하나 더 지어야만 했다고 한다. 영적 실체를 드러내주는 사건이다. 우리에게는 이런 종류의 영적 실체가 얼마나 있는가?

• **가정에서의 도둑질과 속임수**

창세기 27장, 29:15-30, 30:25-31:42

복습과 적용

1. 왜 루터는 남을 이용하는 것을 도둑질로 보았는가?

2. 도둑질은 "아무에게든지 아무 빚도 지지 말라"는 훈계와 어떤 관련이 있는가?

3. 한 사람의 평판은 그의 지갑보다 더 중요하다는 말에 동의하는가? 그 이유는 무엇인가?

13

거짓 증거하지 말라

내가 당신을 거짓말쟁이라고 부르면, 당신은 심한 모욕감을 느낄 것이다. 거짓말쟁이란 그의 말을 믿을 수 없고 도덕적으로 구제불능인 사람을 일컫는다고 생각하기 때문이다. 하나님도 이렇게 평가하신다. 우리는 제9계명과 성경의 여러 말씀으로 이 사실을 알 수 있다. 어떤 사람은 거짓말을 일종의 기술로 여기지만 성경은 거짓말을 혐오한다. 영국인은 진실을 신성하게 여기고 거짓말을 부끄럽게 여긴다. 이는 성경이 영국 문화에 건전한 영향을 주었음을 반증한다.

거짓 증거

"네 이웃에 대하여 거짓 증거하지 말라"는 계명은 출애굽기 20:16과 신명기 5:20에 나온다. 전자에서 "거짓"이란 단어는 '진실이 아님'

을 의미하고, 후자에서는 '성실하지 않음'을 의미하는데, 이는 거짓말을 낳는 거짓된 목적을 가리킨다. "거짓 증거하다"란 말은 이 계명이 일차적으로 법정과 관련이 있음을 강조한다. 법정에서는 증인이 '오직 진실만 말하며, 진실 외에는 말하지 않을' 때에만 공정한 재판이 이루어질 수 있다. 증인 선서를 통해 우리는 과장이나 절반의 진실, 진실을 오도하는 침묵이 결과적으로 거짓이 될 수 있다는 점을 상기하게 된다. 그러나 신성한 진실을 고수해야 하는 원칙은 법정에서만 요구되는 것이 아니다. 우리의 모든 삶에도 그대로 적용되어야 한다.

❘ 왜 거짓말을 할까?

사람들은 왜 서로에게, 서로에 대해 거짓말을 할까? 사탄(요한복음 8:44에서 예수님은 사탄을 "거짓말쟁이요 거짓의 아비"로 부르셨다)은 왜 에덴동산에서 하와에게 거짓말을 했을까? 부분적으로는 악의 때문이고, 부분적으로는 교만 때문이다. 당신이 어떤 사람을 헐뜯으려고 거짓말을 한다면, 그것은 악의 때문이다. 어떤 사람을 감동시키고 이용하기 위해, 또 상대방이 당신을 나쁘게 보지 않게 하려고 거짓말을 한다면, 그것은 교만 때문이다. 사탄은 하나님과 하나님의 사람들을 미워하고, 하나님에 대한 반란을 확장하길 원하기 때문에 거짓말을 했다(지금도 거짓말을 한다). 사람들은 자신의 실체가 드러나는 것을 막기 위해, 그리고 예상되는 자기 이익을 증대시키기 위해 거짓말을 한다. 자존심에 상처를 입은 유대인들은 법정에서 예수와 스데반에게 불리한 거짓 증언을 쏟아냈다(마 26:59; 행 6:13). 두려움, 경멸, 복수심, 과장된 자부심, 기만, 좋게 돋보이고 싶은 욕망 등도 거짓말을 부추기는 동기들이다.

실로 어떤 형태이든('새빨간 거짓말'을 포함해서) 거짓말은 인간이 보편적으로 저지르는 행위로서 우리의 본성이 타락했다는 강력한 증거이다.

하나님과 거짓말

거짓말은 당신이 속이려는 이웃을 모욕할 뿐 아니라 당신이 속일 수 없는 하나님까지 모욕한다. "거짓이 없으시고"(딛 1:2; 민 23:19; 삼상 15:29) 우리 안에서 그분의 도덕적 형상을 보고 싶은 하나님, 진실을 말하고 약속을 지키시는 하나님은 당연히 "거짓된 혀와… 거짓을 말하는 망령된 증인을" 미워하신다(잠 6:16-19). 거짓말은 하나님의 형상이 아니라 사탄의 형상의 일부이다. 따라서 "거짓말을 좋아하며 지어내는 자"는 하나님의 도성에 들어가지 못한다(참조. 계 22:15, 21:27)는 말씀에 놀라면 안 된다. 진실함이 없는 곳에는 경건함도 없다. 주님, 자비를 베푸소서!

진실과 사랑

그런데 사람이 진실해지려고 하면 새로운 문제들이 생긴다. 어떤 사람들에게는 온전한 진실을 말하는 것이 명백히 옳지 못한 경우가 있다. 예컨대, 나쁜 소식을 감당할 만큼 강하지 못한 병자들이다. 그리고 전시의 적군에게는 정보를 주지 말아야 한다. 라합(수 2장)과 코리 텐 붐처럼 적에게 피하는 사람을 숨겨줄 경우에도 그렇다. 사람을 해치는 일에 악용하려는 사람에게도 진실을 말해주면 안 된다. 정치인이 공공 이익을 위한 정책을 추진하는 과정에서 비밀이 유지되어야 좋은 결과를 기대할 수 있다면 미리 진실을 말하지 않는 것이 옳다. 이런 경우들에 진실을 숨겨야 한다는 데 이의를 제기할 사람은 없다. 그러나 이것은 제9계명과 조화를 이루는가?

원칙적으로 그렇다. 제9계명이 금지한 것은 이웃에 대해 거짓 증언을 하는 것이다. 앞서 말한 것처럼 자신을 높이기 위해 이웃을 헐뜯으려는 교만한 거짓말을 금지한 것이다. 이 부정적인 계명에 함축된 긍정적인 명령은 이웃의 유익을 구하고, 이를 위해 이웃에게, 또 이웃에 대해 진실을 말해야 한다는 것이다. 이웃의 유익을 구하는 사랑 때문에 이웃에게 해를 끼칠 진실을 말하지 않는다면, 그것은 제9계명의 정신을 지키는 것이다. 우리가 언급한 그런 예외적인 경우들에도 그 행동방침에는 악한 요소가 들어있다. 차라리 라합의 경우처럼(수 2:4-5; 약 2:25에 나오는 칭찬을 보라) 노골적인 거짓말이 실제로 최선이자 최소한의 악일 수 있고, 모든 당사자들에게 가장 진실한 사랑을 표현하는 길일지 모른다.

그러나 거짓말은 사랑과 충성에서 비롯되었더라도 악한 것이다. 거짓말을 하는 것이 나쁘지만 거짓말을 하지 않았으면 더 나쁠 것이라고 인식해서 거짓말을 말하는 것도 악하다. (목적이 수단을 정당화한다고 주장한 현대의 상황윤리론자들이나 예전의 예수회와 의견을 함께하지 않는다면.) 이웃의 유익을 위해 거짓 증언하는 것은 이웃을 해치기 위해 거짓 증언하는 것만큼 나쁘지는 않다. 그러나 아무리 필요해도 거짓말 자체는 좋은 것이 아니라 나쁜 것이다. 정신이 올바른 사람은 이 사실을 안다. 그런 사람은 자신이 더럽혀졌다고 느끼고, 그리스도의 피로 깨끗이 씻기기를 구할 것이고, 죄 사함을 받고 거룩한 하나님과 함께 사는 길을 따라 살아갈 것이다.

다시 이렇게 기도하자. "주님, 자비를 베푸소서! 죄를 선택할 수밖에 없는 이 특별한 시험에 빠지지 않게 하시고 악에서 구하소서."

더 읽을 말씀

• 거짓 증거

열왕기상 21:1-24, 사도행전 6:8-15, 마태복음 26:57-75

복습과 적용

1. 왜 진실함은 법정에서만이 아니라 삶 전체에서 중요한가?

2. 왜 사탄은 하와에게 거짓말을 했는가? 당신도 같은 동기에서 진실을 왜곡하지는 않는가?

3. 왜 진실함이 없는 곳에는 경건함이 있을 수 없을까?

14

네 이웃의
소유를
탐내지 말라

제10계명 "탐내지 말라"에서, 하나님의 탐조등은 행동으로부터 태도로, 동작으로부터 동기로, 금지된 행실로부터 금지된 욕망으로 움직인다. '탐내다'라는 단어는 부당하고 부정직한 이득을 구하려는 생각을 전달한다. 탐내는 것은 여기에서 질투의 사촌으로 나온다. 열왕기상 21장에서 아합 왕이 나봇의 포도원을 빼앗고 싶어했던 것처럼, 당신은 다른 사람의 소유물을 보고 그것을 빼앗고 싶어한다. 바울은 골로새서 3:5에서 탐심을 우상숭배라고 했다. 탐심의 대상이 당신의 인생을 지배하는 신(神)이 되기 때문이다.

탐욕은 모든 사회악의 뿌리이다. 도가 지나친 욕심은 나쁜 행실을 낳기 때문이다. 다윗은 밧세바를 취했고(제8계명을 어긴 도둑질), 밧세바를 임신시켰고(따라서 제7계명을 어겼고), 이 추한 사실을 감추기 위해 그녀의 남편 우리아를 죽게 했다(따라서 제6계명을 어겼다). 이 모든 일은 다윗이 제10계명을 어기고 이웃의 아내를 탐낸 데서 비롯되었다(사무엘하 11장을 보라).

이와 비슷하게, 아합 왕은 이웃 나봇의 포도원을 탐내어 거짓 증언으로 나봇을 모함했고(제9계명을 어겼고), 거짓 재판으로 나봇을 죽였고(제6계명을 어겼고), 나봇의 포도원을 몰수하여 법적으로 도둑질했다(제8계명을 어겼다).

아간(수 7장, 특히 21절)과 가룟 유다도 탐욕으로 인해 죄를 지은 경우이다. 유다는 먼저 제8계명을 어겼고(요 12:6), 이후 존경을 가장한 거짓 행동으로(마 26:48-50) 돈을 위해(마 26:14-16, 참조. 27:3-5) 예수님을 배반하고 죽음에 이르게 하여 제6계명과 제9계명을 동시에 어겼다.

바울은 "돈을 사랑함이 일만 악의 뿌리가 되나니 이것을 탐내는 자들은 미혹을 받아 믿음에서 떠나 많은 근심으로써 자기를 찔렀도다"(딤전 6:10)라고 했는데, 자신이 직접 알던 사람들뿐만 아니라 아간과 가룟 유다도 염두에 두었던 것 같다.

▌ 자족으로의 부르심

"무릇 네 이웃의 소유를 탐내지 말라"는 계명을 긍정문으로 표현하면 자기 몫에 만족하라는 것이다. 제10계명이 요구하는 만족은 제5계명부터 제9계명까지를 어기게 하는 유혹에서 우리를 지켜주는 최고의 안전장치이다. 욕심에 사로잡혀 불만이 많은 사람은 타인을 자기 탐욕을 채우기 위해 이용할 도구로 여긴다. 반면에 만족하는 사람은 이웃을 올바로 대우하는데 집중할 수 있을 만큼 자유롭다. "자족하는 마음이 있으면 경건은 큰 이익이" 된다(딤전 6:6).

성경은 만족을 하나의 영적 비결로 묘사한다. 즉, 만족은 행복의 한 측면이며, 행복은 좋은 관계의 열매이다. 찬송시 작가 토플레디는 이것을 이렇게 훌륭하게 묘사했다. "행복, 너 사랑스러운 이름아, 어디 있느뇨?"

내가 제일 사모하는 대상,
나 위해 십자가에 달리신 예수!
누구나 행복을 동경하지만,
주님 안에서만 찾을 수 있네.
주님을 기쁘게 하고 주님을 아는 것이
하늘 아래 우리의 큰 행복일세.
주님을 보고 주님을 사랑하는 것이
하늘 위 우리의 큰 행복일세.

나를 향한 주님 사랑 느낄 때,
만물은 기쁨으로 충만하네.
여기, 나 주님과 동행하다가

죽어 주님 앞에 가기 바라네!

나 오직 주님만 소유하려네,

모든 행복을 더한 그분!

진정한 행복을 나 증명하리.

하늘 아래서, 하늘 위에서.

그리스도의 사랑을 아는 것이 진정한 만족이 늘 흘러나오는 유일한 근원이다.

그런데 예수께서 만족의 치명적인 적을 '염려'로 진단하셨다(마 6:25-34). 그러나 예수님은 하나님의 자녀(모든 그리스도인)는 전혀 염려할 필요가 없다고 말씀하셨다. 왜 그런가? 염려한다고 해서 아무것도 개선되지 않기 때문이다(27절). 더 중요한 이유는 우리에게 필요한 것을 "하늘 아버지께서…아시기"(32절) 때문이며, "먼저 그[하나님]의 나라와 그의 의를 구하라 그리하면 이 모든 것을…더하시리라"(33절)는 약속을 믿기 때문이다. 이를 깨닫지 못하여 만족하지 못하는 것은 "믿음이 작기"(30절) 때문이다. 우리는 완벽한 아버지 되신 하나님이 날마다 우리를 돌보신다는 것을 절대로 믿을 수 있다. 따라서 계획을 세우되 염려하는 것은 죄라는 사실을 깨닫고, 하나님이 주관하시기 때문에 "어쨌든 하나님을 찬양하는" 태도로 모든 환경을 대하는 것이 만족하는 삶의 두 번째 비결이다.

이것이 전부는 아니다. 자족하는 사람이었던 바울을 보라. 바울은 감옥에서 이렇게 썼다. "내가 궁핍하므로 말하는 것이 아니니라 어떠한 형편에든지 나는 자족하기를 배웠노니 나는 비천에 처할 줄도 알고 풍부에 처할 줄도 알아 모든 일 곧 배부름과 배고픔과 풍부와 궁핍에도 처할 줄 아는 일체의 비결을 배웠노라 내게 능력 주시는 자 안에서 내가 모든 것[내가 부름 받은 모든 일]을 할 수 있느니라"(빌 4:11-13).

바울이 여기에서 암시하는 공공연한 비결은 히브리서 13:5-6에 자세히 설명되어 있다. "돈을 사랑하지 말고 있는 바를 족한 줄로 알라. 그가 친히 말씀하시기를 '내가 결코 너희를 버리지 아니하고 너희를 떠나지 아니하리라' 하셨느니라. 그러므로 우리가 담대히 말하되 '주는 나를 돕는 이시니 내가 무서워하지 아니 하겠노라 사람이 내게 어찌하리요?' 하노라."

사람을 어떤 형편에 처하게 하시고 그 형편에 대처할 힘도 주시는 하나님, 우리를 사랑하시는 하나님이 약속하신 대로 우리와 함께 하신다는 사실을 깨닫는 것, 이 깨달음이 만족의 마지막 비결이다.

▍욕망의 방향

우리는 모두 욕망을 가진 피조물이다. 하나님이 우리를 그렇게 만드셨다. 금욕을 지향하는 스토아 철학과 불교와 같은 종교들은 사실 그 취지 자체가 비인간적이다. 오히려 일그러진 욕망의 방향을 바꾸어 다른 사람들의 물건을 탐내는 대신 그들의 유익을 갈망하고, 그와 함께 하나님의 영광을 추구할 필요가 있다. 토머스 차머스는 이를 "새로운 애정의 배제 능력"이라고 표현했다. 구주의 사랑을 알면, 탐욕적이고 이기적인 삶의 방식에서 벗어나 하나님을 맨 앞에, 다른 사람을 그 뒤에, 자기만족을 맨 뒤에 두는 삶을 살게 된다는 것이다. 우리는 이처럼 변화시키는 하나님의 능력을 얼마나 경험적으로 알고 있는가? 바로 여기에 탐욕에 대한 최종적 해독제가 있다.

더 읽을 말씀

- **불만족에서 만족으로**

  시편 73

- **감옥에서의 만족**

  빌립보서 4:4-20

복습과 적용

1. 제10계명이 요구하는 만족은 어떤 면에서 앞의 아홉 계명을 어기게 하는 유혹에 대한 안전장치인가?

2. 금욕을 지향하는 철학은 오도된 것이라는 견해에 당신은 동의하는가? 그 이유는 무엇인가?

3. 토머스 차머스가 "새로운 애정의 배제 능력"이란 어구를 사용했는데, 이 말의 뜻은 무엇인가?

15

**율법이 주는
교훈**

하나님은 오늘 우리에게 십계명으로 무엇을 가르치고 싶으실까? 현대인이 십계명에서 배울 게 전혀 없는 것처럼 말하는 사람들도 있으나 그렇지 않다. 십계명은 삼천 년도 더 된 고대의 율법이지만 하나님의 가르침을 담은 이 율법에는 이천 년 전의 복음처럼 모든 시대를 향한 하나님의 마음과 뜻이 분명히 드러나 있다. 따라서 세 가지 이유 때문에 우리에게도 적실성이 있다.

첫째, 십계명은 **하나님이 원하시는 우리의 모습**을 보여준다. 하나님이 어떤 행동을 미워하시는지 말해주는 금지조항들로부터 하나님이 보길 원하시는 행동이 무엇인지 배운다. 하나님은 율법에서 무엇에 대해 "아니다!"라고 말씀하시는가? 하나님께 신실하지 않은 것과 하나님을 경외하지 않는 것, 이웃에게 모욕과 피해를 주는 것이다. 그러면 우리의 이웃은 누구인가? 예수님은 이 질문에 적절하게 답하셨다. 우리가 만나는 모든 사람이다. 하나님은 우리가 어떤 사람이 되기 원하시는가? 이런 악한 죄들을 짓지 않는 사람, 우리와 이웃을 만드신 하나님을 일상생활에서 실제로 사랑하는 사람, 하나님의 영원한 아들이자 완전한 인간이셨던 예수와 같은 사람이 되기를 원하신다. 너무 거창한 명령인가? 그렇다. 하지만 우리의 거룩한 창조주께서 우리에게 자신의 도덕적 영광을 반사하라고 요구하시는 것 때문에 놀라서는 안 된다. 그렇게 하는 것 외에 우리가 무엇으로 하나님을 기쁘시게 할 수 있겠는가?

▎율법의 세 가지 기능

종교개혁자들은 하나님의 율법을 하나님에게서 분리시키지 않았고 그 율법을 하나님이 성경과 양심을 통해 세상에 지속적으로 공포하시는 말씀으로 생각했다. 그리고 율법을 통해 하나님이 인간의 삶 가운데 계속 일하신다고 생각했다. 개혁주의 신학자들은 이런 접근을 설명하면서 하나님의 율법은 세 가지 기능을 갖고 있다고 말했다.

첫째, 사회의 질서를 유지한다. 둘째, 우리에게 죄를 깨닫게 해서 그리스도께 달려가 생명을 구하게 한다. 셋째, 율법의 기준과 제재를 통해 하나님의 본성을 드러내어 하나님께 더욱 순종하도록 우리를 격려한다.

이제까지 우리는 율법의 세 번째 기능에 대해 얘기했다.

┃ 인간 본성의 법

둘째, 십계명은 **우리에게 정말 자연스러운 삶의 방식**이 어떤 것인지 보여준다. 신학자들은 십계명을 '자연스러운' 법, 즉 인간 본성의 법을 선포한 것으로 이해했다. 이 말의 뜻은 이렇다. 십계명은 모든 인간의 양심에 (충분히) 새겨진 '율법'(롬 2:12-15)과 일치할 뿐 아니라 인간의 본성을 충족시키는 유일한 행동 양식을 개관한다. 그러므로 십계명에서 일탈하면 결코 성취감을 맛볼 수 없다. 만일 사람들이 "하나님을 맨 앞에, 다른 사람을 그 뒤에, 그 자신을 맨 뒤에"라는 원칙을 총체적 불행을 초래하는 것으로 생각하고 피한다면, 그들 자신을 전혀 이해하지 못하고 있음을 보여준다. 사실 십계명은 누구에게나 장기적으로 참된 내적 자유와 만족을 초래한 유일한 처방이다. 그래서 우리의 주인이신 그리스도께서 그 제자들을 십계명으로 돌아가도록 단호하게 인도하시는 것을 우리는 기뻐해야 한다.

사람들은 하나님의 율법이 모든 인간에게 구속력이 있는지, 하나님을 믿는 자들에게만 구속력이 있는지 묻는데, 정답은 모든 인간에게 구속력이 있다는 것이다. 그 이유는 먼저, 하나님이 모든 인간을 만드셨기 때문이다. 다음은, 우리는 율법에 순종하는 법을 배우지 않고는 행복과 성취감을 맛볼 수 없도록 창조된 존재이기 때문이다.

여기에 하나의 역설이 있다. 이는 감추지 말고 과시하는 것이 최선이란 역설이다. 우리가 말하는 성취감은 그것을 맛본 사람들만 내면으로 아는 것이다. 바깥에서 보면 그와 정반대로 보인다. 사탄은 하와에게, 그리고 우리에게 무제한적인 자기탐닉이 없다면 성취감이 없다고 설득하는 데 성공했다. 이는 사탄이 퍼뜨린 시각적 환상 중 하나이다. 반면에 예수님은 영생에 들어가기 위해 비유적으로 자신의 손과 발과 눈을 찍어버리는 것(막 9:43-48), 또 하나님의 나라를 위해 문자 그대로 결혼을 포기하는 것(마 19:12)에 대해 말씀하셨고, 그를 따르는 사람들에게 자기를 부인하라고 요구하셨다. 즉, 주님의 말씀 때문에, 보통은 "예"라고 말하는 게 매우 자연스러울 것 같은 모든 것에 "아니오"라고 말할 준비를 갖추라는 것이다. 이렇게 하면 성취감을 얻을 수 있을까? 그렇다. 하나님은 우리의 초연함을 이용해 우리를 그분께 밀착시키고, 우리를 그분 자신으로 채워주시는데, 이것이 곧 내면의 생명, 빛, 기쁨을 의미한다. 그리스도인은 심히 차가운 물처럼 느껴지는 것에 첨벙 뛰어들었는데, 그 순간 그 물이 따뜻하다는 것을 깨닫는다. 그렇지만 세상은 시각적인 환상을 분별하지 못한 채 회의적으로 남아 있다.

▍너 자신을 알라

셋째, 십계명은 하나님의 눈에 **우리가 어떤 종류의 사람**인지 보여준다. 우리는 율법을 어겨 사형선고를 받았고 유일한 소망을 용서

하시는 하나님의 자비에서 찾는 사람들이다. 하나님의 율법에 따라 우리의 삶을 평가하면, 우리는 스스로 의롭게 되고 만족하는 것이 불가능해서 곧 절망에 빠지고 만다. 종교개혁자들은 이를 율법의 두 번째 기능이라고 했다. 로마서 7:7-20에서, 바울은 자신의 경험에 비추어 율법이 어떻게 작용하는지 말한다. 율법은 우리의 동기와 욕망(바울은 탐심을 예로 들었다)을 정확히 비춰주며, 우리 안에 무법적인 에너지가 있다는 것을 깨닫게 해준다. 본능적인 충동으로 부를 만한 이 에너지는 금지된 동기와 욕망을 끊임없이 끓어오르게 하여 "내 지체 속에 있는 죄의 법으로 나를 사로잡는다"(롬 7:23). 그러므로 율법은 우리가 영적으로 병들었고 실종되었다는 사실을 노출시킴으로써 우리가 복음의 치료책에 감사할 수 있게 해준다.

우리 사랑하고, 노래하고, 찬사를 보내자.
우리 구주의 이름을 찬양하자!
주님이 율법의 큰 천둥소리를 잠재우셨도다.
주님이 시내산의 화염을 끄셨도다.
주님이 자기 피로 우리를 씻기셨도다.
주님이 우리 영혼을 하나님께 드리신다!

할렐루야!

더 읽을 말씀

• 율법은 죄를 노출시킨다

  로마서 3:9-20, 7:7-25

• 율법은 성도를 격려한다

  시편 119

복습과 적용

1. 십계명이 영구적으로 적실하다는 것을 당신은 어떻게 설명하겠는 가?

2. 십계명은 '우리 본성의 법'을 선포한다는 말은 어떤 의미인가?

3. 십계명은 당신 자신에 대해 무엇을 말해주는가? 그것에 어떻게 반응 했는가? 지금은 어떻게 반응할 생각인가?

16

십계명의
사회적 기능

우리는 지금까지 십계명을 하나님이 개인("당신")에게 말씀하신 것으로 여겨왔다. 하나님이 우리를 군중에서 떼어놓고 제각기 하나님의 말씀에 책임 있게 반응할 것을 요구하신다고 보았다. 이는 올바른 관점이지만 완전히 옳은 것은 아니다. 출애굽기 20장과 신명기 5장에서 하나님이 말씀하신 '너'는 하나님이 구속하신 민족인 이스라엘을 말하기 때문이다("나는 너를…인도하여낸 네 하나님 여호와니라"). 그리고 그때 하나님이 주신 명령은 각 이스라엘인을 향한 하나님의 뜻인 동시에 이스라엘의 공동체 생활에 대한 하나님의 뜻이기도 했다.

이것은 우리를 위한 진리이기도 하다. 인류 자체를 위한 진리이기 때문이다. 하나님은 우리를 사회, 곧 가족, 교회, 국가, 경제 및 문화 공동체 가운데 살도록 하셨고, 십계명은 개인들에 대한 하나님의 목적일 뿐 아니라 하나님의 사회적 이상(理想)도 보여준다. 사실 사회에 선한 질서를 증진하는 것이 종교개혁자들이 말한 율법의 첫 번째 기능이었다.

▎안정에 이르는 길

하나님의 사회적 이상이란 무엇인가? 공동 예배(제1, 2, 3계명), 일과 휴식의 리듬의 수용(제4계명), 결혼과 가족에 대한 무조건적 존중(제5, 7계명), 재산과 소유권에 대한 존중(제8, 10계명), 인간 생명과 개인의 보호받을 권리에 대한 존중(제6계명), 모든 관계에서 진실과 정직의 존중(제9계명)을 특징으로 하는, 하나님을 경외하는 공동체이다.

공동체에 대한 하나님의 관심이 개인을 향한 관심보다 부차적이라고 생각하면 안 된다. 하나님 안에서는 두 가지 관심이 유기적으로 하나이기 때문이다. 이러한 사실은 구약이 (이스라엘의 소망이었던) 하나님의 약속을 거듭 한 단어로 요약해주는 데서 명확히 드러난다. 그 소중한 단어는 '샬롬'이다. '평화' 또는 '평안'으로 번역되는 '샬롬'은 전쟁과 환난, 죄와 불신앙으로부터의 자유만을 의미하지 않고 하나님의 은혜로운 손길로 정의, 번영, 건전한 친교, 건강, 전반적인 사회복지가 실현되는 상태도 의미한다.

현대의 서양 그리스도인들은 개인주의가 판치는 문화에 익숙하고 개인의 선택 범위를 넓히는 것이 사회의 목적이라고 주장하는 인본주의자의 외침을 귀가 닳도록 듣기 때문에, '공동체 안의 개인'에 대한 하나님의 관심과 '개인들로 이루어진 공동체'에 대한 하나님의 관심이 하나라는 점을 보기 어렵다. 그러나 이것은 우리 서양인의 문제일 뿐, 다른 세대들은 그것을 볼 수 있다. 이는 성경에 명확히 드러나 있다.

따라서 하나님의 십계명은 사회를 결합하는 접합제이다. 이런 가치들을 인정하는 곳에서는 공동체들이 타락한 세상에서도 단결한다. 그러나 이런 가치들이 부정되는 곳에서는 사회가 흩어지고 만다. 우리는 이런 현상을 불의와 혁명으로 점철된 이스라엘 북왕국으로부터(열왕기상 12-열왕기하 17에 나오는 슬픈 이야기와 아모스와 호세아의 예언을 살펴보라), 그리고 오늘날 세상을 황폐시키는 혁명과 반혁명으로부터 배울 수 있다.

| 세속국가

최근까지 대부분의 서양 국가는 스스로 중세 기독교 세계의 연장선상에 있다고 생각했다. 다시 말해, 적어도 머릿속으로는 성경에 의해 통제되고 형성된 집합적인 기독교 신념과 이상을 지닌 사회적·정치적 실체로 생각했다는 말이다. 그러나 지금은 이러한 이상이 세속국가의 이상으로 대체되고 있다. 세속국가란 개인들이 무엇을 추구하든지 그 시민들의 자유를 극대화하는 것 외는 공식적으로 어떤 종교나 이념도 없는 공동체를 가리킨다.

이러한 변화는 점진적으로 일어나기 때문에 그것이 제기하는 이슈는 어느 정도 가려진다. 그러나 그 이슈를 분명히 하는 것이 중요하다. 기독교 문명은 개인의 건강, 복지, 존엄성과 공정한 행정, 아울러 여성을 존중하고 아동의 권리를 인정하는 가정생활에 관심을 두는데, 이는 분명히 기독교의 산물이다. 그러나 오늘날 서양사회는 이러한 관심사들을 급속히 세속화시키고 있다. 즉, 이런 관심사들을 그 역사적 근원인 기독교 신앙에서 분리시키고 있고 그 신앙을 더 이상 공동체 생활의 토대로 간주하지 않는다는 말이다. 현대 서양사회가 사람들을 잘 돌보고 연민도 많은 듯 보여서 어떤 이들은 세속도시를 하나님 나라의 현대판으로 보기도 한다. 물론 하나님의 일반은총으로 인해 타락한 사람들 사이에서도 선한 도덕적 통찰들이 제법 나타나지만, 집단적으로 기독교 신앙에서 변절한 사회에서는 기독교의 표준이나 가치들이 존속될 수 없다.

▍심판

왜 그런가? 신앙의 절대성을 부인하면 도덕적 절대성도 무너지기 때문이며, 도덕의 타락과 그로 인한 불행은 배교에 대한 하나님의 심판의 일부이기 때문이다. 바울은 "그들이 마음에 하나님 두기를 싫어하매 하나님께서 그들을 그 상실한 마음대로 내버려두사 합당하지 못한 일을 하게 하셨으니"라고 말한 뒤에 마치 오늘

아침 신문을 요약한 듯한 끔찍한 죄악들을 열거했다(롬 1:28-31). 우리가 많이 자랑하는 '허용적인 태도'는 사실상 하나님의 저주를 초래하는데, 이는 예레미야 시대가 율법 없는 상태를 좋아하여 하나님의 저주를 초래한 것과 마찬가지이다. 솔직히 생각이 깊은 사람이라면 앞을 내다보며 무서워서 떨지 않겠는가?

그렇다면 우리는 현대 세속사회에 대해 어떻게 말해야 할까? 이 세속사회의 출현을 진보의 표시로 봐야 할까? 오히려 퇴폐의 징조, 즉 구덩이를 향해 위험한 비탈길을 미끄러져 내려가는 초기 단계가 아닐까? 하나님의 가치들이 무시되고 공동체의 유일한 이상이 허용적 태도가 되면, 즉 기독교의 유산이 모두 바닥이 나면, 도대체 어디에서 도덕적 자산이 나오겠는가? 국가 정책이 원칙이 없고 그저 실용적이기만 한 물질적 자기이익을 어떻게 초월할 수 있겠는가? 파당의 이익들이 국가에 대한 책임의식이 없이 서로를 쓰러뜨리기에 급급한데, 어떻게 내적 붕괴를 피할 수 있겠는가? 하나님이 계시하신 행복의 길, 십계명이 말하는 "하나님을 맨 앞에, 다른 사람을 그 뒤에, 그 자신을 맨 뒤에"의 원칙을 거부하면, 행복의 전반적인 감소, 아니 파멸을 어떻게 피할 수 있겠는가? 전망은 어둡다. 너무 늦기 전에 하나님께서 우리를 그분께로, 십계명에 담긴 사회적 지혜로 되돌려주시기를 기원한다.

더 읽을 말씀

- **허용적인 사회의 역학**

  로마서 1:18-32

- **배교한 사회에 대한 분석**

  이사야 1, 3, 5

복습과 적용

1. 당신이 십계명이 개인은 물론 사회에도 적용된다는 견해에 동의하는가? 그 이유는 무엇인가?

2. 십계명에 대한 사회의 태도는 그 사회의 미래에 영향을 미치는가? 그렇다면 어떤 식으로 미치는가?

3. 세속국가에서는 무엇이 십계명을 대체하는가? 그 결과는 어떠한가?

찾아보기

제임스 패커 기독교 기본 진리

초   판 1쇄 발행 2014년 11월 14일
개정판 1쇄 발행 2019년 5월 20일
개정판 2쇄 발행 2025년 2월 10일

지은이 제임스 패커
옮긴이 김진웅
펴낸이 정선숙

펴낸곳 협동조합 아바서원
등 록 제 274251-0007344
주 소 경기도 고양시 덕양구 향동로 217 DMC플레스데시앙 B동 1523호
전 화 02-388-7944   **팩 스** 02-389-7944
이메일 abbabooks@hanmail.net

© 협동조합 아바서원, 2019

ISBN   979-11-85066-88-2   03230